Antoine A Raphaël

Le Drame Haïtien

Une tournure inquiétante de l'histoire

(Essai)

Propriété de l'auteur

Dépôt légal à la Direction du droit d'auteur et des dessins industriels du Canada, le 2 avril 1992.
Numéro d'enregistrement : 413939
Première publication : 28 septembre 1988
Troisième édition : 2007-10-25
Imprimée aux Etats-Unis d' Amérique

Du même auteur

Essai :

The Haitian Drama (la version anglaise de ce présent ouvrage)

Romans:

The Young Wise Man, roman anglais.
Big Ninny's home (la version anglaise)
La Maison de Nini (la version française)
Mutual Discovery, roman anglais
Harmony and Contrast, the female impact, book I, roman anglais
Harmony and Contrast, the female impact, BookII, roman anglais

En mémoire de
Cléomise et Eristoire Tropnas

Table des matières

Préface

Cet essai ne vient combler aucun fossé; il fouille plutôt dans la marée d'opinions émises dans nos conversations, dans nos réunions intimes, qui se gardent parfois d'affronter le grand public à cause de l'étiquette d'indécence collée à leur dos. Il se penche également sur des idées brassées (ressassées même) par des écrivains d'Haïti et d'ailleurs, auxquelles nous continuons de mettre une sourdine de peur que, agitées de nouveau, elles ne puissent troubler de vieilles habitudes d'existence et aventurer des privilèges longuement détenus.

Je prends, cependant, la liberté de réexaminer ces opinions sur le *drame haïtien* avec le ferme espoir d'exposer des erreurs rendues vérités absolues par plus d'un. En outre, ces opinions, une fois ravivées—et éventuellement revues sous un angle nouveau—joueront le rôle de linges sales livrés à la curiosité des passants, troubleront notre sentiment de respectabilité injustifié et (peut-être) dirigeront nos pas vers plus d'objectivité.

Il n'est pire sourd que celui qui refuse d'entendre et qui s'arrête de voir la réalité dans une perspective stéréotypée. Des penseurs bien côtés, soit pour défendre une chapelle, soit pour justifier des motifs échappant à l'intelligence, usent d'un verbalisme creux agrémenté de considérations nimbées de mythes et de croyances puériles, d'opinions saugrenues, d'attitudes intellectuelles inopérantes. Des directeurs de pensée, voulant faire œuvre d'assainissement spirituel et prétendant donner un sens de direction aux haïtiens, élèvent sur le pavois ce qu'il y a de plus instinctif chez ces derniers et soutiennent malgré tout que notre rachat et notre force en dépendent.

Pourquoi ces penseurs ont-ils pu adultérer la vérité et—par voie de conséquence—la réalité?

Pour répondre à cette question, je suis amené à parodier la pensée de Montesquieu selon laquelle un pays a le gouvernement qu'il mérite, en y ajoutant que la nation haïtienne se prête essentiellement à des habitudes débilitantes de penser et d'agir, que nos erreurs y fleurissent comme dans un bouillon de culture et que nos théories du désastre y obtiennent droit de cité.

Certainement, dans le cours de notre histoire ont surgi ça et là des gens de bonne volonté. Ils ont, au risque de leur vie, transcendé notre je-m'en-fichisme coutumier, notre tendance collective au sadisme et à l'obscurantisme, notre entêtement quasi naturel à dédaigner les préceptes de gouvernement rationnels et les idées politiques et philosophiques révolutionnaires du monde; il n'en demeure pas moins impensable que la voix de nos esprits intègres soit toujours étouffée, que des régimes politiques inadéquats se succèdent machinalement et prônent une philosophie grotesque et primitive au sein d'une nation susceptible d'être dynamique et d'avoir, comme toutes les autres collectivités du monde, des raisons de vivre et de mourir, et le désir d'être respectée.

La question posée au début m'invite à moins de passion, à plus de sagesse, dans l'approche du *drame haïtien*, pour éviter des excès regrettables.

Il est vain de demander à une nation d'engendrer par milliers des figures exceptionnelles comme Anténor Firmin, Demesvar Délormes, Louis Joseph Janvier, Rosalvo Bobo, Massillon Coicou, Jacques Alexis... Ils incarnent des points lumineux dans une forêt embroussaillée, des archétypes vers lesquels nous devrions tourner nos regards.

Il va sans dire qu'aucune communauté ne produit des génies à un rythme continu. Une croyance inverse mènerait à un préjugé fort pernicieux. L'histoire nous a donné assez d'avertissements sous ce rapport, qu'on ne saurait ignorer sans sombrer dans la xénophobie ou la folie collective. Cependant une nation comme la nôtre ne saurait formuler un tel vœu, après avoir subi plus de deux siècles de mauvaise foi institutionnalisée, de la tradition combien déplorable de maintenir les masses dans des conditions inhumaines et de la réduction des professionnels au chômage et à l'avilissement, d'une vocation d'intolérance omniprésente, la semence d'une psychose de peur généralisée et d'un effort constant de déshumanisation.

En revanche, même si je veux être « détaché » vis-à-vis de la réalité haïtienne (comme j'ai été forcé de vivre ailleurs), même si les contingences sociales m'invitent à la « sagesse », je ne pourrai guère, en tant qu'observateur, ignorer que tout évolue à un rythme accéléré. Il devient fâcheux, voire dangereux pour une collectivité humaine de continuer à s'amuser comme une société d'irresponsables, la proie d'occupations étrangères. Je m'arrête pour savoir de quoi il retourne et faire le procès de nos comportements individuels et collectifs.

Sans doute le nouveau siècle est-il un numéro ; pourtant nous gagnerons à ce qu'il nous sert d'indice ou d'une tentative d'évaluer nos visions et nos résolutions. Un rappel légitime mes inquiétudes : l'arrivée de l'Internet assure l'interconnexion du monde et annonce la structure des relations internationales futures.

Et si après une telle analyse critique nous avons encore l'impression d'avoir été déterminés par des forces aveugles, nous devons, en qualité d'êtres humains, avoir le courage de dire: « Non, non, cela ne peut pas s'éterniser! » Nous devons nous hisser par la force de nos poignets de l'abîme fangeux qui menace de nous ensevelir. Nous sommes des hommes et de femmes, membres de l'espèce humaine, imbue d'intelligence et d'imagination.

Cette attitude réfléchie n'exclut personne: l'armée détentrice de la force organisée et épisodiquement du pouvoir, la pléthore des candidats, les chefs de file, les masses, l'intelligentsia, nos concitoyens et concitoyennes de la diaspora et les amis d'Haïti.

Evidemment, plus d'un s'indigne contre la situation haïtienne reconnue dangereuse, débilitante, apparemment indéchiffrable. Tandis que nos leaders agissent inconsidérément, des millions d'Haïtiens, d'une génération à l'autre, n'ont jamais eu, sur une période de deux siècles, une vie décente ; ils ont toujours vécu dans la misère ; ils n'ont jamais joui des bienfaits du modernisme. Récemment, des protestations ont fusé de partout contre le sort inhumain infligé aux haïtiens par des usurpateurs du pouvoir, au lendemain des coups d'Etat sanglants de 91 et de 2004. Notre négligence systématisée nous conduira sans doute à une calamité pire que les torts causés par les duvaliéristes et par d'autres groupes dévoyés, au cours de notre histoire.

Comment, en effet, expliquer autrement l'impasse dans laquelle nous donnons, tandis que nous croyons fermement que notre pays est la terre d'élection où, un jour, des idées révolutionnaires nous ont permis d'étonner le monde et nous ont menés à la victoire de 1804 ; tandis que nous nous imaginons avoir opéré des changements profonds, à chaque renversement d'un régime inconséquent et arriéré ; tandis que nous exhibons une attitude patriotique, dès que l'étranger impudent a dénigré notre « Haïti chérie » ; tandis que nos professionnels s'enorgueillissent de leur savoir et évoquent sans cesse des théories « avancées »? Serions-nous des calebasses vides exposées au vent? Ne devrions-nous pas, dans le dessein ultime de sauvegarder notre dignité humaine, nous débarrasser de nos concepts traditionnels de gérer la res publica?

Somme toute, une atmosphère mentale insane nous éloigne toujours de notre vraie direction; d'autant plus qu'une infinité de politicards, au fil des générations, se sont ingéniés, par tous les moyens, à nous l'imposer dès l'indépendance du pays, au point qu'aujourd'hui nos pores s'en imprègnent. La conséquence saute aux yeux: nous sommes incapables de toute initiative d'envergure. Alors, nos institutions deviennent précaires et dérisoires; nos gouvernements, incompétents et despotiques; des misères de diverses natures, nos compagnes quotidiennes.

Et quand nous déclarons que nous sommes « agis » par ce que nous appelons avec désinvolture l'« Héritage Colonial », nos explications de l' «:impasse » haïtienne, basées sur le *Sous-développement Economique, l'Aide Américaine lente, improductive et intéressée*, le *Manque de Respect pour les Traditions Afro haïtiennes*, ne pèsent presque rien dans la balance d'une appréciation objective. Pour mériter d'être sérieusement considérées, ces explications doivent être concomitantes de nos efforts déployés pour nous tirer de l'impasse. Autrement, elles épousent les contours de grossières propagandes politiques maniées par des farceurs au pouvoir. D'ailleurs, ne remontent-elles pas à deux siècles? Docteur François Duvalier ne s'en servait-il pas pour endormir le peuple?

Une observation de la réalité haïtienne nous offre l'image d'une nation frappée de paralysie socio-politico-économique. Nous ne prenons pas l'allure d'une collectivité assoiffée de nouveautés et de changements, animée d'un désir de dépassement, hantée de grands projets d'avenir. Nos dirigeants ne se soucient guère de l'opinion publique sur leurs actes peu louables; conséquemment, ils n'ont jamais été fiers d'eux-mêmes et ils ne se sont nullement intéressés au « verdict de l'histoire » (encore qu'ils en parlent souvent). Ils se complaisent dans une dictature abhorrée, décriée, ridiculisée à travers le monde, comme s'ils obéiraient à un instinct rigide et fermé à toute altération.

Brasser de telles idées dans les pages suivantes se révélera utile à plus d'un titre; il contribuera au moins au réveil de la conscience nationale du gouffre qui nous guette et nous attire. Néanmoins, en ce qui concerne l'auteur, il n'a pas échappé au sentiment d'indignation collectif mentionné auparavant qui, directement ou virtuellement, a déterminé la conception de l'ouvrage.

Interrogeant l'histoire nationale, je remarque le fait qu'il a toujours existé chez nous des fumistes prêts à tourner à leurs profits personnels les mouvements révolutionnaires entamés par la nation. Celle-ci agit, pour ainsi dire, comme un oiseau pondeur d'œufs dans un nid sans fond. Et ces fumistes crient à tue-tête que les haïtiens sont amorphes, politiquement non motivés!

Quelques années auparavant, ce peuple a effectué ce que des observateurs impartiaux du monde ont appelé un miracle: il a renversé le Duvaliérisme, régime politique consolidé par l'emploi de la coercition illimitée et de la mystification éhontée, et bénéficiaire des avantages de la durée. Trente ans de sujétion ont donné l'impression d'un ordre des choses naturel imposé à jamais sur le pays. Mais qu'avons-nous fait jusqu'ici de la révolution populaire? Rien. Au contraire, nous cherchons par des moyens détournés et antipatriotiques à maintenir les inconséquences habituelles de notre vie nationale. Et, c'est désolant de le constater, même l'occupation de notre pays en maintes occasions n'a pas suffi pour causer un changement d'attitude chez notre élite.

L'essai contient deux aspects. Le premier revêt un caractère polémique et objectif, clairement annoncé par les paragraphes précédents. Il s'accentue dans les premiers chapitres et s'assouplit vers la conclusion.

Le second se veut franchement constructif ; néanmoins les propositions offertes ne visent point au statut d'oracles. A la rigueur, le pays peut s'en passer, mais sans esprit de négation, tout en reconnaissant qu'elles dérivent de mes meilleures intentions dictées par l'amour du pays et qu'elles sont souvent proposées par des gens de bonne volonté croisés sur mon passage en Haïti ou ailleurs.

Laisse-moi donner un avertissement au lecteur.

Il y a une expression latine qui s'en va : « Traduttore, traditore ». Elle entend littéralement que la traduction est « traitresse » ; elle n'est pas la reproduction absolue du texte original. Bien que je fasse de mon mieux pour user judicieusement, dans la version française de cet essai, des termes et de leurs connotations, je puis ne pas faire une traduction fidèle ou satisfaisante quant aux citations traduites des ouvrages d'auteurs anglais. Toutes erreurs de connotation, sous ce rapport, doivent m'être attribuées.

Antoine A Raphael

Première Partie

L'approche Du problème

Introduction

Haïti se réclame de deux siècles d'indépendance et d'un passé auréolé de gloires immortelles. Sa lutte pour la liberté a inspiré et inspire encore des nations opprimées, qui font craquer le corset de l'impérialisme colonial. Son intelligentsia réunit des esprits d'élite capables de figurer avec prestige dans maints cercles culturels et scientifiques. Je pense avoir offert une évaluation rapide mais judicieuse de l'histoire nationale.

Malgré ce crédit glorieux et impressionnant, notre pays végète dans un immobilisme décourageant. Son histoire semble, pour une raison ou une autre, avoir pris un malheureux tournant.

Cette stagnation désole le penseur aussi bien que l'homme de la rue. Un fait confirme ce désespoir: la majorité des haïtiens couve des projets d'émigration à l'effet de chercher sous des cieux plus cléments le pain et le bien-être, et de fuir Haïti vouée sans doute à une catastrophe, conséquence logique de la politicaillerie. Et le départ des Jean-Claudistes et d'autres groupes *sanguinaires* et impitoyables n'a point redonné confiance aux haïtiens dans les institutions de leur pays. Tous ceux dont je me suis approché, m'ont laissé avec l'impression que l'administration publique, en ce qui concerne l'éthique, n'a jamais cessé d'être la sœur jumelle de celle des duvaliéristes. Et *plus d'un pense que ces derniers ou leurs descendants, avec la bénédiction des maîtres* du monde, inspirent encore la philosophie politique nationale. Certains n'ont pas hésité à souhaiter un retour du Duvaliérisme au timon des affaires.

Il faut vivre dans l'atmosphère de crainte, de haine et de pression caractéristiques d'une dictature pour comprendre que ses victimes n'ont pas le choix des moyens. Dans les familles haïtiennes vivant aux Etats-Unis d'Amérique, au Canada, dans certains pays européens et africains, persiste la nostalgie de l'« Ancienne Perle Des Antilles », laquelle nostalgie forme le thème central de leurs conversations quotidiennes. On aimerait passer une éternité dans ce coin de terre où l'existence coulerait simplement, divinement; où les relations humaines et les mœurs familiales figureraient parmi les meilleures du monde. Par exemple, la notion de parenté chez nous est l'une des plus élargies de la planète: elle inclut non seulement les membres immédiats de la famille, mais encore les neveux et nièces, les cousins et cousines de tous degrés, les voisins et voisines, les amis et souvent les domestiques. On pourrait y trouver une fraternité à l'état presque pur. Cependant, l'attitude persistante des *élites* dirigeantes d'enliser leurs sujets dans un océan de misères, de haines exacerbées et de phobies, vous pousse à mettre votre vie et celle de votre famille en lieu sûr. Et le côté démoralisant de la situation vient du fait d'apprendre de la bouche des citoyens, grands ou petits—même quand ils soutiennent publiquement l'avis contraire—que notre pays est irrémédiablement perdu.

Un tel défaitisme explique en partie l'empressement de nos dirigeants de s'enrichir sans regret ni remords pour s'enfuir ensuite en Europe ou ailleurs et y jouir d'un exil doré; de s'assurer des rênes du gouvernement par les moyens les plus louches et les plus sanglants. Pourquoi user du décorum? Un pays négligé est gouvernable par le premier sans-gêne muni du monopole de la force organisée.

Pourtant Haïti vit toujours. La catastrophe presque inéluctable vers laquelle elle s'oriente ne l'a pas encore annihilée. Pour une raison qui défie l'entendement, ce pays a l'âme chevillée au corps. Il veut vivre: posture remplie d'espoir, tissée dans les mailles d'un optimisme illimité. Alors, je refais la route parcourue par les historiens, les sociologues, les économistes, les penseurs haïtiens pour me demander si rien n'a été laissé en chemin.

J'ai également interrogé l'homme de la rue dépouillé mais conscient des raisons de ses souffrances. En un mot, je demande au « vulgaire » son avis ; car, la réalité humaine se situe souvent au-delà des théories les mieux élaborées.

Mon intention est évidente: essayer de convaincre mes concitoyens et concitoyennes, avec toute la chaleur de mon amour patriotique, de la nécessité d'envisager sérieusement l'avenir du pays; car ils se sont trop amusés en route.

Le *Drame Haïtien*, comme celui de toute communauté en détresse, s'élucide dès qu'on pose la question suivante: « De quoi s'agit-il? »

Question à la fois simple et embarrassante, mais chargée de portées heuristiques.

Traditionnellement, nous, les haïtiens, y répondons de trois manières nettes et distinctes: la première repose sur un point de vue socio-historique; la deuxième, sur un plan économique; la troisième, sur les influences et actions néfastes des grandes puissances (principalement les Etats-Unis d'Amérique) sur le bien-être du pays.

Pour une meilleure lucidité de ces explications, j'en propose la déduction suivante: sans trop savoir pourquoi, Haïti semble avoir pris une tournure inquiétante, au cours de son histoire.

Sans coup férir, je m'en vais interroger les spécialistes du *Drame Haïtien.*

L'approche traditionnelle Du problème

(1)

Considérations Socio-historiques

Des historiens et sociologues haïtiens reconnaissent que le *Drame Haïtien* provient de notre « héritage colonial », de mœurs peu édifiantes qui, malheureusement, affectaient les pratiques sociales, politiques et administratives de Saint-Domingue. Placide David, l'auteur de deux ouvrages sur la vie sociale de Saint-Domingue, a mis l'accent sur l'analogie frappante entre les mœurs et coutumes coloniales, et celles d'Haïti. Il en infère que l'héritage colonial « formerait le soubassement de cette sorte de fatalité, de force maléfique qui éloigne de nos rives l'organisation politique, économique et sociale adéquate » (1).

Conséquemment, « nos hérédités psychologiques sont encore dominguoises », et Placide David est presque certain de prévoir l'orientation de l'organisation sociale et politique d'Haïti, dans l'espace et le temps.

En effet, les activités politiques courantes du pays n'ont pas évolué d'une manière satisfaisante. On y a seulement enregistré une intensification de la démagogie et du sophisme franchement confus par plus d'un avec la démocratie ; des conflits incessants entre les pouvoir exécutif, législatif et judiciaire ; des positions inflexibles de politiciens antagonistes. Cependant, l'équation politique et les structures sociales n'ont pas bougé à la satisfaction générale. Les masses sont toujours réduites à leur plus simple expression. L'absence de la cohésion nationale demeure inchangée. La « présence américaine » n'apporte rien de positif à la situation chaotique. Les assassinats et les enlèvements de gens continuent.

Notre héritage colonial obère notre avenir et cause les défauts suivants de notre système de gouvernement:

A.- Sur le plan De la pratique gouvernementale : Dictature permanente

Dans le domaine politique, Haïti maintient le statu quo de la dictature. Invariablement—ou presque—on n'y a jamais enregistré une séquence de systèmes politiques (à part des velléités évanescentes dont celles de décembre 1990). Cet absolutisme « demeure le facteur dominant de notre vie publique. Le chef de l'Etat, tout vient de lui et tout lui en revient. Ainsi l'avait voulu l'éthique dominguoise » (2).

Cette constatation décrit une situation similaire observée un peu partout à travers l'Amérique Latine et les Caraïbes formées d'anciennes colonies, où l'absence de séquence de systèmes politiques constitue plutôt la règle que l'exception (3). Cependant, depuis une décennie, un vent démocratique commence à souffler dans cette région où le transfert de pouvoir se fait dans certains pays, comme Venezuela et Argentine, au moyen d'élections libres.

Mais je laisse de côté ce problème plus général et je poursuis la logique des considérations historiques sur Haïti.

Les dirigeants haïtiens tendent à exercer le pouvoir absolu sur la personne et les biens de leurs subordonnés. Cette tendance s'apparente à un « trait de notre tempérament » au point que tout se passe dans un « ôte-toi que je m'y mette ». Et, naturellement, il n'existe point de solutions de continuité dans le gouvernement du pays: des dictatures de groupuscules se succèdent au pouvoir à la manière des enfants jouant aux cowboys. La vie humaine, le bien-être du citoyen et l'avenir national n'ont point de valeur. Le pays se contente d'une routine quotidienne pourrie et des traditions chroniques et pernicieuses.

Une telle atmosphère engendre les conséquences suivantes :

1.- La corruption des mœurs

La réalité politique haïtienne d'essence statique, comme c'en était le cas à Saint-Domingue, engendre nécessairement la corruption des mœurs ; et l'administration tant privée que publique, issue d'une telle ambiance malsaine, se dépouille de toute orientation morale et s'envenime au fil des générations. Il serait même sage de parler d'une certaine dialectique de la corruption en Haïti; à telles enseignes que le régime duvaliériste et les gouvernements successifs représentent une décomposition quintessenciée de nos coutumes.

Le premier régime d'Aristide, pour des raisons à signaler au cours de cet essai, pourrait être une exception à cette règle. Cependant les membres de l'*élite* et des leaders ont manqué de vision et ont arrêté le processus de démocratisation entamé en décembre 90. Un tel processus se consoliderait-il s'il n'avait pas été stoppé ? Personne ne le saurait ; car le retour du régime d'Aristide a désappointé tout le monde. De deux chose l'une : ou bien l'élan initial de ce régime s'est ralenti ou ce dernier a montré sa vraie nature avec le temps.

Je souhaite de découvrir à l'avenir que cette dialectique résultait de mon erreur de perspective. Car, dans l'éventualité contraire, nos espoirs s'en iraient à vau-l'eau.

Dans la logique de la philosophie politique esquissée ci-dessus, la corruption s'explique aisément. Dans l'atmosphère d'insécurité engendrée par la dictature, les dirigeants, pour consolider leur jouissance du pouvoir, fondent une association, une sorte de fraternité dans le crime, le népotisme, la vénalité et la prostitution.

2.-La flatterie

Selon les spécialistes des questions traditionnelles haïtiennes, la flatterie figure parmi les vestiges des coutumes coloniales.

Une opinion communément admise soutient que certains gouvernants haïtiens ont, à l'instar des dirigeants coloniaux, au moment de leur accession au pouvoir, la tête chargée de rêves quant à l'avenir du pays. Une telle opinion décrit-elle un aspect de la réalité locale ? Il est difficile de s'en rendre compte, vu que les conclusions tirées de l'évolution de la vie politique locale mènent au pessimisme. Cependant un tel argument a été avancé par beaucoup de penseurs haïtiens pour élucider la faillite de François Duvalier et de Jean Bertrand Aristide, deux leaders populaires et charismatiques, qui, disent certains observateurs, ont voulu agir avec les meilleures intentions du monde. Toutefois, leur vocation de se sacrifier à la cause générale brise ses ailes contre le roc de la flatterie des courtisans et courtisanes.

Peut-être ne suis-je pas absolument enclin à faire remonter la flatterie politique haïtienne de la colonie française, mais plutôt de la nature humaine pleine d'imperfections et de la tendance des hommes et des femmes de se mettre dans le vent. L'histoire des civilisations antiques a confirmé une telle prémisse : les rois divins s'entouraient toujours de leurs armées de sycophantes. Je suis amené pourtant à admettre que la flagornerie s'institutionnalise chez nous et fait plus de mal qu'on ne se l'imagine. Des observateurs, depuis plus d'un siècle, se sont penchés sur ce genre de phénomène.

Edmond Paul, l'un de ces observateurs de la réalité politique haïtienne, a déclaré en 1882:

> Avant qu'ils ne tombent, tous gouvernements impétueux font le schisme dans la Nation Haïtienne. Ils proclament ennemi public quiconque n'est pas leur ami aveugle et complaisant; et la foule des adulateurs vient

> comme de plats valets casser à leur pied le vase de cette haine conventionnelle d'où s'échappera le souffle qui ira empoisonner toutes les amitiés, toutes les sympathies, toute la considération légitime due au mérite et à l'honnêteté. (4)

En Haïti, il y a de ces hommes et femmes qui appartiennent à tous les credo, à tous les « ismes » et—par une contagion de la tradition familiale—ils donnent naissance à des générations de flatteurs. Le « vulgaire » ne croit pas si bien dire en les désignant sous l'expression imagée de « musiciens de palais ». Oui, ils sont comme la fanfare du palais qui joue l'hymne présidentiel à tous les chefs d'Etat se succédant—qu'ils en soient dignes ou pas.

Un jour, j'ai rencontré dans le train de Queens, à New York, un concitoyen qui m'a appris que son nom est Jacques. Nous effleurions d'instinct les problèmes d'Haïti, dès que nous avions brisé la glace du silence entre nous. Comme nous abordions le rôle néfaste joué par les *thuriféraires professionnels* du pouvoir, il s'empressait de m'en donner une « explication scientifique ».

Il m'a appris qu'il s'est penché sur le « phénomène flatterie » en Haïti pendant plus de vingt ans. Il en est arrivé à diviser les flatteurs en deux catégories: les *intergouvernementaux* et les *extra gouvernementaux.*

Les premiers opèrent librement à l'intérieur du pays. Un nouveau Chef d'Etat? Un nouveau Ministre? Un nouveau Député national? Ils les entourent, les cajolent et les conduisent à la corruption. En qualité d'empoisonneurs spirituels, de marchands de perversion, de véritables boute-en-train, ils excellent en « trouvailles géniales », en « aménagements pour le plus grand bien du pays », dont ils auront finalement des bénéfices personnels sous une forme ou une autre.

Mais que peuvent dire les nouveaux dirigeants quand ces messieurs et mesdames de la flatterie, aussitôt après avoir réduit à néant les projets « grandioses » suggérés par eux-mêmes, après avoir dilapidé les fonds affectés à ces projets, vous glissent dans le fond de la poche, dans une accolade exubérante, une enveloppe dont le volume et le contact sont si prometteurs et séduisants. Et nos dirigeants se laissent aller à la dérive, non sans se contenter du défaitisme haïtien condensé dans la phrase suivante: « Ce n'est pas à nous qu'il revient de changer ce pays foutu! » (encore qu'ils « jurent » dans leurs déclarations officielles de sauvegarder les intérêts « sacro-saints » de la nation).

Les flatteurs *extra gouvernementaux*, naturellement, se déplacent d'un pays à un autre: Ils possèdent un rayon d'action international. Par leurs façons mielleuses, leur habilité indiscutable en matière de persuasion, ils tirent les dirigeants par le bout du nez et les portent à arrêter telles ou telles décisions à propos du commerce extérieur, d'aide internationale ou d'emprunt, dont ils tireront plus tard des pots-de-vin mirobolants.

Les deux catégories de flatteurs ont commencé leur carrière dès la genèse de la nation.

Et le nommé Jacques de conclure d'une voix triste mais pittoresque:

Ces flatteurs, à quelque catégorie qu'ils appartiennent, ne sont d'aucune utilité. Leurs visées, oscillant toujours du côté de leur propre enrichissement, se dépouillent d'amplitude sociale. Ils sont, en outre, les premiers à être informés du renversement imminent d'un régime et, peu de temps avant, ils s'arrangent pour ne pas grossir le rang des proscrits. Et le jeu continue. Ils sont volages comme les papillons qui butinent sur les fleurs. N'empêche qu'ils sont les *fossoyeurs* des gouvernants et parmi les principaux artisans de la misère et des déboires de la nation (5).

3.-Le Préjugé de classes

Des auteurs haïtiens, d'une génération à l'autre, s'appesantissent sur le préjugé de classes en Haïti, qui épouse une « forme aiguë » basée sur la nuance épidermique. Le complexe de supériorité (ou d'infériorité) attaché à la nuance épidermique causerait bien des malheurs au pays, comme il en été (ou l'est encore) aux Etats-Unis d'Amérique, en Afrique du Sud, en Rhodésie et dans bien d'autres parties du monde.

Entre autres, beaucoup ont souhaité une réalité sociologique moins diversifiée et un monde peuplé de gens ayant une seule et unique nuance épidermique.

Malheureusement, Dieu ou la Mère Nature ont décidé d'avoir une réalité plus excitante, en créant du lait, du café, du café au lait et une infinité d'autres couleurs. Ces sources ontologiques n'auraient jamais cru que leur créativité déchaînerait tant d'animosité chez les êtres humains. Les autres espèces semblent ne pas s'en soucier beaucoup.

Selon des observateurs de notre vie collective, la cohésion des noirs et des mulâtres devant le danger commun d'annihilation, n'a été que feu de paille; dès la proclamation de l'Indépendance, ces demi-frères et sœurs se sont désolidarisés. Comme les affranchis ou anciens libres—constitués pour la majeur partie de mulâtres—ont eu un peu d'argent et un vernis de culture, ils ont tenu les rênes du pouvoir directement ou pas, et se sont révélés, à cause de leur préjugé et de leur manque de préparation professionnelle, inaptes à exercer « un patronat social ». La cohésion n'étant pas assurée, les deux classes—celles des anciens et de nouveaux libres—ont vécu comme chiens et chats, au cours de l'histoire. Et leur antagonisme se prolonge actuellement en échos plus ou moins déguisés.

Ce manque de cohésion engendre un phénomène déjà enregistré à Saint-Domingue: bon nombre d'haïtiens, non seulement se sentent peu solidaires les uns des autres, mais encore ils ne font preuve d'aucun sentiment patriotique qui les porterait à travailler ensemble à la mise en place, à l'établissement d'une nation forte et organisée. Ils ne prennent pas une claire conscience de leur sédentarité dans le pays (à part les masses démunies de tout et condamnées à végéter.)

Conclusion

Nos politiciens, dans le contexte social issu directement de celui de Saint-Domingue, comme il est visualisé par les spécialistes de la matière, glissent sur le terrain fangeux de l'avilissement, après un soupçon d'effort d'opérer des changements profonds de notre système socio-économique. Le transfert constitutionnel du pouvoir n'existe presque pas. Malgré notre prétention à la démocratie, les élections n'attirent que deux ou cinq pourcent des votants. Les gouvernants savent que le jour viendra où un autre groupuscule les renversera. Pour se prémunir contre la misère éventuelle, ils s'enrichissent sans regret ni remords. Ainsi se succèdent et se répètent machinalement les régimes politiques.

L'homme de la rue demeure apparemment amorphe. Pourtant son indifférence vient de ce que les belles voitures, les villas somptueuses, toutes ces richesses étalées dans un océan de misère ne le concernent pas: il en est systématiquement exclus. Il vit dans l'incertitude constante du lendemain. S'il a des moyens de partir pour les Etats-Unis ou le Canada, il s'empresse de tirer la révérence à ce coin de terre inclément. S'il est dans l'impossibilité d'émigrer à l'étranger, il patauge dans la crasse—à moins qu'il ne nourrisse l'espoir de voir surgir un jour le régime qui lui accorderait des faveurs personnelles. Malheureusement, il y a des professionnels haïtiens qui mangent de la vache enragée toute leur vie.

B.- Sur le plan doctrinal: La démagogie creuse

A la manière des démagogues qui s'affrontaient dans la jungle saint-dominguoise, les politiciens submergent notre pays dans un océan de théories creuses. En un mot, je reconnais, avec les historiens et les sociologues haïtiens, que nos « leaders » sont des radoteurs.

A écouter leurs discours, on admettra qu'il n'existe pas un pays aussi révolutionnaire que le nôtre. Une pensée machinale hante de plus en plus l'esprit de l''haïtien qui croit en l'établissement de la formule suivante dans nos mœurs politiques: *la présence d'un nouveau groupe au pouvoir implique l'avènement d'une nouvelle ère révolutionnaire.* En d'autres termes, il y a autant de révolutions chez nous que nous enregistrons des coups d'Etat et des élections dirigées.

Le livre intitulé *Histoire d'Haïti* par le Dr. J.C. Dorsainvil en est un écho vibrant.

En épluchant les pages de cet ouvrage, j'ai l'impression que notre pays symbolise la terre idéale des révolutions et des mouvements démocratiques ; à telles enseignes que le Général Paul E. Magloire et le Docteur François Duvalier s'enrobent de cette « aura démocratique ».

Au sujet du premier, l'ouvrage mentionne:

> 8 octobre 1950. —Elections présidentielles et législatives. Pour la première fois, le Président de la République est élu directement par le peuple en même temps que les Sénateurs et les Députés. Le colonel Paul Eugène Magloire est élu Président. Il prête serment le 6 décembre 1950 (6).

Autant que je me rappelle, le Général a échafaudé un complot contre Président Dumarsais Estimé et l'a renversé. Une junte militaire a succédé celui-ci. Elle a été composée de Général Magloire en personne et de ces deux coreligionnaires Frank Lavaud et Antoine Levelt. Enfin le Général est devenu le Président juré. L'avalanche de la littérature ultérieure présentée en guise de justification du coup d'Etat appartient à une autre *histoire*.

A son tour, Dr. François Duvalier s'érige en champion d'un de ces « mouvements populaires ». D'abord, selon l'ouvrage,

> Les élections présidentielles et législatives eurent lieu le 22 Septembre 1957 à la suite desquelles le Docteur François DUVALIER fut élu Président de la République d'Haïti. Le 22 Octobre, il prêta le serment constitutionnel (7).

Ensuite :

> Après de nombreuses manifestations en province et des prises de position de différents secteurs, le 31 Mars 1964, il eut un grand rassemblement de foule et une marche historique sur le Palais National pour réclamer la présidence à vie pour le Docteur François DUVALIER. Le 1er Avril, l'Armée par le discours du Général CONSTANT jure fidélité et obéissance au Président. Le 23 Avril 1964, l'Assemblée Nationale décrète à l'unanimité de réviser la Constitution de 1957. Le 25, elle demande à l'Exécutif de soumettre à la ratification populaire la disposition accordant un mandat à vie au Président actuel de la République. Le Président DUVALIER Décrète alors le référendum du 14 Juin destiné à ratifier la Nouvelle Constitution. Par 2.800.000 oui contre 3234 non il est élu « Président à vie ». Désormais

les couleurs nationales redeviennent noire et rouge, placées verticalement (8).

Finalement :

Avec toute Sa lucidité, le Président DUVALIER avait soigneusement et minutieusement assuré la pérennité de Sa Révolution. Le 2 Janvier 1971, dans son Message à la Nation, Il présentait son Successeur. La Constitution de 1964 fut amendée par l'Assemblée Nationale, et au référendum du 31 Janvier 2.391.916 personnes ratifièrent ce choix. Le 22 Avril 1971, Son Fils Jean-Claude DUVALIER Lui succède comme neuvième Président à vie de la République (9).

Incidemment, lasse-moi attirer l'attention du lecteur sur le fait curieux selon lequel, Dr. François Duvalier et son fils ont été presque déifiés dans cet ouvrage et dans bien d'autres œuvres littéraires d'alors. Beaucoup de mots se référant à eux commencent par une lettre majuscule : « Le Président Duvalier *Décrète*...(8) » ; « Avec toute *Sa* lucidité,...(9) » ; « ...assuré la pérennité de *Sa Révolution*...(9) » ; « dans son *Message* à la Nation...(9) » ; « Il présentait son *Successeur*...(9) » ; «, *Son Fils* Jean-Claude DUVALIER *Lui* succède ...(9).

En réalité, le pays, au moment de ces prétendues ères révolutionnaires, a sombré dans la confusion au cours de laquelle trahisons, assassinats et coups bas prédominaient. Seuls les politiciens moins scrupuleux et plus astucieux assuraient les rênes du pouvoir. Quant au règne duvaliériste, il a duré, grâce à la mise au point d'une organisation répressive ayant nom Tonton Macoute et ses ramifications : Zenglendo et Frap.

Il va sans dire que « notre sentiment patriotique », apparemment trop chatouilleux (l'un des plus ostensibles du monde), résulte de la démagogie creuse susmentionnée. Il reste, malheureusement, à fleur de peau et ne nous incite à rien de grand. Il émerge périodiquement en brusques sarcasmes et colère, sous l'action des orateurs de carrefour.

Notre croyance dans une « révolution perpétuelle », de son côté, engendre une pléthore de constitutions.

Le jour viendra où nous aurons appris que la révolution vraie ne peut être la répétition, le décalque de nos pratiques sociales et politiques: une succession d'hommes qui se ricochent, se carambolent au pouvoir, comme des boules de billards.

La démagogie creuse, en particulier, cache le défaut majeur de nos politiciens: leur insincérité.

Accuser des politiciens d'insincérité frise un truisme naïf. A travers le monde, l'*intelligence* de l'homme politique, sa *lucidité* se mesure souvent par son degré de *matoiserie*. A la rigueur, la ruse devient une nécessité pratique. Un politicien trop crédule engage souvent son pays dans des voies pernicieuses ou signe des traités internationaux qui confèrent la part du lion aux autres, au détriment de son peuple. En Haïti, cependant, l'insincérité politique dégage un relent de crime de lèse-patrie.

Le nationalisme du politicien s'exprime par des mots d'une litanie en vogue: « Prouesses de nos ancêtres et de nos sublimes martyrs »;

« Nous devons faire face aux contempteurs de la Patrie de Dessalines et de Pétion »; « Cette terre forgée par nos ancêtres et arrosée du sang de nos aïeux.... » Entre-temps ces patriotes sonores contribuent à façonner le décor infernal auquel s'associe le nom du pays: la démographie court à folle allure; l'agriculture demeure au stage moyenâgeux; l'industrie se maintient au niveau symbolique; le chômage forme plutôt la règle que l'exception; le revenu per capita se range parmi les plus bas de la planète...

Conclusion

Partant des prémisses historiques, le *Drame Haïtien* semble dériver d'un état de choses passé. Des observateurs en déduisent une analogie frappante entre la vie sociale saint-dominguoise et celle d'Haïti. Toutefois, je reconnais qu'en matière politique ainsi qu'en toute discipline humaine, les explications classiques, traditionnelles, voire scientifiques, ne saisissent pas toujours la réalité sociologique dans son intégralité. Pour plus d'un, le point de vue historique de l'*Héritage Colonial* ne suffit pas pour expliquer l'impasse dans laquelle nous donnons. Certains y voient même un roman à la Chateaubriand, mettant à nu les effets désastreux d'un gigantesque refoulement collectif.

D'autres approches d'un genre différent sont proposées. Je les présenterai sans coup férir.

(2)

Considérations Economiques

Dès l'avènement et la diffusion des idées révolutionnaires qui ont reconnu la valeur primordiale de l'économie dans le développement d'une communauté, et qui ont conduit au classement des Etats en pays développés, sous-développés et en voie de développement, le besoin s'est fait de plus en plus sentir d'asseoir l'explication du *Drame Haïtien* sur des bases « plus solides et actuelles », tirant leur force des théories de l'Economie Politique.

Comme pour les considérations socio-historiques, je suis tenté de proposer et de conclure au préalable que la nation semble avoir pris le mauvais côté des choses, en ce qui concerne les vues économiques de la question.

La perspective économique pose au départ—à juste titre—que l'allure inquiétante de notre pays provient d'une complète impréparation de nos élites dirigeantes et de leur incapacité de concevoir une organisation rationnelle.

Certains objecteraient éventuellement que notre intelligentsia, composée d'éléments cultivés, est suffisamment en état de réceptivité pour répondre aux impératifs des temps modernes et agir dans un sens favorable à l'organisation adéquate de l'administration publique.

En guise de réponse à cette objection possible, je rappelle l'observation suivante: le mot préparation est à double sens. Dans une première acception, ce mot décrit le processus d'être en état de faire quelque chose, l'habilité de s'en acquitter, surtout une disponibilité cognitive.

Dans une autre acception, ce mot indique une disposition mentale d'accomplir une tâche. Il présuppose l'idée d'une bonne volonté de s'en acquitter, celle de l'abnégation, d'un apostolat.

Notre intelligentsia certainement comprend des éléments préparés dans le premier sens. Mais combien le sont-ils dans le second.

En revanche, l'élite haïtienne d'après-guerre n'était préparée ni dans un sens ni dans l'autre.

Et si la saveur du gâteau s'éprouve en mangeant ce dernier, la préparation d'une élite dirigeante se reconnaît dans les réalisations de divers genres opérées par elle. Alors, sous ce rapport, notre élite reste encore à prouver son dynamisme.

En général—pour revenir au but de ce livre—les économistes et les historiens haïtiens (spécialistes ou amateurs), tout en fondant leurs arguments sur des données universellement acceptées du sous-développement économique, concluent presque unanimement qu'Haïti a des problèmes spécifiques nécessitant une évaluation appropriée.

Certains font remonter l'origine du sous-développement haïtien à la genèse du pays.

Les nègres esclaves aguerris, aidés des affranchis, bousculent les colons, infligent un échec inoubliable à l'armée napoléonienne et proclament leur indépendance. Cependant, cette victoire digne de titans ne manque pas d'avoir des conséquences fâcheuses pour le devenir de la nouvelle nation.

La clarté aveuglante de la victoire, la chaleur rémanente de l'après-guerre, l'enthousiasme exubérant, la joie délirante de la délivrance, la soif trop longtemps refoulée de la liberté, tous ces facteurs ont concouru à l'empêchement d'une « organisation rationnelle ».

En outre, pour les nouveaux libres, l'indépendance signifie le divorce à jamais d'avec le travail sous toutes ses formes. L'oisiveté constatée chez eux sous l'administration de Toussaint Louverture se justifie comme une revanche sur les siècles de travaux forcés subis dans l'enfer des plantations saint-dominguoises.

Les anciens libres, de leur côté, pensent surtout à consolider des privilèges acquis durant l'organisation coloniale. Ils se livrent entre eux, dès la mort de l'Empereur Jean-Jacques Dessalines, à un combat sans merci.

Ainsi nouveaux et anciens libres n'ont-ils aucune préparation idéologique et formative adéquate pour affronter la complexité des responsabilités d'un Etat indépendant et moderne ; malheureusement, ils en sont inconscients. De cette inconscience (surtout d'elle) vient un manque de structure économique adéquate.

Ces faiblesses causent :

L'absence de réforme agraire Et la carence d'organisation administrative

Historiens, sociologues et économistes haïtiens ont mis l'accent sur la carence de réforme agraire chez nous. Il s'en suit un « système cadastral défectueux » dans lequel les grands propriétaires fonciers accaparent des morcellements et paralysent l'essor de l'agriculture. « Cette pratique abusive » répond, selon des sociologues, aux mœurs locales qui tolèrent une polygamie de fait: le propriétaire « place », dans chacun de ses domaines, une concubine qui l'en aide à la gérance. Cependant, n'ayant ni le temps, ni l'équipement adéquat, ni la préparation agricole, il est incapable de se livrer à une activité culturale significative.

D'autres recommandent de nuancer cette opinion et de voir dans notre système agricole inefficace le résultat de la mauvaise foi des ex-affranchis qui ont déjoué le plan d'une réforme agraire conçue par Dessalines.

Cette thèse a besoin d'être documentée, d'autant plus qu'elle contredit le vœu de la Constitution de 1805 qui a établi:

> L'affermage de ces biens [terres restées vacantes] se faisait aux enchères. Toutefois, l'Empereur se réserva le droit d'attribuer les grandes habitations aux généraux, aux colonels et aux fonctionnaires civils les plus importants. La durée du bail était de cinq ans. Le prix du fermage était payé : a) dans le nord, en espèces sonnante ; b) ailleurs, en nature, en café surtout ; d'où la

nécessité d'avoir partout des magasins de l'Etat et une administration spéciale coûteuse (10).

L'idée de vente aux enchères suggère la possession adjugée au plus offrant. Dans le cas pris en considération, cette idée signifie que les détenteurs de fonds ou de biens négociables ont pu acquérir ces propriétés immobilières. En outre, octroyer des pièces de terre aux *généraux*, aux *colonels* et aux *fonctionnaires civils importants* interdirait l'accès à la possession immobilière aux pauvres fermiers pourtant capables de se livrer à une agriculture intensive.

Sans doute ne fut-ce guère le désir profond de l'Empereur! Sans doute des juristes à l'esprit pervers lui eurent-ils porté un coup de Jarnac! En effet, le « Père de la patrie » indiquait, à maintes reprises, son intention de n'avoir jamais exclu les paysans de la distribution des terres.

Dans le même ordre d'idée, l'Empereur, en ordonnant une vérification générale des titres de propriété, esquissait le début d'une politique dont les conséquences probables—au cas où elle aurait eu le temps de se concrétiser—conduiraient le pays à une réforme agraire.

Ces opinions sont assez valables, compte tenu de l'animosité avec laquelle l'Empereur a été traité par ses anciens compagnons de lutte pour l'indépendance du pays, qui voyaient d'un mauvais œil la mise en place d'une politique de justice sociale.

Et la thèse s'étaie davantage. A en croire l'accusation de l'Empereur contre les sapeurs de sa *politique de justice sociale*, il était bien imbu de son rôle de protecteur des paysans:

> Nous avons fait la guerre pour les autres. Avant la prise d'armes contre Leclerc, les hommes de couleur, fils de blancs, ne recueillaient point la succession de leurs pères; comment se fait-il, depuis que nous avons chassé les colons, que leurs enfants se réclament de leurs biens? Les noirs dont les pères sont en Afrique n'auront donc rien? J'ai fait disparaître toutes les familles des colons. Il n'y a plus de Domaines Nationaux dans la 2ème Division de l'Ouest, d'après vos rapports de complaisance; les Vastey, les Blanchet, auront mis en possession des biens de l'Etat les fils de colons au préjudice de mes pauvres noirs. Les biens que nous avons conquis en versant notre sang appartiennent à nous tous; j'entends qu'ils soient partagés avec équité. (11)

Quelle que soit la réponse donnée aux événements qui se déroulaient à la genèse de la nation haïtienne, un fait demeure: la réforme agraire n'a pas eu lieu. En somme:

> De la mort de l'Empereur jusqu'à ce jour la question agraire n'a jamais reçu une solution en faveur de ceux qui travaillent la terre. (12)

D'autres se demandent pourtant si la réforme agraire, en ce qui concerne Haïti, n'est pas purement et simplement un faux problème; car l'Etat possède encore plus de 50% des biens fonciers. Et qui est mieux placé que le gouvernement, représentant effectif de l'Etat, pour arrêter des mesures de diverses natures?

Cependant que se soulève un courant d'opinion encore plus pessimiste, qui croit dans la futilité d'une réforme agraire chez nous. Pour cette école, même si au départ avait eu lieu une planification agricole, Haïti aurait épuisé les possibilités de ses terres cultivables en un temps plus ou moins long. Région montagneuse, elle répondrait difficilement à une agriculture intensive. (13)

La carence d'organisation administrative, un système cadastral défectueux, la mainmise des anciens libres sur les terres restées vacantes au moment de l'Indépendance, engendrent un compartimentage de classes sociales qui perpétue le dénivellement économique et les conséquences néfastes qui en découlent.

On en revient évidemment à une situation de fait similaire à celle qui a été esquissée dans la section traitant des considérations socio-historiques, laquelle situation découle de notre héritage colonial. Néanmoins ce courant de pensée va un peu plus loin:

> ...Au point de vue social, les inégalités de fortune ou de classes représentent un handicap sérieux à l'évolution de notre pays; l'exploitation de la classe productrice par une minorité parasite représente aussi un facteur qui paralyse le libre échange et l'enrichissement de la force vive du travail. S'il faut s'arrêter à la définition de l'Economie Politique par ces trois termes: production, consommation, circulation, lorsque l'essentiel, la production, manque, il ne peut y avoir consommation ni circulation. (14)

En revanche, la classe possédante affublée des mesquineries de la petite bourgeoisie, se révèle incapable de donner une impulsion à l'industrialisation du pays. Alors la productivité nationale reste dérisoire et ne répond pas à la demande locale et aux impératifs du marché international. En somme, selon plus d'un, de par sa nature, l'élite dirigeante ne vise à aucune expansion économique.

M. Claudin B exprime cette lenteur économique de la façon suivante :

> Si l'on se tient à la simple définition du Petit Larousse relative à la bourgeoisie, « Classe sociale détentrice des moyens de production et d'échange dans le régime Capitaliste, » l'on commettrait un parjure si l'on ne parlait pas de préférence d'affairistes ou mieux de narcodollars en lieu et place de « bourgeoisie haïtienne ».
>
> En effet, ils [les bourgeois] sont dans le pays depuis plus d'un siècle et investissent dans l'industrie de la sous-traitance, dans le commerce et même dans la marijuana. Ils investissent peu dans le pays et réalisent un taux de profit scandaleux, indécent et révoltant. Ces profits, au lieu d'être réinvestis dans le pays en vue de la création d'emplois, sont thésaurisés.
>
> Ainsi, l'Etat a en main les principaux facteurs du développement économique et social. La presque totalité des infrastructures est son œuvre. La formation est sous sa responsabilité. Or, dans tout pays développé ou en voie de développement, la classe possédante est aussi partie prenante du processus de changement et développement.(15)

Aussi la production reste-t-elle dérisoire et ne peut-elle suffire à la demande locale, voire affronter la concurrence sur le marché international. « Il en découle une apathie économique qui gèle la diffusion du bien-être. »

L'observation de ce qui se passe dans les pays développés ou en voie de développement confirme le bien-fondé de l'opinion de *Claudin B.* Dans ces pays, les banques, les factoreries et les firmes privées, pour réussir, prennent en main l'apprentissage de leurs employés.

Alors, la misère accentue la haine des classes qui vident périodiquement leurs querelles dans les contorsions de la guerre civile ou des actes de génocide. Ces contorsions deviennent des phénomènes cycliques—ou à peu de chose près—et perturbent l'évolution harmonieuse des institutions. Notre génération a souffert de celles qui ont précédé et succédé les gouvernements de Vincent, de Lescot, d'Estimé, de Magloire, de Duvalier, de Manigat, de Namphy, d'Avril, de Trouillot, d'Aristide (en deux fois). Et ces commotions continueront en l'absence d'un changement dans la pratique du transfert de pouvoir et des structures économiques.

Ce sombre tableau indique que les problèmes de l'alimentation, du logement, du travail, de la santé publique, de l'éducation et de beaucoup d'autres, sont restés irrésolus jusqu'à présent; attendu que les groupuscules intéressés à la politique n'ont d'yeux que pour donner et recevoir des coups, pour se tendre des pièges les uns plus macabres que les autres. Entre-temps, la misère chronique a une répercussion malheureuse, reconnue presque inéluctable sur la population: la démographie galope au point que des observateurs se demandent si Haïti n'éprouvera pas les affres de la famine (à l'instar de la Somalie, de l'Ethiopie et du Soudan) ou si elle ne sera pas le théâtre d'un désastre écologique, dans un avenir pas très lointain.

Cette vision malthusienne, si pessimiste qu'elle soit, n'en demeure pas moins inquiétante. Pour s'en faire une idée, il suffit d'observer tout ce monde en chômage qui promène son indigence à travers les rues de nos villes et de nos villages, et de reconnaître l'insuffisance de nos ressources naturelles.

Désastres naturels

A part ces causes du sous-développement haïtien dans tous les domaines, certains (surtout les gouvernants) en invoquent d'autres accidentelles. Ils soutiennent que les catastrophes d'ordre naturel affectent l'économie nationale d'une façon négative. Les cyclones tropicaux qui se forment annuellement dans la zone méridionale, les inondations fréquentes, suivies de longues périodes de sécheresse, réduisent souvent des tentatives agricoles à néant, comme il s'est passé, aux Etats-Unis d'Amérique, dans la zone bordant le golfe du Mexique, ou même récemment en Haïti, en octobre 2007, où le mauvais temps a causé la mort des centaines de personnes, détruit des routes et occasionné des inondations.

Je m'empresse d'ajouter que ces causes, parce qu'elles sont accidentelles, ne lavent les dirigeants politiques d'aucun péché. Elles ne viennent que donner le coup de grâce à une situation malheureuse créée en partie par nous-mêmes.

En somme, nous avons des exemples récents de la concomitance des désastres naturels et de la malfaisance humaine, en Haïti. Tandis que, *Gilbert*, l'ouragan, faisait des ravages dans la zone méridionale du pays, au mois de septembre 1988, des criminels politiques se livraient à Port-au-Prince ou ailleurs, au massacre des gens, à la destruction des églises et d'autres immeubles historiques; ce qui a justifié le renversement du gouvernement de Namphy et l'établissement d'un régime militaire. Une autre tragédie est arrivée en 1993 avec le naufrage d'un bateau en partance de Jérémie, en même temps que des assassinats perpétrés par des militaires et leurs *attachés*. Une concomitance malheureuse est aussi survenue en 2004.

Donc les désastres naturels et la cruauté humaine s'en vont la main dans main, en Haïti. La différence réside dans le fait que les désastres naturels sont aveugles, inintelligents ; la cruauté humaine exprime l'action des êtres susceptibles d'intelligence, de compassion, de patriotisme et de charité. Cependant ils choisissent le chemin de la force aveugle.

Conclusion

Faut-il voir dans nos déboires une illustration de ce qui distingue la démocratie de la dictature?

La *vraie démocratie* est souple. Du fait qu'elle se veut l'expression, le reflet des intérêts en présence et qu'elle encourage le brassage des compétences, elle est riche en possibilités de toutes sortes. Elle permet tous les espoirs. Elle donne, comme l'a souligné un auteur contemporain, la chance de s'affirmer, de devenir pire ou meilleur.

La *dictature aveugle*, au contraire, est rigide. Elle s'impose par la contrainte et reflète les préoccupations personnelles du dictateur perché dans sa tour d'ivoire. Elle étouffe les valeurs les plus enrichissantes. Elle enlève tous les espoirs et plonge dans un océan d'amertumes. Elle constitue, selon le même auteur, la certitude du pire.

Faut-il conclure que, Haïti, adoptant la deuxième forme gouvernementale, paie chèrement le prix de son option? Et que son marasme économique en est la conséquence logique? J'y reviendrai.

En revanche, d'autres penseurs haïtiens attirent notre attention sur les conséquences néfastes de l'ingérence américaine dans les affaires internes du pays. Je présenterai cette explication de notre impasse de suite.

(3)

Considérations Anti-américaines

L'immixtion du Colosse Etoilé dans les affaires intérieures du pays constitue un sujet d'inquiétude pour plus d'un. Ce qui se comprend aisément: les influences venues d'une nation aux traditions, croyances populaires et manières de vivre pas toujours similaires aux nôtres, sont parfois nocives et enveniment nos problèmes déjà précaires.

Ces considérations seront présentées au cours de l'essai. Cependant, j'insiste sur le fait que la situation haïtienne, sous ce rapport, n'est pas unique.

Je répète : notre pays n'est pas le seul à pousser de hauts cris contre le paternalisme intéressé des grandes puissances qui imposent leurs utopies, leurs crédos, leurs us et coutumes, leurs défauts, aux nations du tiers monde.

Il serait idéal que les relations internationales se soient basées sur le respect mutuel, sur le vœu des êtres humains, à travers la planète, de s'entraider et sur l'impatience de réaliser l'unité du monde par le truchement de la formule du *donner et recevoir*, et de déboucher éventuellement sur la paix et l'harmonie planétaires. Malheureusement, les relations internationales sont restées sur le principe de la raison du plus fort, avec toutes ses conséquences négatives. Des investisseurs étrangers, originaires des nations développées, pratiquent une politique d'infiltration dans l'administration interne des pays pauvres et contrôlent les activités politiques et sociales de ces derniers. Ce sont des hommes et des femmes d'affaires qui ne s'intéressent pas à la morale, à l'entraide et à la charité. Le maximum de profit seul oriente leurs démarches.

Naturellement, une telle situation conduit à l'instabilité et à la révolte des indigènes. Les raisons de cette atmosphère internationale insane sont similaires à celles des individus en colère quand ils sont maltraités ou réduits à leur plus simple expression. Et les conséquences négatives sont nombreuses : la haine chronique, les conflits armés et le terrorisme.

Alexander J. Robert indique aussi quelques une de ces raisons motivant le mécontentement des indigènes :

> Même ces régions, telles que l'Amérique Latine dont plusieurs nations gardent encore leur souveraineté, ont subi ce même type de pénétration économique suivie par une grande influence politique. Des prêts ont été accordés vers la fin du dix-neuvième siècle et au début du vingtième par les puissances européennes et les Etats-Unis aux nations de l'Amérique Latines, de même aussi des investissements dans leur système bancaire,

leurs voies ferroviaires, leurs mines et leurs entreprises agricoles. Sous prétexte de recouvrer ces prêts et protéger leurs investissements, des bateaux de guerre Allemands ont imposé leur puissance sur Venezuela, l'Angleterre s'est engagée dans « la politique de la canonnière » vis-à-vis plusieurs pays latin américains et les *marines* des Etats-Unis ont occupé, en maintes occasions, Nicaragua, Panama, la République Dominicaine, Haïti et Cuba (16).

D'autres observateurs ont également mis l'accent sur cette situation déplorable. Cependant je me borne, dans les limites de l'essai, à présenter succinctement la réaction de bien de nos politiciens et de nos observateurs qui voient dans l'ingérence américaine dans nos affaires intérieures l'une des causes immédiates et profondes de nos déboires.

Pour une raison ou une autre, nous nous rendons compte que, depuis 1915, certains arguments soutenus par nos historiens, sociologues et économistes ont fait tonneau vide et que nous ne pouvons plus nous innocenter en nous limitant à parler du sous-développement haïtien comme d'une marque de voiture démodée, disloquée, mais en tant que résultat de notre propre incapacité de résoudre les problèmes structurels de l'économie locale; alors, les contours d'une explication basée sur les conséquences d'événements datant de 1915 se sont graduellement précisés. Nous portons alors l'accent sur l'impacte négatif de l'interférence des Etats-Unis d'Amérique sur le devenir de la nation.

Que s'est-il passé au cours de l'histoire nationale, qui a motivé la première occupation américaine du pays ?

Une situation désespérante, s'échelonnant sur des générations, culmine à des crises accompagnées de frictions entre les classes sociales et rend les gouvernements haïtiens aussi fragiles que des joujoux dérisoires, des objets de musée effrités aux moindres contactes. C'est ainsi que, par un de ces matins fielleux, débarquent à Port-au-Prince des troupes américaines commandées par l'Amiral Caperton.

L'intervention a été une gifle retentissante appliquée en pleine figure. Ce jour-là, des patriotes aimeraient que la terre se fendît pour les y engloutir et ne pas survivre à la honte.

Aujourd'hui encore, malgré le recul du temps, des témoins de cette journée d'ignominie ou leurs descendants gardent d'instinct le silence, chaque fois qu'elle est rappelée. Et ils se demandent—vu que nous recommençons à répéter nos erreurs—si un autre *1915* ne tombe pas dans le domaine du possible.

Un tel danger nous menace-t-il vraiment? Oui, le danger n'a jamais cessé d'exister ; car, en histoire, la formule selon laquelle les mêmes faits produisent les mêmes effets, s'applique à merveille.

En somme, dans la première édition de cet essai, l'auteur a exprimé la crainte de plus d'un de voir une répétition possible de l'histoire, comme les politiciens haïtiens ont recommencé à rééditer les erreurs de leurs prédécesseurs. Alors, en 1994, la peur nationale s'est matérialisée. La crise politique a motivé l'ONU, naturellement sous la direction de Etats-Unis d'Amérique, d'intervenir dans le pays. Et une autre intervention a eu lieu en 2004.

Malgré tout, l'idée de subir le déshonneur et les agonies d'une intervention étrangère a toujours répugné à bien des concitoyens et concitoyennes, fiers d'eux-mêmes et passionnés pour l'indépendance de leur pays. Une réaction normale : aucun citoyen authentique d'un pays quelconque n'aimerait voir son pays subir l'occupation d'une armée étrangère. Beaucoup d'haïtiens n'ont pas souhaité un avènement aussi malheureux d'autant plus qu'ils se souviennent des conséquences néfastes de l'intervention de 1915 ; témoin, le pays n'a jamais connu un sort meilleur depuis ce temps-là

Dans une étude parue dans la revue intitulée *FRERE DU MONDE,* sous le titre: GEOHISTOIRE A PROBLEMES, M. Pierre Sagan résume les méfaits causés par l'occupation américaine à notre pays en ces termes:

> ...L'occupation américaine ne fit rien d'autre que ramener à la vie les anciennes structures en leur insufflant de l'oxygène. L'ordre ou plutôt les mises au point parfois sanglantes, le travail ou plutôt les corvées, l'aide administrative ou plutôt des tentatives de restauration de la grande propriété et d'implantation de quelques entreprises industrielles, un incontestable effort de la culture, de la santé et de l'éducation, ont revigoré l'ancienne Haïti par une modernisation de façade derrière laquelle se perpétuait le vieux système traditionnel au blason redoré et réinstallé au pouvoir.(17)

Il est important de souligner que des penseurs américains aboutissent également à une conclusion similaire sur la politique étrangère problématique du Département d'Etat. M. Wallace Irvin Jr., entre autres, soutient que

> L'attitude des Etats-Unis d'Amérique a été, depuis 1898, celle d'une intervention politique, militaire et même administrative, dans le but de protéger leurs intérêts commerciaux et stratégiques contre les troubles politiques au Mexique et dans les pays caraïbes. Mais souvent la présence des Etats-Unis dans ces pays envenime ces troubles en prêtant le flanc aux critiques des patriotes; ensuite une ligne d'action d'une forte implication coloniale ne pouvait guère s'appliquer sans soulever des protestations contre la politique américaine. (18)

Dans le même ordre d'idée, mais d'une façon plus mitigée, Alfred De Grazia et Thomas H. Stevenson mentionnent :

> « La diplomatie du dollar » un terme attribué, souvent par ses opposants, à la politique des successeurs de Roosevelt, notamment à Taft et Wilson. Ces deux présidents se sont ingérés maintes fois dans les affaires internes des Etats Caribéens tels que la République Dominicaine, Haïti et Nicaragua. En général, les officiels des Etats-Unis, en l'occurrence, contrôlent les finances publiques, et les Marines des Etats-Unis ont cherché à rétablir l'ordre social. Les critiques de ces activités les ont désignées par l'expression « la diplomatie du dollar » parce qu'ils pensent que ces activités ont été conçues en premier lieu, si ce n'est point uniquement, pour protéger les investissements des Américains acquéreurs des bons du trésor de ces gouvernements ou propriétaires d'entreprises privées telles la culture des fruits ou de la canne-à-sucre. Sans aucun doute, ce genre de protection

a été l'un des motifs de ces activités. Cependant, il y a eu aussi d'autres motifs tels que la défense du Canal de Panama et les bases navales américaines dans les Caraïbes, la mise en place de gouvernements légitimes, et l'éradication des maladies. Les investisseurs américains ont pu tirer profit de ces interventions, comme il en a été le cas pour la majorité des populations indigènes (19).

Ces critiques (elles sont encore valables, en considérant la politique étrangère des Etats-Unis vis-à-vis des pays tels que Nicaragua, Panama, Salvador, Irak...) ressemblent pourtant à des notes élogieuses, comparées au réquisitoire dressé contre l'occupation américaine de notre pays. Ce réquisitoire, qui dans des discours officiels, qui dans des conférences, qui dans des conversations, maintient que l'intervention américaine, loin d'alléger le poids de la misère d'Haïti, démoralise celle-ci et la déshumanise.

Comment?

D'abord, par des pratiques administratives empreintes de fraudes et d'une ignorance malencontreuse des problèmes réels du pays, dictée par une mauvaise foi manifeste et une mentalité d'occupant.

Cette mauvaise foi, accouplée à une désinvolture bien connue au Département d'Etat, contribuerait à enlever aux haïtiens toute inclination pour la solidarité collective:

> L'occupation a eu un effet psychologique sur la mentalité haïtienne, elle a tué le sentiment de civisme et de patriotisme. (20)

En outre, l'occupant apporte sa philosophie alléchante du dollar et du luxe « superflu et inouï ». Ainsi le « matérialisme desséchant », hérité de Saint-Domingue, se renforce en Haïti et frise la démence. Les citoyens s'avilissent et mettent en péril hommes, femmes, enfants, pour répondre au nouveau goût enivrant et obsessionnel de l'opulence. La « philosophie dans la crasse », prédominante dans les mœurs et coutumes haïtiennes, s'en va sous cette fièvre des splendeurs. Alors, c'est un sauve-qui-peut, la lutte à mort des groupuscules avides de privilèges et de biens luxueux insuffisants. La victoire, la jouissance du pouvoir, l'accumulation de fortunes, appartiennent aux adeptes du vœu de l'Once Sam: guerre aux communistes et soumission aveugle des masses.

Un tel argument n'a plus toute sa force aujourd'hui avec l'effondrement du régime communiste en Russie et dans d'autres parties du monde. Cependant les membres récalcitrants de la droite et du conservatisme semblent substituer au *stigma communiste* des dénominations telles que le *libéralisme*, le *populisme*, la *gauche*—et j'en passe.

Selon moi, Oncle Sam n'a pas rempli son rôle de leader à l'endroit d'Haïti d'une façon satisfaisante. Tandis que le pays de Lincoln jouit d'une réputation d'être le bastion des idées libertaires, il encourage la dictature chez nous; tandis qu'il reconnaît la nécessité d'approcher les problèmes économiques modernes à l'aide de méthodes scientifiquement éprouvées, il donne sa bénédiction aux procédés archaïques et égoïstes de nos démarches économiques et prodiguent des dons monétaires directs à nos dictateurs pour les aider à mener une vie sybaritique.

Le Département d'Etat Américain, jusqu'à preuve du contraire, donne l'impression de sympathiser avec des dictateurs et d'avoir de l'aversion pour des leaders populaires. Les présidents Carter et Clinton ont-ils initié un changement positif dans la politique étrangère Américaine ? Personne n'a le fin mot de cette question. Président Carter a donné des signes encourageants quand il a retourné le Canal de Panama au peuple panaméen. Malheureusement, comme il n'a pas été réélu, un jugement sur la base d'un terme manquerait sans doute d'objectivité. En ce qui concerne la politique étrangère de Président Clinton, beaucoup admettent que ce chef d'Etat a montré des signes positifs, mais pas à un degré satisfaisant. Il n'a eu aucune justification d'ordonner une intervention militaire en Iraq, même pendant un court moment. Il n'a pas montré sa volonté d'enlever l'embargo inhumain contre Cuba. Il n'a pas aidé à améliorer le sort du peuple haïtien.

Somme toute, la politique étrangère américaine jette plutôt la confusion dans les esprits. Par exemple:

> Il est difficile pour le peuple haïtien d'oublier que l'administration américaine a présenté chaque année au Congrès des rapports favorables au gouvernement de Jean-Claude Duvalier, établissant qu'il accomplissait des progrès dans le domaine des droits de l'homme. Et ce, malgré les nombreuses violations de ces droits et le fameux référendum qui « réélisait » Duvalier comme Président à vie. Et aussi, malgré le détournement et la di-

lapidation des ressources financières du pays. Ces rapports permettaient d'accorder des dons financiers importants, qui allaient immédiatement grossir les comptes en banque de Baby Doc, son épouse et ses rapaces ministres (21).

Dans le même ordre d'idée, beaucoup ont considéré la façon dont le Département d'Etat a traité le cas de Cédras fort troublante et décevante. Une fois de plus, le gouvernement américain laisse flotter l'idée que les crimes commis contre une nation jouissent de l'impunité.

Cédras est permis de jouir d'un exil doré, de conserver sa fortune accumulée par le truchement des transactions criminelles. En effet, la source de sa fortune reste mystérieuse ; car aucun employé du gouvernement haïtien ne jouit d'un salaire aussi élevé.

En outre, la villa de Cédras a été louée par le gouvernement américain qui n'a pas hésité à payer plusieurs mois à l'avance au propriétaire. Cependant, cette villa aurait dû plutôt symboliser l'injustice, le crime, les actes de génocides perpétrés conte le peuple haïtien. Sur le plan doctrinal, politique et moral, sa démolition serait plus significative que sa location. Quand les *maîtres du monde* amorceront-ils le nouvel ordre planétaire, au cours duquel des criminels politiques répondraient de leurs actes devant la communauté internationale ? Que gagneraient le Département d'Etat et l'ONU à se montrer indulgents pour des criminels notoires ?

En d'autres termes, si une nation sœur accuse ses leaders de crimes et de génocides, elle recevra une claque de voir le Département d'Etat réserver un chaleureux accueil et un traitement princier à ces leaders criminels, même à la suite de leur renversement du pouvoir. Quelle en est la logique ? Au moins, si l'amour pour les ennemis de la nation se traduisait en une situation positive collective telle que l'amélioration économique des masses, ainsi que leurs conditions de vie, plus d'opportunités pour nos professionnels, un apaisement spirituel, une telle confusion d'intentions serait un moindre mal. Pourtant, la situation nationale continue de s'envenimer : tristesse, désolation, souffrance, désorganisation. Alors que penser du traitement de velours accordé à nos leaders criminels ?

En réalité, le Département d'Etat gagnerait à créer une communauté économique bien structurée avec les nations de l'Amérique Latine et des Caraïbes, en facilitant, sur une grande échelle, des échanges de produits manufacturés, comestibles et de premières nécessités. Comme l'a souligné Monsieur Dan Burton, un législateur républicain d'Indiana, aux Etats-Unis d'Amérique :

> L'une des décisions, et je crois que mes collègues démocrates et républicains tombent d'accord avec moi, est la nécessité de dialoguer avec les pays de l'Amérique latine, de l'Amérique centrales et des Caraïbes, et de nous y ouvrir (22).

Ces genres d'efforts profiteraient à l'Amérique en général et éventuellement à l'humanité. Pourquoi ne sont-ils pas entrepris. Il s'agit d'un vrai mystère ; car ces nations sœurs ont coexisté pendant des siècles !

En somme, les dirigeants américains devront prendre conscience du caractère boiteux de leur politique internationale, s'ils entendent conserver leur rôle de leaders. Ils devront aussi accorder plus d'attention aux masses au lieu de s'intéresser aux politiciens corrompus des pays sous leur égide. Ils joueraient d'un plus grand prestige ; car les masses des pays sous-développées sont sédentaires, tandis que leurs dirigeants sont des opportunistes et des instables.

Il y a tant de manières dont les Etats-Unis obtiendraient la sympathie des masses des pays avec lesquels ils traitent. Un petit rappel semble s'imposer.

Je me souviens, au cours de mon adolescence, que le gouvernement Américain a initié un projet agricole dans la partie septentrionale d'Haïti, ayant nom « Pote Kole [unissons-nous] ». Selon la petite histoire, ce projet a pris fin parce que Papa Doc a insisté sur l'embauchage exclusif des *tontons macoutes*, une condition que le Département d'Etat répugne à accepter.

Cependant, je me rappelle l'aspect positif du projet, sa valeur heuristique, une façon pour les professionnels américains d'entrer en contact direct avec de simples citoyens haïtiens. Je me suis émerveillé devant la grosseur des fruits produits par ce projet et la fertilité du sol haïtien.

Et des pays comme le nôtre ont un plus grand besoin de l'assistance technique que de dons monétaires directs qui, éventuellement, seront empochés par des politiciens pourris. Une telle assistance se révélerait bénéfique dans le champ de l'élevage des animaux, de l'agriculture, de la médecine, de l'habitation, de la santé publique—pour ne citer que ceux-ci. Elle incarnerait une expérience humaine positive permettant aux professionnels américains, haïtiens et les masse d'œuvrer ensemble. Elle symboliserait aussi un usage judicieux de l'argent. Et elle mènerait à une atmosphère agréable sans le besoin de recourir à l'usage d'armes, de la violence, de l'espionnage ou des activités de cette nature.

Pourquoi les leaders américains ne se livrent-ils pas à une action de ce genre en Haïti et dans d'autres pays sous-développés ? De même toutes les nations prospères gagneraient à adopter une telle approche à l'endroit des nations pauvres qu'elles entendent aider.

Et, comme je l'ai souligné, les résultats seraient gratifiants. Le pays de Lincoln compterait des amis parmi les éléments des masses, les piliers de toutes les nations.

Conclusion

Compte tenu de la thèse anti-américaine, je conclus qu'Haïti est écartelée entre deux éventualités désespérantes : ou bien elle se laisse attirer par les utopies gauchisantes moribondes, ou bien elle se nourrit des promesses fallacieuses de la nation étoilée ou d'autres grandes puissances.

D'un côté, elle a peur de succomber à la tentation marxiste pour ne pas se réveiller dans un splendide isolement, (à l'instar de Guatemala et de Cuba), ou de sombrer dans un aventurisme aux issues douteuses. De l'autre, elle se résigne à son sort. Une option qui se révèle frustrante non seulement à l'endroit d'Haïti, mais encore à celui des nations du tiers-monde plongées dans une telle situation décourageante.

Personne ne peut élucider la raison pour laquelle le monde a pris une allure aussi démoralisante : il est mesquin, dépourvu de vision, empêtré dans un lacis d'intérêts personnels, plongé dans un océan de désaccords et de confusions. Le monde, au moment d'écrire cette édition, est saturé de situations décourageantes en Amérique, au Moyen Orient, en Afrique et ailleurs.

Le nombre international des réfugiés augmente à un rythme inquiétant. De même je ne m'attendais pas à être témoin de tant de débridement des passions à travers le monde et à voir des cadavres humains empilés dans des bascules et déversés ensuite dans des fosses communes. Je pensais que cette vision cauchemardesque appartenait aux siècles écoulés. Alors, en me basant sur cette vision cauchemardesque je reconnais le caractère générique de la primitivité humaine qui persiste dans un contexte technologique avancé.

Et il n'y a aucun motif d'espoir ; car les forces antagonistes restent fermes derrière leurs positions respectives.

(4)

Leçons Dégagées Des Théories Traditionnelles

Des trois chefs d'explications traditionnelles, je tire des conclusions capables d'orienter nos démarches futures. La vérité de la matière envisagée a été, sans doute, établie (en tout ou en partie), sauf que la situation haïtienne continue à détériorer.

(a)- Du point de vue de la pensée politique, nos gouvernements nous enseignent une fois de plus la vanité de faire l'éloge ou d'exécrer un système politique parce qu'il s'appelle Dictature, Fascisme, Démocratie, République.

Un système politique se concrétise dans l'action gouvernementale. La clef de voûte reste donc sur le concept de gouvernement établi, une réalité temporelle intégrée dans un complexe sociologique, économique et culturel, et engagée à résoudre les problèmes soulevés par l'éducation, l'habitation, l'agriculture, le transport, l'énergie, l'emploi et bien d'autres activités, au moment de la fonction gouvernementale. Ces problèmes peuvent être ignorés ou pris à cœur par l'équipe au pouvoir, selon ses intérêts, quelle que soit la désignation politique du régime. Cependant, chez nous, il y a un élément crucial sans lequel ce concept se vide de tout contenu: la personne du Président autour de qui tournent hommes et choses. Sa volonté éclipse toutes les autres. Je ne serai point surpris si la nation, après des années de lavage de cerveau, octroie cette ultime distinction honorifique au chef d'Etat avec ou sans le consentement de ce dernier. Un bon exemple a été donné par le peuple haïtien qui voulait accorder un pouvoir exorbitant au Président Aristide. Selon ses adeptes, ses paroles avaient le statut d'oracle. Aussi Haïti se présente-t-elle comme un domaine privé laissé aux caprices du propriétaire et de ses employés. La dénomination de République assignée à notre pays équivaut à une étiquette théâtrale.

Récemment, un tel concept de gouvernement local a provoqué des frictions entre les chefs d'Etat et des groupes politiques soupirant après le pouvoir et le droit de participer à la gestion du pays.

L'aspect frustrant de cette situation vient de ce qu'un gouvernement établi donne le ton à la chanson: il impose son « ère » au pays et entretient des relations avec d'autres régimes politiques du monde. Alors, s'il dure il passera pour être l'émanation de la volonté du peuple. Lorsque ce dernier en est fatigué, il s'en débarrassera. Et il le fera malgré les contraintes omniprésentes dressées sur son chemin; ce qui a été entrepris au cours de notre histoire. Comme des chefs d'Etat traitent avec d'autres chefs d'Etat, l'ONU consacre le résultat de cette interaction. Malheureusement, les gouvernants et l'ONU ne sont pas tellement intéressés au degré de coercition exercée sur le peuple par les politiciens haïtiens au pouvoir ; témoin ceux-ci sont chaudement et révérencieusement accueillis à l'Assemblée Générale et à l'étranger. Ils représentent le pays !

Je souhaite que les événements actuels reflètent les indices d'une révolution en profondeur, mais non des moments négligeables d'un cercle vicieux.

(b)- Notre réalité politique rappelle le danger de maintenir au sein d'une société des sentiments anachroniques, des attitudes inauthentiques, des conceptions mythiques et une atmosphère tissée de mensonges. Des politiciens sans foi ni loi y découvrent une justification de leurs activités peu louables. Un exemple vivant nous a été offert par le gouvernement duvaliériste: ce dernier permet de saisir combien le pays, dirigé par une élite formée selon des traditions surannées et plongée dans la superstition, se vautre et se vautra dans l'inconséquence et la médiocrité.

J'y reviendrai. Toutefois, je maintiens à présent que cette élite ne motive et n'éduque le peuple ni politiquement ni moralement. Comment engendrer le progrès national avec des œillères paralysantes et à partir de théories inopérantes?

Un autre exemple : un des dictons employés souvent par Président Aristide afin d'obtenir la sympathie des haïtiens a été le suivant : « Yon dwèt pa manje kalalou. [L'okra ne se mange pas avec un doigt] ». En effet, si vous essayez de vous saisir d'un okra avec un doigt, il glissera toujours. Président Aristide a voulu mettre l'accent sur l'effort concerté et collectif de ses concitoyens et concitoyennes de résoudre le *drame haïtien.*

Apparemment, avec ce dicton, il a fait vibrer la corde sensible de beaucoup; car, des millions d'haïtiens lui ont confié les rênes du pouvoir en vue de les conduire vers l'unité d'action. Cependant, les actes de ce leader ont révélé plus tard une absence d'intentions unificatrices chez lui. Alors, derrière le dicton susmentionné il a caché son plan de bataille selon lequel il userait d'un seul doigt sinon pour avoir prise sur un seul okra, du moins pour glisser une assiettée de ces légumes délicieux dans une seule gorge.

(c)- Les expériences politiques douloureuses éprouvées par les haïtiens au cours de leur histoire permettent de reconsidérer une vérité psychosociologique souvent négligée (fort accentuée par Socrate et Platon [23], reprise plus tard par les philosophes du 18ème siècle et des penseurs anglo-saxons), mais cruciale, surtout dans un pays où se pose la question de personnalité.

Naturellement, aux Etats-Unis d'Amérique dont les institutions se fondent sur des bases solides, la question de personnalité ne se pose pas d'une façon essentielle. Le Président y joue un rôle de nature très symbolique. Des lois constitutionnelles, jalousement garanties et appliquées par les trois Pouvoirs Exécutif, Législatif et Judiciaire, font de ce personnage politique un fonctionnaire parmi les autres. Sans doute a-t-il un droit de veto et peut-il influencer les mesures gouvernementales, comme on l'a remarqué avec le Président Bush junior muni d'un trop grand pouvoir (contrairement à ce que la tradition américaine a permis). Il a également le droit ultime de décider dans un moment de crise ou de péril menaçant la survie de la nation. Mais il n'œuvre pas hors du cadre constitutionnel sans se le voir rappeler, sans encourir des sanctions telles que la mise en accusation, le vote de censure. En effet, Président Clinton, au cours de son terme, a comparu devant le tribunal, comme tous les citoyens américains, et s'est mis à la disposition d'un jury qui a décidé s'il y a eu un motif à son inculpation. Des citoyens américains et étrangers expriment leur intention d'intenter un procès contre Président Bush Junior et ses collaborateurs pour crime contre l'humanité. Mais chez nous, il se recommande de prendre conscience très tôt des intentions des chefs d'Etat éventuels, des autorités électives futures, avant de leur faire confiance. Le chef en herbe d'aujourd'hui deviendra sans doute magister dixit; sa parole se confondra avec l'expression absolue de la « vérité ». Alors, pourquoi ne pas chercher à établir le « profil psychologique » du « futur dictateur » afin de savoir s'il représente un moindre mal dans la jungle politique haïtienne.

Incidemment, pour mettre à jour les intentions profondes de nos « leaders », il faut la présence de penseurs objectifs, dépourvus, autant que possible, d'ambitions mesquines, de préjugés absurdes, de croyances puériles, qui s'imposent la tâche d'éclairer les haïtiens et de les aider à choisir des concitoyens intéressés à les diriger vers un avenir meilleur. Comme l'aurait conseillé C. Northcote Parkinson, nous ne nous appesantissons pas assez sur la psychologie de l'homme politique, tandis que lui plus que tous autres se livre à l'analyse des esprits objectifs : il agit, délibère, écrit, prononce des discours; il est, avant de devenir « personnage important », un ami, un adversaire, un interlocuteur...

Or, le chef d'Etat projette souvent sur le pouvoir les mêmes tendances qu'il a manifestées dans la vie privée. Le Député National, le Ministre, le Maire, le Sénateur, œuvrent à partir des croyances, des habitudes de vie contractées dès leur statut de simples citoyens. Ces politiciens défoulent la plupart du temps sur le pouvoir dont ils sont investis leurs « petits problèmes », et toute la communauté en souffre.

C'est un truisme de redire avec C. Northcote Parkinson que le monde n'aurait pas connu les épreuves inhumaines de la deuxième guerre internationale si l'on avait interprété les écrits d'Hitler avec une objectivité plus ou moins froide. Dans « Mein Kampf », de l'avis de plus d'un, le Führer éventuel avait exposé les principes politiques de son *Etat Totalitaire* à instaurer en Allemagne.

En outre il a eu une enfance malheureuse. Son père, un vrai dictateur, donnait souvent la fessée aux enfants. Un tel commencement a influé sur le genre de relation que ce futur leader entretiendrait avec ses intimes, ses amis, ses alliés et ennemis. De même, dès l'enfance, selon une biographie de John Toland, il est devenu de plus en plus « enthousiaste aux idées concernant la guerre ou la vie militaire ». Au cours de son adolescence, il a fait une distinction entre un « allemand authentique aux yeux bleus et aux cheveux châtains et l'allemand inauthentique (24) ».

Sans doute existent-ils des leaders peu disposés à parler d'eux-mêmes, dont les idées bonnes ou mauvaises se révèlent après coup. Cependant, ceux, qui sont ouverts et trahissent leurs intentions malsaines et criminelles ou leur détermination d'agir partialement, auraient pus être arrêtés au cours d'un processus électoral.

Louis Déjoie père est une illustration locale de ce dont je parle.

Dans ses moments de colère, dit-on, il a traité les masses de « gros orteils », de gens sans classe. Indignées, mais avisées, celles-là ont systématiquement récusé *l'industriel des Cayes*. Aujourd'hui, avec le recul du temps, surtout après le fiasco des duvaliéristes et celui des régimes subséquents, certains disent que Louis Déjoie père aurait pu devenir un excellent chef d'Etat. Cette croyance ne me convaincra pas jusqu'à preuve du contraire. Un leader sujet à des excès de rage incontrôlée conduira son pays au désastre. De toute façon, Louis Déjoie père, en insultant les masses haïtiennes, a eu sa juste récompense. Mais a-t-il été le plus dangereux? Et les loups dans la bergerie? Et les saintes nitouches?

Si on avait étudié les habitudes, les mœurs, les tendances de Docteur François Duvalier, la nature de ses rapports avec ses amis et ennemis, avec ses collègues, on se garderait de croire qu'il avait envisagé l'avenir du pays avec les meilleures intentions du monde. Et une telle analyse a été tombée dans le domaine du possible ; car certains de sa génération ont fait des révélations assez pertinentes sur son penchant au sadisme froid. Si, en outre, on avait soupesé les avertissements de plus d'un (entre autres Daniel Fignolé, son ancien compère et coreligionnaire) on n'aurait pas connu ce régime sanguinaire, infernal, nuisible pour le pays, dont les séquelles pèsent encore si lourdement sur le devenir de la nation.

En outre, Docteur François Duvalier, le publiciste, a souvent employé abusivement la première personne « je », « moi », « mon ». Mais à l'époque où il écrivait et exécutait ses « Œuvres Essentielles », il décidait pour un « parti » et pour une nation. Alors, sans le savoir, il s'est engagé dans un monologue déguisé trahissant son égoïsme, son complexe d'infaillibilité, son intolérance, son penchant au despotisme. Des penseurs objectifs, en se fondant sur ses « *Œuvres Essentielles* », anticiperaient ses déclarations outrées et dépourvues de visées démocratiques: « Mwen pran pouvwa la, mwen pran pouvwa nèt! Toutt moun ki pa kontan, anbake (25) ». « ...Je suis le Drapeau Haïtien, un et indivisible. Vouloir me détruire, c'est vouloir détruire Haïti elle-même (26) ».

En outre, pendant la « campagne » électorale de 57 entreprise par ce leader, certains passages de ses discours écoutés machinalement par ses concitoyens et concitoyennes, ont révélé après réflexion un démagogue pur et simple. Il a promis l'élimination de la politique de taxation pratiquée « outrancièrement par les régimes passés ». Il a juré aussi de mettre fin à la « dictature », au « bâillon à la pensée ». Il a crû d'emblée que la « campagne sera réanimée » ; « l'agriculture, diversifiée », « l'homme haïtien, rénové », « pour une nouvelle Haïti... » Des observateurs auraient dû se demander si ces vues sont objectives en elles-mêmes; si elles sont nimbées d'une force immanente capable de les concrétiser. A l'aide de quoi ces changements d'envergure annoncés sous une forme mystique et poétique s s'opéreraient-ils? Ce leader n'a présenté aucun plan d'action, aucun programme détaillé que lui et ses assistants essaieraient de concrétiser chemin faisant.

Je n'ai pas besoin de décrire la suite de cette mésaventure : Dr. Duvalier a eu, dès le départ, l'intention de lancer contre le pays tous les maux qu'il a promis d'éliminer.

Certainement, les haïtiens, à l'époque de la crise de 57, n'avaient pas soulevé ces questions; il leur manquait un peu de « tête froide ». Cependant, s'ils avaient usé d'un minimum de sens critique, combien de vies humaines ne seraient-elles pas épargnées! Combien de calamités Haïti n'aurait-elle pas évitées! Peut-être ne serions-nous point tombés dans l'impasse dans laquelle nous donnons.

Dans la même ligne de penser, des condisciples d'Aristide ont révélé qu'il a été un *petit coléreux* durant son enfance et a trahi des tendances peu démocratiques. En outre, son amour notoire pour le Vaudou et la superstition haïtienne aurait suffi pour porter ses concitoyens et concitoyennes à anticiper son manque de vision de l'avenir et d'objectivité, deux qualités intellectuelles nécessaires pour lancer le pays à partir de zéro et bâtir la démocratie en son sein.

Malheureusement, les haïtiens agissent comme la majorité des hommes et des femmes de la planète, et votent souvent avec le cœur et les sentiments, non avec la raison, la lucidité et la vision d'un avenir souriant collectif. J'ai entendu d'étonnantes déclarations faites par des votants des pays dits démocratiques. En voici quelques-unes : « Je ne voterai pour ce parti politique, même si on place le canon d'un revolver contre mon temple » ; «Je voterai pour ce candidat parce que mon salaire familial a dépassé deux cent mille dollars annuellement » ; « je voterai pour ce candidat, car il me rappelle mon ami Maxwell » ; « J'ai changé d'avis et je voterai plutôt pour ce candidat-ci. Mon candidat favori d'avant m'a désappointé. Pour vous dire la vérité, ma femme, ma mère, ma maîtresse, ma tante ont attiré mon attention sur le fait que quelque chose ne va pas avec ce candidat de mon premier choix. Vous savez que l'intuition féminine ne se trompe jamais. »

(d)- La leçon suivante, il semble que le régime duvaliériste, plus que tous autres, nous l'a enseignée: étant une organisation modelée sur l'image d'une association criminelle, le duvaliérisme, a visé à la pérennité et s'est appuyé sur des hommes de main, des abrutis, des anciens repris de justice, des piliers d'estaminets, des malade mentaux, aussi bien sur des professionnels démoralisés ou pas à la recherche d'un « sursis » sous le ciel inclément d'Haïti. Il a permis à ces désespérés d'accéder sans transition à l'autorité publique. Qu'on le veuille ou non, il s'agit d'une action politique pleine de conséquences. L'exercice de l'autorité publique conférée sans limites à des gens de sac et de corde ou aux marginalisés a exorbité l'ambition de ces derniers. Leurs enfants s'asseyent aux côtés des petits bourgeois dans les écoles privées. La plupart de ces parias d'hier possèdent maintenant des villas dans les quartiers luxueux des villes et des communes. Et cette prétention outrée s'extrapole par contagion dans l'imagination des éléments de la masse qui ont connu ou entendu parler d'un *Ti Joseph*, *Ti Pierre*, *Ti Bobo, Ti*

Philip..., devenus personnages marquants, *exécuteurs* des *hautes œuvres*, recevant leurs ordres directement du *Président à vie*.

Il est décourageant d'apprendre qu'Aristide a réédité la pratique arriérée de s'appuyer sur des gangs armés. J'espère qu'une telle tendance politique donnant la licence de nuire et de tuer ne deviendra pas une forme permanente de la réalité sociale ; car les prétendus nouveaux leaders, par leurs actions dictées par la violence, ont exclu la sagesse dans leurs messages et dans leur conduite. Ils ont également affiché une désinvolture fort inquiétante.

Dans les années à venir, les politiciens traditionnels—au cas où il n'aurait aucun changement en Haïti—ressentiront les conséquences d'un tel exhaussement de la personnalité chez les haïtiens de tout acabit (encore que le motif de l'action politique génitrice de cet exhaussement ait été très éloigné des visées révolutionnaires). En un mot, les exigences populaires deviendront de plus en plus impérieuses.

En effet, des déclarations politiques fusent de partout en Haïti. Il est malheureux que cet esprit critique généralisé ne se soit pas encore concrétisé, en termes de structure, d'infrastructure et de superstructure. Sans doute le pays n'a-t-il pas encore trouvé un leader authentique qui canaliserait cet esprit critique vers des changements positifs.

Un tel exhaussement de la personnalité chez les haïtiens décrit également une prise de conscience nationale causée par la nature ambiguë du régime duvaliériste.

L'étalage de luxe effréné d'un gouvernement qui avait prêché l'austérité au départ ainsi que l'arrogance et le sadisme de ses bénéficiaires ont suscité chez les haïtiens de l'objectivé et de la prudence que je vois déjà en action. Par exemple, le gouvernement de facto de septembre 91 n'a jamais pu convaincre les masses haïtiennes de leurs bonnes intentions. Et j'en sais le pourquoi : ce gouvernement s'est établi dans une mer de sang, après avoir stoppé le processus démocratique..

En conséquence, des mythes tolérés par les duvaliéristes et leurs adeptes sous prétexte de défendre une prétendue révolution populaire, commencent à être reconnus pour tels. Le moindre motif de suspicion réveillerait le scepticisme des masses. Par exemple, Président Aristide, à sa nouvelle accession au pouvoir, a été astreint à fournir des explications de sa conduite. On s'est attendu à ce qu'il ait révélé les sources de sa prétendue fortune spontanée et ait élucidé sa réticence de traduire des auteurs de génocide en justice. On s'est également attendu qu'il ait clarifié l'impression de son *divorce soudain* d'avec les masses pour lesquelles il a promis de lutter jusqu'à la mort.

Au moment de son deuxième terme, la nation s'est assagie et a exigé de lui des clarifications de ses actes. Et son silence a été le début de sa déchéance.

(5)

Significations Des Théories Traditionnelles

Je viens de décrire en lignes rapides les contours idéologiques, politiques et économiques du *Drame Haïtien* à partir des données historiques, sociologiques et économiques appropriées.

En effet, des problèmes innombrables existent en Haïti et sont trop longtemps restés sans solutions. Pour avoir une idée des inconséquences de nos options politiques, il est possible de prendre au hasard n'importe quel gouvernement du passé et de considérer l'état général du pays à cette époque-là ; le résultat est le même à travers l'histoire nationale : une atmosphère désespérante y a toujours prédominé et énervé même les plus courageux et les plus optimistes de nos concitoyens. J'admets prudemment que les régimes de Salomon, de Geffrard, de Christophe, ont obéi à une philosophie plus ou moins progressiste. Le régime d'Estimé a bénéficié d'une conjoncture heureuse prématurément stoppée par l'Armée sous la conduite de Paul E. Magloire, Frank Lavaud et

Antoine Levelt. Le premier régime d'Aristide renoncerait sans doute aux inconséquences traditionnelles, à la suite des élections de 87, si on lui avait accordé la chance de se consolider.

Cependant cette croyance, très répandue, commence à vaciller depuis que le retour d'Aristide au pouvoir a débouché sur un fiasco.

Quant aux régimes de Pétion, de Boyer, de Domingue—et j'en passe—il faut les placer dans la lignée des régimes inadéquats de Vincent, de Lescot, de Magloire, de Duvalier, de Manigat, de Namphy, d'Avril, de Trouillot, d'Honorat et compagnie ...Tous ont fait perdre à la nation un temps énorme dans la recherche des solutions de ses problèmes chroniques. D'ailleurs, les putschistes de septembre 91 et de 2004 se sont complu à retarder toute démarche positive entreprise en vue de restaurer nos institutions nationales désorganisées. Je souhaite que la force du mal accorde un moment de paix durable au pays.

Pour illustrer la logique de ce chapitre, je propose la lecture de cet extrait publié dans les colonnes de *CONSTRUCTION*. L'extrait a été tiré d'un livre paru le 10 avril 1908, de Rosalvo Bobo.

Le plus rapide et le plus complet désarroi économique et financier: la dévaluation continuelle du change, la hausse parallèle du prix de la marchandise, le ralentissement, puis l'arrêt du commerce, la ruine de l'industrie, la paralysie de l'activité du travailleur. Toute une collectivité humaine, intelligente et laborieuse stagna désormais entre l'incertitude du jour et la perspective du lendemain. Alors, au fur et à mesure, progressive et incontournable, la misère comme un flot montant, du chaume du faubourg atteignit à l'appartement lambrissé où toujours règnent le bien-être et le luxe. Il passe dans les rues une possession de gens à la face hâve, marchant d'un pas indécis, les yeux presque éteints. Le désespoir est dans toute leur personne. Ils vous escortent indignés et résignés, et vous demandant quelques sous pour acheter de quoi manger, ils vous content que depuis deux jours ils n'ont rien eu dans le ventre. Que sont-ils? Des ouvriers honnêtes. Ils ont été *partout quémander du travail. Partout on leur a répondu: rien à faire. Au-dessus de la petite famille où sévit la famine il y a la grande famille où l'on ne fait plus qu'un maigre repas par jour. L'aune d'indienne ou de drill, devenant inachetable, la classe ouvrière est dépouillée, nue et prisonnière au logis où la lampe ne brûle plus la nuit. Les chaumières sont vides, la plupart des grandes maisons sont dégarnies, les meubles, les linges, l'argenterie ayant été vendus pièce par pièce. On connaît des mères de famille qui, après avoir tout engagé, en sont arrivées à débiter, livre par livre, le coton de leurs matelas pour avoir de quoi faire passer la journée à leurs enfants. Il est des gens de bien, des gens d'élite qui depuis quelque temps on ne voit plus dans les rues. Vous allez frapper à leur porte. Quel est celui-ci? Un professionnel. Quel est celui-là? Un ancien grand fonctionnaire. Vous êtes un ami. Vous apprenez que la dernière paire de chaussures n'a pu être remplacée. Et l'unique culotte est trouée, et la malle est sans chemise. Hommes, femmes, jeunes filles, enfants, on s'épuise à travailler. Pour gagner quoi? Des rondelles dont on ne peut rien acheter. Le labeur impossible augmente la faim qui ne peut être satisfaite. Le surmenage amène la maladie. La mort frappe à la porte. Les cimetières s'encombrent.*

Peuple, pendant que vous endurez ainsi ce pénible martyre, pendant que vous êtes en proie à toutes les douleurs morales et physiques, que vous êtes couché à terre, que vous agonisez, que vous succombez, la clique gouvernementale, les pieds sur votre gorge et votre cœur, se régale, rit, chante et s'enrichit dans des proportions fantastiques. Peut-on s'imaginer les fortunes que les divers dépositaires de Port-au-Prince et ailleurs font continuellement acheminer à l'étranger pour compte de ces dévaliseurs officiels? Un seul de ces hommes de confiance, un italien, a, pour ce qui le concerne, reçu de ces trois messieurs, et pas des plus importants, la somme de cinq cent vingt sept mille dollars (deux millions six cent trente cinq mille francs). Il n'est pas jusqu'au petit valet de Palais National qui n'ait trois ou quatre mille dollars sous la main et d'une vingtaine de mille au Crédit Lyonnais ou ailleurs.

....

Ces hommes étonnamment monstrueux viennent de vous prouver qu'il est pénible de renoncer au crime. Ils en ont l'habitude, ils en ont le goût, ils en ont la volupté. Ils se sentent vivre de martyriser, de verser du sang. Leur ardeur à se maintenir, les dispositions qu'ils ont prises pour tout recommencer disent qu'ils ne sont pas repus des dépouilles du pays, des millions qu'ils ont tassés. Rien ne peut les assouvir. Peuple, ils sont insatiables...

Pour faire commodément nos affaires, disaient-ils, nous surimposions le peuple, nous le martyrisions, nous le mettions à mort. Mais pour nous défendre devant le monde civilisé nous entretenions une bande d'écrivassiers serviles, journalistes et pamphlétaires uniquement affectés à la perpétuelle fabrication des causes les plus capables de justifier nos iniquités. Et des liasses de journaux s'en allaient au loin qualifiant nos actes d'énergiques, mais justes et nécessaires en vue de maintenir la paix, d'assurer la prospérité nationale. Et quand l'atrocité était par trop énorme, on battait la cym-

bale historique, on invoquait, o profanation ! notre soin jaloux de conserver l'héritage des aïeux.

Nous volions, nous pillions, nous avions, à force de gratter partout, semé sur notre passage, la disette, le dénuement, la faim, la maladie, la consomption. C'est vrai.

……………………………………………………………………………..

Tandis qu'au lendemain des emprisonnements arbitraires, des ostracismes calculés, des exécutions sommaires, nous nous exhibions à la foule avec une attitude de circonstance, la face quasi éplorée, expliquant à tous, dans des audiences solennelles, que nous étions forcés d'arriver à ces mesures extrêmes pour prévenir des conspirations, sauvegarder, assurer le travail et le progrès à l'ombre de la paix. Il y avait des écrivains de marque qui écrivaient partout l'exacte vérité.

Et bien puisqu'il en est ainsi malgré toutes les précautions prises, puisqu'on sait partout que nous sommes des bandits armés vivant de vol et de meurtre, puisqu'on nous reconnaît irrévocablement comme des sauvages et que toute l'Europe est venue à notre barbe nous traiter comme tels, soyons pour de bons des bandits et des sauvages. Donnons toute la mesure de notre génie. Désormais sans masque, sans forme aucune, pillons en grand, tuons en masse, tuons le jour, assassinons la nuit. Puisqu'on nous hait au dehors, faisons qu'à force de servir le crime, lui, le crime finisse par nous aimer.

Ils eurent dit. Et ce qui fut dit fut fait. La société de Port-au-Prince réveillée le lendemain, le 16 mars, ne se retrouva pas telle qu'elle s'était endormie. Elle se vit tronquée, mutilée, saignante.

Des gens avaient été la nuit arrachés de leurs lits, traînés devant des fosses creusées à l'avance et précipités dedans par une grêle de balles. Ce fut une hécatombe commençante d'enfants de la Patrie, de toutes les souches, de toutes les valeurs. Il en tomba d'obscurs, il en tomba d'illustres. Les femmes ne furent pas épargnées... (27)

En lisant ce sombre compte-rendu de notre histoire, je ne m'empêche pas d'admirer l'endurance de notre peuple. Ce tableau du désespoir esquissé par Rosalvo Bobo dépeint l'histoire nationale de sa genèse jusqu'à présent. Des gens sont massacrés par des usurpateurs du pouvoir, au cours du règne de terreur assuré par Cédras et compagnie ; des cadavres sont abandonnés dans les bois et les rues. Des témoins ont vu des chiens passer avec les restes de corps humains. Une telle description s'applique même à l'état actuel des affaires, malgré la présence de l'armée d'intervention. On rapporte que des tueries continuent (avec souvent la bénédiction ou la complicité des occupants). Haïti est un grand pays sales et dangereux, peuplé de pauvres, d'indigents, à l'exception des « grands mangeurs » et des criminels au cœur de pierre.

Comment ce peuple a-t-il survécu aux traitements inhumains reçus de nos gouvernements au fil des années, pendant deux siècles?

L'approche de la situation haïtienne, représentée d'une façon fort réaliste par le programme télévisé de Bill Moyers : « Wide Angle », conduit à un ordre de choses capable de faire saigner le cœur à toute personne quelle que soit son origine, pour qui une nation, un conglomérat d'êtres humains, a droit, sinon au bonheur, du moins à une existence acceptable.

Ma pitié se change en désarroi et en affolement quand, à la lumière des théories traditionnelles du *Drame Haïtien*, j'arrive à la conclusion logique suivante: Haïti n'est nullement responsable de son sort.

L'explication socio-historique me montre une nation victime d'un monstrueux refoulement psychologique; donc les soubresauts de sa réalité politique équivaudraient aux symptômes d'une névrose généralisée. Dès lors, nos machiavéliques, nos opportunistes, nos intellectualistes, la « passivité » attribuée au peuple défieraient tout jugement de valeur et rendraient gouvernants et gouvernés innocents. Des politiciens au pouvoir, des générations de gouvernants et leurs séides ont massacré leurs sujets; cependant, ils n'ont jamais raté l'occasion de réaffirmer avec véhémence leur volonté de poursuivre « leurs révolutions » respectives, pour le plus grand bien du pays. Par la névrose nationale, les criminels officiels sont absous. Ils représentent seulement des éléments prédéterminés à agir dans un sens donné. La force du destin conduit la nation à la misère noire, à l'inculture et à la sottise. Et qui peut concrétiser cet oracle macabre ? La réponse est évidente : les détenteurs de la force organisée.

La fatalité arme leurs mains afin de s'accomplir sans heurts.

En outre, compte tenu de l'explication socio-historique, personne ne devrait s'étonner que les haïtiens se perdent dans le labyrinthe de leurs erreurs, que les élites dirigeantes abêtissent un peuple et le soumettent depuis 1804 à un régime de dictature féroce étayée par une oligarchie égoïste. Les actes posés au sein d'une nation névrosée, envers et contre elle-même, se recouvrent du manteau de l'amoralisme, de l'infantilisme et de l'irresponsabilité. Les sentiments, les désirs, les idéaux, s'y contredisent et s'y exacerbent nécessairement.

Monstrueuse fatalité!

Et la maladie mondiale vient aggraver la situation! Une maladie internationale *répandrait sa terreur* et atteindrait notre pays moribond en plein cœur pour lui donner le coup de grâce: le *Sous-développement.* Il y imprégnerait tout, même la mentalité. L'action, la pensée, le jugement, secrétés par une *mentalité sous-développée,* sont dépourvus d'amplitude et débouchent sur la faillite. Alors que deviennent les savantes théories défendues à la radio, à la télé et dans les livres ? Elles s'empêtrent dans les mailles *du Sous-développement* ; elles se rapetissent, se miniaturisent, produisent un bourdonnement d'abeille emprisonnée dans de la toile métallique.

Que faut-il faire? Il faut une injection gigantesque au niveau de la nation? De quelle injection s'agit-il ? Existerait-elle ? La Nation Etoilée a *injecté* de l'argent au pays par le truchement de nos gouvernements. De surplus, elle a occupé notre territoire en 1915, en 1994 et (de concert avec l'ONU) en 2004. Mais jusqu'ici l'injection monétaire et celle de l'occupation ont produit des résultats médiocres.

Je suis amené alors à opiner que si les trois chefs d'explication du *Drame Haïtien* sont encore recevables en partie ; il n'en demeure pas moins vrai que le *Drame* persiste toujours. Une situation terriblement ambiguë, pour ne pas dire impossible. Comment saisir le fait que la connaissance des causes des problèmes n'amène pas à une démarche, à une intention plus ou moins rationnelle de résoudre ces problèmes ?

Laisse-moi reconsidérer certaines données. Je me pencherai, en particulier, sur des points de l'explication socio-historique, vu que celle-ci offrirait l'avantage d'avoir embrassé la tragédie haïtienne dans une perspective dialectique, se basant sur les faits de répétition et la notion de durée.

(6)

Critique De L'explication Socio-historique

L'argument décisif, je le répète, est l'explication socio-historique. Les explications économique et anti-américaine apparaissent comme les conséquences logiques de celle-là, quitte à voir celles-ci surgir éventuellement en tant que causes déterminantes. En effet, la réalité sociale, dès la naissance du pays, a vacillé et s'est écartée de l'image d'une organisation économique viable, à la merci des Etats-Unis ou de toute influence paternaliste.

Tout compte fait, l'explication socio-historique, telle qu'elle s'ébauche, soulève chez moi une attitude de réserve. Comme je l'ai observé, l'existence et la persistance des problèmes nationaux requièrent au moins une réévaluation des données courantes. Il va sans dire que des rectifications doivent être portées aux arguments classiques avant d'accéder à une plus grande compréhension de la réalité sociologique en question.

1.-A propos de l'incapacité
Des anciens libres

Des historiens et sociologues, entre autres Lorimer Denis, François Duvalier, Placide David et bien d'autres ont mis l'accent sur l'« incapacité des affranchis ou anciens libres » de déclencher un mouvement révolutionnaire en Haïti. En tant que constatation d'un fait, d'accord. Au lendemain de notre indépendance, les anciens libres ont assumé la direction politique du pays et se sont révélés de piètres administrateurs. De là à leur découvrir une incapacité exclusive, caractérielle, générique, c'est y aller un peu trop fort et oublier le proverbe galiléen au sujet de *la paille dans l'œil du voisin.*

Je pense que l'incapacité politique en Haïti n'est pas l'apanage des anciens libres. Elle se présente plutôt comme un patrimoine commun, un signe distinctif de toute élite dirigeante haïtienne.

A l'appui d'une telle assertion, je soutiens la thèse courante selon laquelle, depuis 1946, des fils de nouveaux libres ou d'anciens esclaves occupent effectivement le pouvoir en Haïti. Le slogan « Bourgeoisie noire et le plus grand bien à plus de noirs possibles » a été la force de frappe du gouvernement d'Estimé. C'est également sous le couvert de cette atmosphère idéologique que le noir Paul E. Magloire a renversé le « Rédempteur de la Patrie » sans s'exposer au pire des sorts durant son terme présidentiel: l'éviction du noir par un autre passe pour une faute rémissible. Il faut aussi voir, dans le même souci de maintenir ce « Black Power Movement » d'avant la date, l'inéligibilité de facto à la présidence nationale du mulâtre Louis Déjoie, lors de l'échauffourée politique de 57.

Duvalier et compagnie n'ont jamais manqué, dans la suite, de s'appesantir dans leurs discours sur la nécessité de relever le niveau de vie des masses noires.

Des politiciens noirs se croient révolutionnaires en déclarant leurs « humbles origines » de fils ou d'arrière-petit-fils d'esclaves. « Haïti est le seul pays où le nègre se sent souverain et libre », répète la litanie du salut au drapeau « noir et rouge » (28). Le résultat, cependant, n'épouse guère les dimensions excessives de la prétention révolutionnaire couchée noir sur blanc, clamée à la radio ou projetée à la télévision. Aussi l'élite noire, venant en ligne directe des esclaves d'hier, prend-elle le pouvoir afin de rééditer l'attitude des anciens libres et, par ricochet, celle des colons de Saint-Domingue.

Que je dise en passant, les proclamations exorbitantes énoncées par *nos leaders* tombent dans la catégorie des réactions normales dans un pays où les sophismes se confondent avec la réalité ; les mystifications s'expriment sur un ton convaincant ; les croyances non-fondées équivalent à la certitude.

En outre, les régimes politiques des noirs, fils d'anciens esclaves, se révèlent par certains côtés—et c'est désolant de le constater—plus intolérables que ceux des anciens libres (pour la plupart des mulâtres). Ces derniers, en minorité de fait, ont affiché au pouvoir, malgré eux, un machiavélisme plus nuancé et moins systématique ; ils ont souvent jonglé pour garder le pouvoir. L'instauration momentanée en Haïti de ce que les historiens désignent sous l'appellation de « gouvernements de doublure (27) », s'explique à la lumière d'une telle stratégie politique.

En revanche, les politiciens noirs, bénéficiant d'une *sympathie toute naturelle*, d'un *privilège de fait*, commettent librement, sans se donner la peine de feindre, de camoufler leurs intentions malsaines, de faire des concessions et de cacher leurs mauvaises intentions, des actes reprouvés par toute idéologie progressiste. Haïti étant *leur patrimoine*, ils donnent libre cours à leurs instincts. Malheureusement, les nouvelles générations d'héritiers ont souvent tendance de prendre leur héritage pour argent comptant et en sont peu soucieux de la gérance.

2.-A propos du préjugé De couleur

Depuis 1946, date de l'avènement des « élites noires conscientes » au pouvoir—du moins à en croire la littérature politique actuellement en honneur—le préjugé de couleur ne suffit plus pour expliquer l'impasse dans laquelle donne le pays. En d'autres termes, le préjugé de couleur national manque de *potentialité agissante*. A mon avis, il se manifeste surtout dans des querelles domestiques isolées et dans les discours peu sincères des politiciens en quête de popularité; il est certainement dénué de sincérité et d'authenticité. Je ne m'imagine pas comment, un mulâtre, visant à une fonction élective en Haïti, userait de la diffamation raciale à la radio ou à la télévision. Il sonnerait le glas de sa carrière politique et trahirait son insouciance de la réalité sociale.

Aux Etats-Unis d'Amérique, le complexe de supériorité de la majorité blanche motive celle-ci à chercher à établir sa primauté économique, politique et sociale sur la minorité noire. Et la souffrance de celle-ci trahit un rapport de force. Dans la suite, les campagnes pour l'assurance des droits civiques de tous les citoyens américains, ravivent le racisme surtout chez des adolescents blancs qui, désormais, rivalisent avec leurs jeunes concitoyens noirs devenus leurs égaux devant la loi.

L'hostilité blanche est criminelle, arriérée, mais « humaine », authentique, sincère, claire comme le soleil sans nuages. Un publiciste n'a-t-il pas dit que les américains ont le courage de leurs convictions! Qu'elles soient absurdes, triviales, enfantines, délétères ou pas, l'observation reste valable.

Malgré tout, des racistes américains, de nos jours, réfléchiraient à deux fois à proférer des insultes raciales ; car ils deviendraient la cible de désapprobations et de critiques acerbes, non seulement des noirs, mais encore de beaucoup de blancs et d'autres gens de différentes origines, qui ne s'identifient plus à la haine et à l'animosité gratuites. En effet, des dirigeants d'entreprises américaines ont rendu leur démission après avoir émis des observations ayant des connotations raciales.

L'Afrique du Sud a offert, jusqu'à la fin du siècle écoulé, l'exemple d'une situation inverse à celle des Etats-Unis d'Amérique: une minorité blanche a fait voir de toutes les couleurs à une majorité noire. Cette situation, de l'avis de tous les observateurs objectifs, a paru anormale. En somme, des élections générales ont eu lieu en Afrique du Sud, en

1994, et Nelson Mandela a été élu Président du pays par une forte majorité.

Il est difficile de prédire ce à quoi conduira cette vraie révolution ; mais la réalité ne sera plus la même dans ce pays-là.

Ce qui s'est récemment produit en Afrique du Sud a été accompli en Haïti depuis plus d'un siècle. A ce point, le préjugé de couleur chez nous fait simplement de *l'intéressant,* compte tenu de la conjoncture démographique haïtienne.

Selon certaines estimations statistiques, les noirs forment 90% de la population haïtienne (et peut-être davantage). Alors, si les *dirigeants noirs* haïtiens étaient sincères et motivés par le *racisme*, ils maintiendraient la *suprématie noire* en améliorant le sort des masses noires. Malgré eux, leur réaction pour ou contre le racisme servirait la cause du pays en général ; car, une philosophie politique profonde, réaliste, humaine, s'appuierait sur les masses, les protègerait et les motiverait. Or, en Haïti, les masses se composent de noirs.

Mais—je le répète—depuis longtemps déjà, le préjugé de couleur haïtien s'est souvent présenté comme un tremplin politique. Les noirs au pouvoir rivalisent de cruauté, d'indifférences et d'inhumanité à l'endroit des masses avec les anciens libres de jadis qui présidaient aux destinées de la Nation. Est-il nécessaire d'aller plus loin quand les politiciens noirs se livrent à une lutte sans merci les uns contre les autres?

D'ailleurs, une observation minutieuse de nos relations interpersonnelles nous révélera un décor fort inquiétant. Les éléments de la « classe moyenne », parvenus à l'instruction, au pouvoir et à la fortune, étalent un arrivisme en désaccord avec leurs origines sociales. Ils se croient d'essence supérieure et méprisent leurs frères et sœurs de misère d'hier. Ils assimilent la population au gros bétail. Et la gamme de cet arrivisme continue, riche et désarmante, au point de ne pas pouvoir s'étaler dans les limites de cet ouvrage.

3.- A propos De la démocratie démagogique

Mettant l'accent sur le caractère démagogique de la « démocratie haïtienne », les historiens et sociologues y voient une survivance des pratiques saint-dominguoises. Cela se peut. A Saint-Domingue, chaque groupe a accueilli chaleureusement les vocables abstraits de la révolution de 1789, selon ses intérêts immédiats. Les colons ont invoqué le slogan: « Liberté, Egalité, Fraternité » contre les agents de la Métropole; les affranchis, contre les deux premiers; les esclaves, contre tous. Mais au fond, seuls les esclaves, avec leur long cortège de privation, de sujétion, ont eu raison de répondre sans réserve à l'esprit de la philosophie révolutionnaire d'alors et ont souhaité son triomphe absolu. Les autres groupes obéissaient aux calculs personnels d'enrichissement effréné. En d'autres termes, ils s'intéressaient en partie à la révolution aussi longtemps qu'elle les aidait à sauvegarder des privilèges acquis et à s'en assurer de nouveaux.

Compte tenu de l'argument basé sur la *démocratie démagogique*, les grands mouvements, connus sous le nom de *Révolution Occidentale*, ont laissé leurs défauts à notre pays et par ricochet à toutes les nations anciennement colonisées.

Ces défauts ne s'arrêtent pas à la démagogie pompeuse et feinte :

> Il y a les excès du système des partis, ses fautes et ses exagérations; la lenteur et l'inefficacité des méthodes de travail et de gouvernement, en temps de crise et aux moments où l'on avait besoin de décider et d'agir vite; la partialité, la corruption, l'incapacité de la bureaucratie assujettie souvent à un esprit de parti démesuré; les déficiences, la médiocrité et les erreurs des leaders démocrates. (30)

Force m'est de reconnaître la validité de ces arguments. Vivant dans une *société démocratique* et étant un observateur des *systèmes démocratiques* disséminés à travers le monde, j'ai fait directement l'expérience des imperfections de ce système gouvernemental. Les actions pernicieuses de puissants groupes de pression ont parfois soulevé des doutes chez moi quant à la valeur positive de ce système. Ces groupes ont tendance de monopoliser les avenues d'opportunités et de changer ces pays en jungles infernales.

Mais il y a aussi les hautes qualités du système démocratique dont j'énumère des éléments suivants: le processus d'élections périodiques offrant des opportunités de « tester » les actions gouvernementales et les programmes politiques; la justice et la tolérance se fondant sur une « sorte de scepticisme partiel, le sens de la relativité des opinions »; la séparation réelle des pouvoirs apportant des limites à l'action gouvernementale vis-à-vis des membres de la société et rendant cette action plus constructive que destructive; une place prépondérante de la loi visant à garantir les droits civils et politiques; un amour ardent de la liberté assurant l'élimination progressive des barrières sociales de toutes natures; une passion pour la connaissance positive et pour les initiatives personnelles, qui, à leur tour, rendent possible le développement industriel, économique et social.

Ces qualités démocratiques se révèlent salutaires et engendrent une amélioration des conditions d'existence des pays où elles ont droit de cité.

La colonie de Saint-Domingue se privait de ces qualités pour la raison suivante : cette colonie dépendait totalement de la Métropole Française plongée dans la confusion et les querelles de groupuscules ; aussi n'avait-elle point aucun motif d'accueillir en son sein des idées d'avant-garde. Au contraire, elle a cherché à contrecarrer les mouvements de libération et de réforme économique. Et malgré l'orientation ultérieure évidente de la Métropole vers l'acceptation et l'exécution des projets démocratiques, sa colonie est restée non motivée.

Je suis en droit de me demander pourquoi Haïti, nation présumée libre et indépendante, n'a pas pu de gré rejeter les défauts de la démocratie occidentale et en adopter les qualités? Comment des révolutions bénéfiques à visée mondiale, qui ont des répercussions jusque dans les recoins de la terre, qui continuent encore à donner l'élan à la pensée politique, ont-elles seulement laissé à notre pays des obstacles à son épanouissement? Pourquoi ces gigantesques mouvements révolutionnaires ont-ils causé des transformations plus ou moins heureuses aux colosses tels que les Etats-Unis, la Russie (maintenant en passe à une transfiguration profonde), le Japon, la Chine, et ont-ils porté de nombreuses nations à arrêter des mesures rationnelles en vue d'instaurer le règne du bien-être, de la justice sociale, de l'entente nationale, tandis qu'ils laissent notre pays indifférent, inapte, prisonnier de routines mortelles?

Pourquoi enfin, Haïti, dans ses démarches au fil des générations, a-t-elle seulement retenu de la démocratie occidentale son aspect fantomatique, son côté ostentatoire ou de panache: la démagogie creuse et machiavélique?

Chemin faisant, j'essaierai de répondre à ces questions. Mais j'avance par anticipation que la démagogie, prise dans son sens péjoratif, remplit toujours le rôle de cache-misère, de couverture à une réalité peu gaie; elle est certainement l'armée de parade de la dictature.

4.- A propos Du sous-développement économique

Nos *spécialistes* en planification s'appesantissent sur le sous-développement économique haïtien et le prennent pour les causes majeures de nos problèmes. Cet argument ne pèse par lourd dans la balance des estimations et épouse la forme d'une échappatoire. Le sous-développement signale une déficience en planification à tous les égards, mais ne se confond point avec une entité intelligente malintentionnée. Je ne m'engagerai point dans le labyrinthe des théories économiques pour élucider la pauvreté au sein de la nation depuis deux cents ans ; car cette pauvreté endémique perdure en Haïti parce que l'économie nationale tombe dans la catégorie des moindres préoccupations de nos dirigeants. Beaucoup parmi eux savent comment accumuler de grandes fortunes, malgré les misères du pays. Selon les rumeurs, le leader de Lavalas s'est soudainement enrichi. Beaucoup admettent également que bien de jeunes leaders et leurs adeptes ont atteint à la prospérité, à telles enseignes qu'ils répètent après un gros bonnet de l'ère duvaliériste : « Je suis tellement riche que mes descendants jusqu'à la cinquième génération vivront dans l'opulence. »

Naturellement, ces rumeurs sont difficilement vérifiables, vu que les citoyens haïtiens, grands ou petits, ne sont pas astreints à déclarer des impôts sur la fortune. Cependant les nouveaux riches agissent d'une façon extravagante et ne laissent aucun doute sur leur vie opulente.

En effet, ces nouveaux riches ont un train de vie supérieur à celui des familles de la classe moyenne du Canada, des Etats-Unis d'Amérique, de l'Angleterre, de l'Allemagne, du Japon, de la Chine et d'ailleurs. Ils vivent dans des villas d'un luxe inimaginable. Ils voyagent à travers le monde. Ils maintiennent des comptes bancaires importants dans des institutions financières locales et internationales. Aussi l'argent ne fait-il point obstacle à un système économique viable. Un peu de volonté de puissance, un choix plus judicieux des options et une méthodologie efficace permettraient à ces leaders de mettre leur *pragmatisme* au service du pays.

Je le répète : il s'agit donc d'une affaire d'option et de priorité. Toutes les autres explications, comme je l'ai dit, tombent dans la catégorie des échappatoires.

5.- A propos De l'explication anti-américaine

En ce qui concerne cette explication, elle remplit, comme c'en est le cas pour l'argument au sujet du sous-développement, le rôle d'un faux-fuyant ; car nos dirigeants s'entendent à ravir avec le Département d'Etat. Et je maintiens que les grandes puissances ou les nations réputées pour telles, ne nuiraient pas tant à notre pays ou à d'autres nations présumées sous-développées sans la complicité des dirigeants indigènes.

Combien Dantès Bellegarde, de sublime mémoire, avait raison d'écrire:

> ...Le 28 juillet 1915, il ne se trouva aucun Pierre Frédérique pour tenter de sauver l'honneur en organisant la résistance. Aucun de nos hommes politiques n'osa prendre la responsabilité d'un tel acte, que tous d'ailleurs, dans l'affaissement des âmes, estimaient inutile. Et seul un petit soldat obscur, Pierre Sully, se fit tuer, la carabine au poing, en défendant son poste aux marines de l'Amiral Caperton. Nul autre ne « brigua » l'honneur d'une si « belle mort ». Aussi personne n'a-t-il aujourd'hui le droit de jeter l'anathème aux autres, puisque tous ont survécu à la honte (31).

En effet, nous avons survécu à la honte et nous nous y complaisons, attendu que nos dirigeants, depuis 1915, font grise mine parce que les Etats-Unis d'Amérique ne donnent « aucune aide effective » à notre pays; qu'ils « font des prêts au compte-gouttes »; que certains d'entre nous s'adjoignent aux racistes étrangers pour prendre et conserver le pouvoir; que nous continuons à nous entre-déchirer pour que se réitèrent les occupations de 1915, de 1994 et 2004. Quand apprendrons-nous enfin que cette conduite médiocre débouchera toujours sur la faillite et l'abime ? Elle symbolise simplement un pansement superficiel à une jambe gangreneuse.

Conclusion

Les explications traditionnelles, malgré leur caractère systématique ou cohérent, ne suffisent pas pour appréhender le *Drame Haïtien*. Dans le cas contraire, je m'y perds. Je redis que ces explications sont « pertinentes », sauf que la tragédie continue.

Comment élucider et saisir la posture de ceux-là qui, après avoir soutenu des opinions aussi « savantes », deviennent, arrivés au pouvoir, inaptes, sadiques, antipatriotiques ? Comment expliquer notre incapacité de résoudre nos déboires, alors que nous en connaissons les causes? Car,

> La seule connaissance que nous acquérons de nous-mêmes, nous transforme et ne nous laisse pas tels que nous étions avant cette connaissance (32).

En un mot, même si j'admets avec les historiens, les sociologues et les économistes haïtiens que l'héritage colonial, après plus d'un siècle et demi, nous mène au défaitisme, à la corruption, à la haine injustifiée, à la flagornerie, à tout ce qu'il y a de mesquin chez l'homme, je n'accepterai pas une telle prémisse comme irréversible. En réalité, je suis conscient d'un dynamisme envahissant qui se manifeste chez les êtres humains à travers le temps et l'espace. : le milieu agit sur les hommes, les femmes et les enfants comme ils transforment le milieu. L'histoire universelle témoigne de ces exemples d'interactions. Un tel dynamisme s'est réduit à néant chez nous parce que beaucoup de nos dirigeants et penseurs se donnent pour vocation de maintenir le pays dans son état démoralisant et de le changer graduellement en un sanctuaire inviolable des sentiments élémentaires.

(7)

Haïti: sanctuaire Des sentiments Elémentaires

Par sentiments élémentaires, j'entends l'activité humaine mise aveuglément au service des désirs égoïstes et des pulsions délétères aux dépens de la société. Une telle activité se déploie sans tenir compte des scrupules, des démarches rationnelles et de la sublimation de la situation immédiate.

Les sentiments élémentaires, voire instinctifs, présidaient à l'administration de la colonie saint-dominguoise; ils ont engendré la guerre de l'Indépendance et la naissance de la République d'Haïti. Mais, ironie du sort! Noirs et mulâtres se liguaient contre les colons et chassaient ces derniers du territoire dans l'intention de les imiter servilement et de renforcer les sentiments élémentaires. Aujourd'hui, la « Perle Des Antilles » en est le sanctuaire inviolable.

En effet, dès la proclamation de l'Indépendance, les affectivités les plus mesquines ont altéré le développement de la nouvelle nation : les haïtiens se sont entre-déchirés avec une haine quasi bestiale et se sont livrés à des actes avilissants. Je suis encore envahi par l'émotion, en me rappelant le cri du chef d'Etat déchu et emprisonné : «Assassins, assassins, pourquoi tuer tous ces enfants de la patrie. Venez loger toutes vos balles dans ma poitrine. »

Aujourd'hui, malgré l'instruction plus ou moins disséminée dans les différentes couches sociales, dirigeants et gouvernés rééditent fidèlement, aveuglément les mêmes actes qui s'appuient sur une mentalité simplement étrange.

Et une telle situation a trop duré.

Nos gouvernants, en particulier, pour assurer la continuité de cette mentalité rétrograde, se livrent à des types d'actions purement irrationnels.

Les plus primitifs consistent à condamner leurs « opposants » aux supplices d'une cruauté inimaginable : l'extraction vive de dents à l'aide de pinces, le découpage de la langue, l'arrachement des yeux, le versement d'acide dans les orifices du corps, la brûlure des narines avec un briquet, la flagellation jusqu'à la déshydratation ou la transformation du corps en une grande plaie vivante.

Madame Alerte Bélance, dont la photo du corps mutilé a paru en première page de l'une des éditions de New York Newsday, exemplifie cette inhumanité politique. Malgré son défigurement, Madame Bélance s'estime chanceuse en comparaison avec ces victimes infortunées d'un tel environnement démentiel. Elle a déclaré : « Bien des gens n'ont pas été aussi chanceux que moi et ont trouvé la mort. Ils vous défigurent pour être méconnus des parents et amis et ensuite ils vous exécutent. » (33).

Un tel barbarisme est conçu, appliqué et ordonné par des gens qui s'appellent des leaders, qui ont accédé à la connaissance positive, qui, à un moment donné, ont souvent vécu à l'étranger et ont été exposés à une façon plus rationnelle et civilisées de faciliter l'avènement d'une forme moderne de gouvernement.

En ce qui concerne les actes les plus *complexes* de nos dirigeants (toujours dans le contexte de cette mentalité rétrograde), ils obéissent à des raisons injustifiables. Une exemplification nous est donnée par le fait que nos gouvernants vilipendent, bafouent l'intelligentsia, en déciment les membres ou les forcent à chercher leur salut en exil. Cette main d'œuvre professionnelle rejetée à l'étranger fournit ses services aux Etats-Unis d'Amérique, au Canada, en Afrique, en Amérique Latine. Malgré tout, nos gouvernants ne ratent jamais l'occasion d'expliquer les problèmes d'Haïti par son sous-développement et son cadre désuet! Avec qui amorceront-ils un démarrage économique, politique et social si ce n'est pas avec cette intelligentsia écrasée ou bannie?

La vocation de nous contenter de vieilles routines, de reproduire les erreurs du passé, a pour effet de transformer notre pays, dès son indépendance, en un bouillon de culture propre à un chaos d'opinions et de préjugés surannés et dévoyés. Nous offrons l'image d'une nation arriérée, endormie, d'autant plus que nous nous complaisons dans notre détermination farouche de maintenir chez nous la prédominance culturelle nimbée de superstition et d'ignorance.

Ainsi, de génération en génération, nous nous accrochons à des craintes, des tabous puérils; nous percevons la réalité à travers des œillères, des illusions renforcées par la bénédiction gouvernementale.

Evidemment, cette contrainte culturelle encouragée ou non par nos dirigeants obéit à un calcul indéfendable aux yeux de la logique et du bon sens—encore que des *théoriciens du désastre* avancent des « arguments scientifiques » visant à appuyer un tel calcul sur des intentions guidées par une intelligence supérieure. Ils arguent, par exemple, que Docteur François Duvalier n'a jamais cru dans les idées vaudoues et superstitieuses, ni dans les considérations indigénistes dont il faisait souvent étalage; il a plutôt pris un malin plaisir à se moquer des gens et à exploiter la crédulité populaire.

Une telle observation, selon *ces théoriciens du désastre*, présuppose une intelligence, une lucidité extrême chez cet homme d'Etat.

Selon moi, cette opinion, dans une perspective philosophique et scientifique contemporaine, est erronée et peu convaincante. Causer du mal à ses prochains tombe dans la catégorie des activités les plus simples. Les criminels n'ont pas besoin d'une grande pénétration d'esprit pour empoisonner les autres, pour les poignarder, les abattre, les trahir, dérober leurs biens... L'intelligence humaine, mise au service de l'instinct et de l'intérêt personnel, s'éloigne de son plein potentiel et de son niveau supérieur. Les êtres « inférieurs » rivalisent souvent de malignité les uns avec les autres. L'intelligence humaine atteint à l'éminence, lorsqu'elle transcende des conditions de vie peu reluisantes. En ce qui concerne un homme d'Etat, son intelligence parvient à l'excellence lorsqu'elle lui permet d'améliorer les conditions sociales de son pays. Docteur François Duvalier, sous ce rapport, n'a pas été intelligent; durant son *terme* présidentiel « à vie », Haïti a connu une régression manifeste. Elle en souffre encore des séquelles.

Une seconde objection à soulever à l'opinion susmentionnée s'inspire de ce que Docteur François Duvalier n'a pu aider à résoudre les problèmes du pays parce qu'il n'a pas été mentalement sain. Il a instauré un règne de terreur dans le pays ; il n'a jamais exprimé ses regrets jusqu'à la mort. Comment aider les autres si vous êtes incapable de vous aider vous-même ? Comment aimer les autres si vous êtes dépourvus de l'amour de soi ? Comment arriver à agir lucidement si vous voyez la réalité à travers un prisme déformant ?

Pour présider efficacement aux intérêts d'une collectivité, l'homme d'Etat doit posséder un équilibre mental éprouvé. Il doit également se mettre en tête que les intérêts collectifs priment sur les vœux personnels. D'ailleurs, ceux-ci ne se satisfont normalement sans une intensification et une amélioration préalables de ceux-là. Donc l'argument selon lequel Docteur François Duvalier s'est révélé extrêmement intelligent parce qu'il a eu en partant l'idée de se moquer des gens, d'exploiter leur crédulité, ne tient pas debout, dans une perspective de philosophie politique progressiste.

Comment peut-on aider les gens en se moquant d'eux ; en leur faisant accroire ce qui relève uniquement de la démagogie creuse et de la mystification ?

Mais—et surtout—ce qui prouve le trouble mental de cet homme d'Etat vient de son désir d'agir en madré compère. Pourquoi a-t-il décidé de suggérer de fausses idées ou impressions à ses concitoyens? A mon humble avis, il a eu un sens du dialogue et des relations humaines complètement faux et anormal.

Ces points soulevés contre la confusion de l'insanité, de la ruse, de la dureté du cœur avec l'intelligence supérieure demeurent valables en ce qui concerne beaucoup d'autres leaders haïtiens qui mystifient leurs concitoyens et concitoyennes, soit en émoussant leur objectivité, soit en instillant des sophismes dans leurs esprits, soit en sollicitant leur consentement à des plans insanes.

Ce cadre mental d'un genre exceptionnel engendre, je le répète, deux pierres d'achoppement à toute œuvre de régénérations nationale: la superstition et la conception contraignante de la culture. Dès lors, les démarches et les entreprises nationales, malgré leur pertinence, sombrent dans la confusion persistante, et le pays reste prisonnier de cet étrange cercle vicieux dont le monde parle à longueur de journée.

(8)

I

LA SUPERSTITION OU LE VAUDOU

L'explication socio-historique a mis l'accent sur « tous les problèmes du pays », qui ont des traits communs à ceux que des spécialistes ont observés dans bien des pays récemment décolonisés : une absence de séquences politiques, des structures sociales défectueuses, l'inexistence d'une politique économique viable, l'incertitude et l'instabilité de la vie quotidienne, le détournement de fonds publiques érigés au niveau d'une institution. Cependant cette explication a adopté la consigne du silence ou réserve une place infime à l'égard de la superstition haïtienne, un obstacle à notre évolution nationale.

Je crois que c'est une grave erreur ; car, bien des haïtiens me donnent l'impression que leur vision globale du monde, leur *weltanschauung,* s'organise autour du Vaudou.

D'ailleurs, beaucoup de mes concitoyens et concitoyennes attribuent le moindre ennui subi à l'action des *esprits.*

D'autres, malgré leur statut professionnel et l'assurance offerte par la science et la connaissance objective, conçoivent une *façon inventive* de soutenir *nos droits* de pratiquer le Vaudou. Ils soutiennent que notre impossibilité d'accéder à la connaissance totale n'autorise guère le rejet des forces mystérieuses ou mystiques.

En somme, une grande majorité de gens sont trop enclins à recourir au Vaudou pour prendre ce dernier comme une manière créatrice d'*assaisonner une vie prosaïque*.

Conséquemment, le Vaudou, l'un des éléments de la réalité sociale haïtienne mérite mon attention au cours de cette évaluation de la problématique du pays.

Je veux au départ attirer l'attention du lecteur sur un point bien déterminé: l'auteur de cet ouvrage ne plaide pas en faveur de la religion chrétienne prédominante en Haïti. Il répond difficilement à la description d'un homme religieux. La dernière fois qu'il s'est volontairement rendu à l'église remonte à plus de quarante ans. Son attitude peu dévote s'explique bien : l'histoire et l'actualité ont fini par le convaincre de l'insuffisance de la religion pour assurer l'amélioration de la nature humaine. Les théocraties et les pays fortement religieux souvent nourrissent en leur sein une atmosphère propice aux actions blâmables et odieuses: préjugés, crimes politiques, guerres sanglantes, génocides, purifications ethniques—et j'en passe. Quant à Haïti, elle aurait pu être le siège d'une vie sociale paradisiaque si la religion avait été capable de transformer le caractère de l'homme dans le sens du mieux : la nation est éminemment chrétienne. La majorité des haïtiens récitent éloquemment le « Notre Père qui est aux ceux… ». Ils assistent à la messe dominicale ou sabbatique, selon leurs appartenances chrétiennes. Ils organisent également de grandes célébrations à l'occasion des confirmations, des mariages et des décès religieux. De l'esprit inculte à l'intellectuel (y compris les gouvernants), l'expression « Bon Dye Bon [Dieu est Bon] » semble être la formule passe-partout, la panacée d'un état des affaires chronique et indésirable. Cependant, Haïti a toujours dépeint un foyer de la haine, de la duplicité, de la désinvolture, de la corruption morale et intellectuelle.

D'ailleurs, les vodouisants, appartenant aux différentes sectes chrétiennes, n'arrivent jamais à se persuader d'une dissimilitude irréconciliable entre les croyances vaudoues et chrétiennes. Une confusion bien justifiée : selon certains, la chrétienté—malgré son introduction en Haïti par les européens—reproduit plus ou moins fidèlement des pratiques religieuses prédominantes en Afrique, en Sumer, en Egypte, en Asie et en d'autres parties du monde où l'humanité a commencé son histoire et a usé des croyances religieuses pour des raisons diverses : l'unification populaire, la communion avec les mystères de la vie et de l'inconnu, la peur. En ce sens, j'avance que les êtres humains vivent encore dans le passé, en harmonie avec leurs croyances religieuses.

Tout compte fait, la religiosité des gens n'exclut pas automatiquement leur manque d'humanité. Des leaders occidentaux ne finissent jamais leurs allocutions sans invoquer le nom de Dieu. Les séances parlementaires dans bien des pays de l'Ouest et d'ailleurs débutent par une longue prière pour inviter le Très Haut à éclairer l'esprit des législateurs et des dirigeants de Sa Sagesse. Les pays du Moyen Orient baignent dans une atmosphère religieuse constante. Pourtant ces nations n'accordent pas une importance manifeste à la vie humaine et à la valeur unique et irremplaçable de la personne. L'assassinat des millions de gens au moyen d'armes puissantes et sophistiquées par des gouvernants sadiques et corrompus n'a pas soulevé assez d'indignation et de répugnance chez des dirigeants du monde et de leurs sujets. Tous les adhérents de la doctrine créationniste auraient dû crier comme un seul homme : « Cesser cette boucherie des créatures de Dieu ! Cesser de les réduire à l'ombre d'elles-mêmes. »

Ils s'assureraient également que l'humanité satisfasse ses besoins primaires. »

Et je n'ai pas mentionné les faiseurs de guerre et leurs soldats, des croyants religieux qui assistent à la messe de temps en temps et qui se livrent souvent aux pratiques religieuses sur les champs de bataille.

Malheureusement, les dirigeants et leurs sujets continuent de manier les auteurs de ces crimes de lèse-humanité avec des gants de velours. Ils s'adjoignent à eux pour consolider le règne infernal sur la planète.

En outre, les croyances et les affiliations sur notre planète se créent au fil des jours. Certains croient dans l'existence de Dieu, d'autres prônent des théories de son inexistence. Certains adorent le système libéral de libre échange, dans un marché contrôlé mollement par l'Etat ; d'autres préfèrent des systèmes mixtes ; beaucoup envisagent le chaos. Certains accordent la priorité à la personne humaine, d'autres privilégient des règles préconçues ou des canons idéalistes imposés par la société.

Certaines croyances paraissent si irrationnelles, si puériles qu'elles devraient répugner à tous les esprits sains. Et pourtant elles attirent des adeptes par millions.

Cependant, l'enchevêtrement et l'interaction de ces croyances ne devraient point nous porter à oublier un aspect capital de la réalité : les besoins immédiats des hommes, des femmes et des enfants. Ils transcendent nos discussions et nos doctrines. Ils forment l'essence même de l'existence.

Nos croyances n'apaiseront jamais la souffrance des affamés, des démunis, des sans-logis. Les promesses d'aider ces derniers ici-bas ou dans le ciel n'équivalent pas aux aliments réels, aux vêtements, aux maisons, à la santé, à l'instruction dont ils ont besoin au moment j'écris cet essai. Nos doctrines ne remplaceront jamais les victimes de la guerre en Haïti, en Algérie, au Moyen Orient, en Europe, en Afrique, en Amérique. Ces tueries détruisent des gens réels, ainsi que leur espoir dans un meilleur avenir et leur chance de se montrer utiles à la planète.

Les pauvres ont besoin immédiatement d'un vrai soulagement.

Les travailleurs nécessitent un allègement de leurs fardeaux, car ils dépensent leurs salaires au loyer ou à l'hypothèque de leurs habitations dont l'intérêt représentant plus de 90% du principal, à l'épicerie, aux frais de santé, à l'écolage des enfants. Ces travailleurs versent une grosse somme au fisc qui l'investit dans des entreprises lucratives, non dans des mesures sociales visant au bien-être de la communauté.

Les gens de bonne volonté, de toutes les couches sociales, méritent la protection contre le préjugé, les transactions criminelles, la violence et d'autres types d'actions insensés.

A mon humble avis, Dieu, au cas où Il serait infiniment bon, généreux, sage, se réjouirait plutôt de savoir que les problèmes susmentionnés ont retenu notre attention et mobilisé les ressources de la planète pour leurs solutions, même si nous oublions la façon de chanter les louanges de Son Nom et de nous identifier à Ses Désirs et à Sa Volonté.

Sans doute des religieux et leurs adeptes essaient-ils d'adoucir l'amertume des pauvres et de relever leur espérance chancelante en les rappelant sans cesse que Dieu ne s'intéresse pas aux biens terrestres. Ce qu'Il veut, c'est de faire sa Volonté, de chanter ses Louanges, d'obéir à ses Lois.

Une telle assertion plonge certainement dans l'irréalisme à l'état pur. Si Dieu ne s'intéressait pas aux biens terrestres, Il ne les aurait pas conçus. Pourquoi la terre aurait-elle été créée si ses éléments n'avaient aucune importance? Pourquoi Dieu mépriserait-il ces biens dont dépend la survie de ses créatures?

En outre, je ne comprends pas la croyance selon laquelle Dieu se contenterait seulement de nos louanges de Lui.

L'une des tendances des dictateurs tels que Staline, Hitler, Duvalier, Mussolini (et bien d'autres encore) consiste à soupirer après les louanges de leurs sycophantes. Ceux qui sollicitent des faveurs d'un dictateur le couvrent de compliments. Je ne crois point qu'une entité divine accueillerait l'idée de la confondre avec un dictateur, un être cruel, sans foi ni loi. En d'autres termes, l'entité divine ne ferait point étalage, comme le dictateur humain, de son pouvoir, de son exhaussement de la personnalité et de son orgueil.

De plus, j'admets avec la science que l'humanité résulte de l'évolution. Je n'avale point l'idée de sa création dans l'unique intention de se courber devant Dieu. Car, si c'en a été le cas, une telle intention s'étendrait à toutes les créatures, surtout aux espèces dont nous sommes descendus.

Ces points de comparaison métaphysique et historique ne forment pas l'objet de cet ouvrage, bien qu'ils fascinent comme plan d'étude. Néanmoins je m'empresse de signaler que mes réflexions sur le Vaudou ne dérivent guère d'un désir de renforcer les influences chrétiennes sur Haïti plus qu'elles le sont.

Je prie le lecteur de se mettre dans un tel contexte spirituel à la fois imbu de tolérance et d'objectivité pour comprendre la position de l'auteur (qu'il l'accepte ou la récuse). Car, comme tout le monde, l'auteur cherche sa voie dans un labyrinthe de confusions inventé par des générations d'hommes et de femmes par le truchement de multiples doctrines contradictoires, tandis que l'état des affaires s'étiole.

Laisse-moi revenir au Vaudou.

La raison de son omission comme l'une des sources délétères de nos déboires par des observateurs du *Drame Haïtien* ne vient peut-être pas de l'indifférence à l'égard du Vaudou, mais d'une attitude dictée par le motif de ne pas le considérer d'un œil critique.

En effet, pour beaucoup, il représente cette force originaire de l'Africa Mater, la base de la culture locale! Cette force qui rend invulnérable et puissant! Non! Le Vaudou est trop important pour le livrer en pâture au jugement, voire à la réprobation! Donc son omission dans beaucoup d'essais et d'analyses se confondent simplement à une fuite *par la tangente*, une échappatoire visant à ne pas violer un tabou. Et sous ce rapport, le Vaudou jouit de l'intolérance habituelle de toutes les religions. Imaginons un chrétien qui s'engage dans la réflexion critique de la Chrétienté, ou un juif qui soulève des questions brûlantes sur le Judaïsme, ou un musulman qui professe des doutes sur l'Islam.

Certains « nationalistes » et leurs amis établissent un subtil distinguo entre la superstition et le Vaudou tenu pour bénéfique; ce dernier constituerait tout uniment la vraie culture afro-haïtienne.

Carole Devillers a exprimé ce clivage de la façon suivante :

> Le Vaudou, non, je ne fais point allusion aux zombis—les morts vivants ressuscités pour devenir des domestiques abrutis des sorciers sur lesquels ils ont un pouvoir maléfique ; ou l'enfoncement des aiguilles dans l'image de la victime. C'est la magie noire ou son stéréotype d'Hollywood. Et tandis que la magie noire existe en Haïti et ailleurs, elle ne se confond pas avec le Vaudou regardé maintenant comme une vraie religion par bien des sociologues et ethnologues. Il est vrai, certains prêtres et prêtresses du Vaudou—des oungans et mambos—qui « pratiquent les deux » ou qui s'engagent dans la sorcellerie aussi bien que dans le Vaudou. En réalité, les adeptes du

Vaudou s'attendent à ce que leur prêtre soit versé dans la magie noire afin de contrecarrer les complots malveillants des autres (34).

Un tel distinguo est purement gratuit, comme on peut se rendre compte de son ambigüité et de sa logique chancelante.

Le Hougan(35), en même temps prêtre du Vaudou et dispensateur de la mort, dans sa panoplie, utilise le tam-tam, instrument clef du Vaudou, invoque les divinités afro-haïtiennes, le soubassement de la croyance vaudoues. Nul n'ignore que, dans la croyance des nationaux, les *Hougans* or *Bôkô,* pour avoir raison d'une *victime coriace*, défiant tous les sorts imaginables à elle jetés, détournent l'ange gardien vaudou de son obligation envers celle-là ou simplement le paralysent. Evidemment, l'immobilisation s'accomplit grâce à une entente entre le sorcier et les *lwa* (36).

Dans le contexte vaudou, cette explication reste valable. Cependant, Beaucoup d'esprits objectifs assimilent ces coups donnés et reçus aux cas d'empoisonnement (sous le couvert du Vaudou).

D'ailleurs, sous quel nom faut-il assigner la coutume de prêter un caractère sacré aux éléments de la nature? En effet, le Vaudou s'acharne à dénicher des dieux partout: les arbres, les rivières, la boue, le sang, les animaux recèlent tous des esprits auxquels les hommes et les femmes accèdent en temps opportun. Le Vaudou présage le futur à partir des données purement psychologiques. Il porte ses adeptes (des gens dans le besoin) à consentir à ce qu'ils fassent, en guise d'offrandes aux lwa, des sacrifices réels d'animaux (ou sans doute d'êtres humains) et des dons de diverses natures. Je vois dans ces démarches les ingrédients d'une religion primitive confondue souvent avec la superstition, un obstacle à l'épanouissement intellectuel et matériel de la société.

En somme, les adeptes du Vaudou nient difficilement leurs affinités avec le fétichisme.

Je n'hésiterai pas à reconnaître qu'il existe une correspondance assez étrange entre les pays plongés dans des traditions similaires à celles du Vaudou et leurs situations économiques déplorables. De plus si les croyances vaudoues décrivaient une structure quelconque de la nature, les *Hougans* et leurs affiliés posséderaient des pouvoirs supérieurs à ceux de la science. Dans une imposition de la main, nos problèmes se résoudraient; d'une chiquenaude, les masses haïtiennes se débarrasseraient des usurpateurs du pouvoir en maintes occasions. Des esprits sagaces pensent que s'il y avait une ombre de vérité dans les déclarations vaudoues, Haïti deviendrait le lieu de rendez-vous des plus grands savants et la terre d'élection de la technologie moderne. Et la nation baignerait dans l'opulence.

J'en reparlerai.

Toute cette querelle de mots recouvre un état d'esprit complexe; la superstition haïtienne n'est pas simple. Elle dérive d'une mosaïque de croyances et forme une acculturation dont l'observation fascine plus d'un. Certains y voient l'expression religieuse haïtienne comme elle se manifeste dans toutes les sociétés humaines. Docteur Price-Mars, entre autres, soutient une telle opinion:

> Il est encore bien entendu que l'église Catholique, Apostolique, Romaine est la religion officielle d'Haïti. C'est du moins l'étiquette qu'arborent les bien-pensants de l'aristocratie, quoiqu'au fond d'eux-mêmes ils puissent être agnostiques ou qu'ils aient un certain penchant pour les mystères du vaudou. Car celui-ci est le vrai culte populaire. Mais parce que le vaudou est ridiculisé au dehors comme une abominable superstition, les aristocrates le méprisent et le dédaignent. Pourtant, le vaudou n'est ni moins ni plus « qu'une religion aussi vraie que le mahométisme, le bouddhisme ou le christianisme ». Il est un ensemble de croyances et de pratiques qui prétendent expliquer les Forces de l'Univers et tentent de mettre l'homme en harmonie avec elles puisqu'elles dominent sa vie. (37)

D'autres voient dans cette acculturation une posture superstitieuse accentuée et, conséquemment, l'expression d'une civilisation, le point d'arrivée d'une culture, la façon toute spontanée de la communauté haïtienne de voir la réalité.

Eugène Rivert, dans un ouvrage sur les Antilles, a opiné dans ce sens:

> Ce qui m'a frappé le plus c'est le syncrétisme universel qu'on rencontre dans ces pays. L'exemple le plus remarquable à l'heure présente en est donné par Haïti où les dieux d'origine africaine s'efforcent, dans bien des cas, de faire bon ménage avec les saints du catholicisme. Il en résulte une tonalité assez curieuse de l'existence. Pour la plupart des Antilles, à la vérité, il n'existe pas de limite réelle entre le monde des zombis, des revenants, et celui des vivants. On croit à l'engagé. On désigne sous ce nom un

> personnage qui a lié partie avec une puissance surnaturelle que le christianisme confond toujours avec l'un quelconque des démons qui peut s'appeler Belzébuth, Artarot ou Aglamton—je ne cite ici que les plus connus. Le contrat se passe soit au milieu de la nuit, soit à l'heure de midi, sous un fromager. Dans tous les pays aujourd'hui chrétiens, on admet que l'affaire finit mal et doit mal finir. L'engagé à son lit de mort, quand il a bien joui de tous les avantages consentis par le grand diable ou l'un de ses suppôts est remporté par le démon... (38)

En d'autres termes, la délégation d'une telle puissance magique réelle ou fictive garantit des privilèges surhumains: l'engagé accomplit des prouesses qui défient les lois de la physique, de la biologie, de la chimie, de l'astronomie...La nature, dans son imagination, lui devient complètement lucide. Il se métamorphose en un surhomme surpassant les autres membres de sa communauté dans les domaines de la fortune, des possibilités physiques et mentales, de la popularité. Dans la croyance populaire, l'engagé, fort de ces potentialités mythiques, détient en effet le pouvoir de:

> Se promener sous forme animale pendant la nuit entre l'angélus du soir et celui du matin, et commettre de nombreux méfaits. Il existe des cas indiscutables où des hommes se sont accusés à leur lit de mort des tours plus ou moins pendables accomplis sous leur forme animale. C'est que pour ces populations, il n'existe guère de frontière entre le rêve et la réalité. Dans toutes les Antilles, au petit matin, quand on se lève, après le café humé, on

se raconte les phantasmes de la nuit et on discute de l'interprétation qu'il convient de leur donner. (39).

Les adorateurs ont la faculté de percevoir les dieux, au cours de la possession vaudoue et de simuler la nature animale, humanoïde ou objectale de ces derniers. Ils profitent de cette communion intime pour solliciter des faveurs de leurs dieux. Ils leur demandent souvent de leur donner de la chance, de les aider spirituellement à *voir clairement* dans l'exécution de leurs entreprises, de les assister dans leur lutte contre un ennemi récalcitrant.

Ces dieux permettent à leurs médias de marcher sur des charbons ardents ou à la surface de l'eau, à l'instar de Moïse et de ses adeptes. Ils guérissent aussi des malades et s'acquittent d'actions étonnantes dont l'énumération exige un livre volumineux.

Plus loin, l'auteur de *Les Antilles* met en relief le rôle prépondérant joué par Haïti dans la superstition antillaise s'étendant dans toute l'Amérique Latine et les Caraïbes:

...Haïti demeure pour une large part la Rome, si l'on veut, des croyances irrationnelles, le centre d'où de multiples pratiques se répandent à travers tout le monde caraïbe. J'ai eu entre les mains des livres de prière venus de Port-au-Prince et dont l'orthodoxie, si j'ose dire, apparaissait plus que douteuse. Mais au fur et à mesure qu'on s'en éloigne, l'élément purement africain s'élimine petit à petit ou tout au moins se colore d'une teinture de plus en plus marquée du christianisme (40).

Et plus loin:

Dans les Antilles du Nord, le centre comme nous l'avons déjà remarqué, est évidemment Haïti, mais il faut souligner ici que le Vaudou ou Vodou présente en fin de compte toutes les caractéristiques d'un véritable culte dont les origines africaines sont incontestées (41).

Un point des passages tirés des livres de Price-Mars et d'Eugène Rivert à souligner immédiatement indique que le Vaudou s'étend dans tous les recoins d'Haïti et accède aux sphères les plus hautes de la société.

La place prépondérante occupée dans l'administration par les défenseurs du Vaudou confère à ce dernier un caractère officiel et constitutionnel. Pendant le régime duvaliériste, celui qui tiendrait le micro, à l'une des stations radiophoniques ou télévisées haïtiennes, pour essayer seulement d'apporter des réserves sur le culte venu de l'« Africa Mater », s'exposerait à une situation peu ragoûtante. Selon les rumeurs, une phalange de Hougans désignés sous le nom de « caciques » œuvraient aux côtés de Papa Doc et l'informaient des influences planétaires et de l'atmosphère sociale susceptibles d'affecter son gouvernement dans un sens ou dans l'autre.

En outre, le Vaudou a souvent droit de cité jusqu'au Palais National. De la genèse de la nation à nos jours, bien des chefs d'Etat et de hauts fonctionnaires électifs ou pas ont la réputation de s'adonner au culte national; au point que la conception locale du pouvoir est en partie vaudoue. Il existe un lien de cause à effet entre forces occultes et succès politiques. Beaucoup d'haïtiens croient que le pouvoir est saisi et maintenu par ceux-là qui ont plus de forces invisibles à leur disposition. Ils sont désignés sous les appellations de « maîtres hommes », « maîtresses femmes » (désignations qui correspondent aussi aux qualifications péjoratives de malins, d'insensibles, d'inflexibles...) Et les autorités accusées d'entretenir des relations mystérieuses avec des « esprits » accueillent cette réputation à bras ouverts. Elles se livrent plutôt à des actes dont la nature renforce la croyance populaire dans leur « toute puissance (42). »

Un second point souligné surtout dans les extraits du livre de Rivert mérite mon attention: la mentalité vaudoue se complaît dans une confusion entre le « monde des vivants et celui des revenants, des zombis », entre les « phantasmes de la nuit » et la réalité à l'état de veille. Les conséquences issues de cette confusion s'insinuent dans les démarches nationales importantes ou pas. En somme, une certaine attitude intellectuelle haïtienne confirme cette assertion: bien des haïtiens n'établissent pas toujours une hiérarchie entre l'« irrationnel » et l'« intelligent ».

Une exemplification de cette mentalité nous est donnée pendant l'interview accordée à Barbara Walters par Jean-Claude Duvalier et son épouse. Ils ont reconnu d'avoir gaspillé des millions de dollars du peuple haïtien à des bagatelles telles que l'acquisition des manteaux de fourrure à porter dans un pays tropical, des motocyclettes de dernier cri ; d'avoir organisé des fêtes avec des amis riches à millions venus de tous les recoins de la terre ; d'avoir participé aux actes d'injustice et de crime contre le peuple. Malgré leurs confessions, ils pensent avoir rendu plus de service au pays que tous les autres gouvernements nationaux du passé.

Dans le même ordre d'idée, Clovis Désinor, dans une interview accordée à 60 MINUTES, un magazine hebdomadaire télévisé, au cours du mois d'octobre 1987, a affirmé sa fierté d'être encore duvaliériste, et d'être l'adepte d'un « grand homme » comme Dr. François Duvalier, alors que celui-ci et son régime ont réduit le pays à sa plus simple expression et sont décriés par tous les observateurs objectifs de la réalité haïtienne.

Récemment, des néo-duvaliéristes ont suivi l'exemple de Désinor et chantent les louanges de Docteur François Duvalier. Beaucoup expriment leur crainte de voir ces néo-duvaliéristes participer à l'activité des organisations criminelles au sein du pays. Ils souhaitent encore le retour de Jean-Claude Duvalier au timon des affaires nationales.

La petite histoire rapporte que Soulouque et Paul E. Magloire ont respectivement déclaré qu'ils ont laissé le Palais National avec un « cigare allumé aux deux bouts ». Ils ont voulu dire que, ayant été les

« meilleurs chefs d'Etat » du pays, ce dernier, en les récusant, sombrerait dans le chaos. Pourtant l'histoire ne reconnaît point ce cachet d'excellence qu'ils se sont donné.

Plus près de nous, l'Armée haïtienne et ses complices ont donné un coup d'Etat au Président Jean-Bertrand Aristide ; ils ont massacré plus de trois mille innocents ; ils ont interdit la liberté de la presse en saccageant les stations de communication, en tuant et emprisonnant des journalistes, en arrêtant des mesures de répression contre toutes démonstrations antipathiques à leur action; pourtant ils crient sur tous les toits qu'ils sont les champions de la démocratie et des droits de l'homme.

Bien des leaders haïtiens laissent entendre qu'ils travailleront au triomphe de la démocratie, cependant, ils combattent tous les gouvernements élus démocratiquement.

Ne faut-il pas voir dans ces attitudes incohérentes la même confusion mentale retrouvée chez les possédés de *lwa*, qui se prennent pour des animaux, des choses ou des personnalités mythiques? Ne faut-il pas voir dans ces attitudes bizarres la même confusion mentale détectée chez la majorité des haïtiens qui croit toujours à l'existence de forces occultes maléfiques derrière les maladies et les infortunes ; derrière la méfiance, la haine et la jalousie abstraites affichées par des concitoyens les uns contre les autres? N'est-ce pas une confusion mentale de croire que les choses s'arrangeront d'elles-mêmes, vu qu'elles sont dirigées par des puissances essentiellement bénéfiques? Ainsi l'hygiène publique n'est pas urgente, car le microbe capable d'affecter l'homme

« haïtien » n'a pas encore été créé par la nature (il s'agit, dit-on plaisamment ou pas, d'un microbe qui atteindrait à la dimension d'un âne); la circulation n'a pas besoin d'être réglementée: le chauffeur « haïtien » a le « génie » du volant; l'économie nationale ne mérite pas une attention soutenue: le peuple « haïtien » survivra d'une génération à l'autre. Alors, pourquoi ne pas agir avec désinvolture? Pourquoi ne pas accepter n'importe quel régime politique? Le pays continuera son petit bonhomme de chemin.

Comme l'a souligné M. Beauvoir, un des Hougans, la réalité haïtienne, dans ses éléments les plus profonds, est régie par des forces vaudoues, tandis qu'officiellement (ou apparemment) les dirigeants nationaux font accroire aux étrangers que le pays obéit aux principes modernes de gouvernement. Donc les désignations institutionnelles telles que l'Administration des Contributions, l'Office Général de l'Education, les Tribunaux Civils et Criminels, le Parlement, le Sénat, se confondent avec des écrans de fumée, des attitudes de parade ou des fardeaux peu nécessaires. (43)

M. Beauvoir se trompe certainement dans sa conception du réel (les infortunes nationales en témoignent), mais sa représentation de l'influence vaudoue sur nos démarches grandes ou petites reflète une forte dose d'objectivité sociologique. Les *Houmfor* ou *Humfò*(44) opèrent dans les quartiers résidentiels des villes et des communes; des Hougans notoires occupent souvent des positions clefs dans l'administration publique; des cas d'empoisonnements et d'homicides volontaires ou pas, commis par le truchement d'une prétendue puissance vaudoue, n'ont jamais fait l'objet d'enquêtes judiciaires; des sociétés démentielles ravissent des gens le soir.

Quelques années auparavant, la ville de Port-au-Prince a connu une forte commotion: un haut fonctionnaire du gouvernement, au moment de prendre son dîner en famille, a ouvert un colis enveloppé de papier-cadeau remis par un messager à la mine patibulaire et y a découvert une tête fraîche de femme. Ce présent macabre ne s'est obtenu sans avoir assassiné une innocente victime. En outre, il faut rappeler l'atmosphère psychologique du pays au moment de la remise d'un tel cadeau: c'était aux environs de la semaine sainte, à midi.

La lumière sur le symbolisme de cette action déraisonnable et inhumaine s'est faite dans la suite: un collègue du malheureux bénéficiaire du cadeau, le lui a donné pour créer une psychose de peur chez lui et l'empêcher de mettre le bâton dans les « roues des gens ».

Je comprendrais que ces croyances et pratiques irrationnelles soient la majeure préoccupation des paysans et paysannes qui forment une grande partie de la population; là où l'ignorance et la misère ont droit de cité, la superstition règne en maîtresse. Une éducation systématique positive, voire un endoctrinement suivi, amincira cette couche épaisse d'indigence intellectuelle et mentale. Il faut ajouter à cette phase initiale une politique économique et sociale visant à relever le niveau du pays et à rendre l'endoctrinement d'abord tolérable, puis souhaitable. Mais là où le bât blesse vient de ce que des institutions privées et publiques, des milieux professionnels sont souvent le siège de ces croyances absurdes. Qui pourrait éduquer les masses? Personne.

Un jour, un de ces Hougans notoires m'a fait cette étrange observation:

« Mon ami, au moment où nous sommes, je place presque tous les haïtiens dans le même panier. Haïti restera toujours ce qu'elle a été. En ce qui me concerne, je suis peu enclin à donner crédit à un concitoyen, quelle que soit sa position sociale... »

J'ai regardé le sorcier avec un certain amusement mêlé d'inquiétude, pensant que, abandonné à *sa mystique*, il a sombré dans la divagation et, par mégarde, a effleuré une façon de voir positive. Par acquit de conscience, cependant, je lui ai demandé d'élucider la raison de *son pessimisme noir.*

Après une minute de pause, il affirma:

« C'est clair, mon ami. L'illustre intellectuel, l'homme de « valeur », le Ministre, le Député National, la femme « respectée », la jeune fille de « famille », tous viennent me consulter pour les mêmes motifs que le plus vil et le plus ignare de nos concitoyens. Ils n'ont pas confiance de soi et ignorent le fait que le succès dans la vie résulte de la persévérance dans l'effort. Et il n'y a aucune garantie que la vie sera en rose. Donc, mon frère, c'est toute la « pâte » haïtienne qu'il faut recomposer avec des éléments plus viables, plus dynamiques! »

Sans verser dans la propagande de mauvais aloi, je pense que la religion chrétienne présente moins de danger au peuple haïtien que le Vaudou.

Certes, la première baigne dans l'irrationalité : bien des prémisses de la métaphysique judéo-chrétienne n'ont jamais pu être saisies par la raison humaine, à telles enseignes qu'elles se classent définitivement dans la catégorie des « mystères » ou des données comprises seulement par Dieu. De même leurs rites n'ont rien à envier à ceux du vaudou: d'un côté ou de l'autre, il s'agit de plonger dans un monde peuplé d'entités imperceptibles. A chacun sa croyance. Cependant, quand les associations judéo-chrétiennes s'adonnent aux activités qui ne relèvent pas de leurs prémisses, elles se conforment aux normes et pratiques généralement acceptées par le monde de la connaissance dite positive. Par exemple, les écoles congréganistes ne se contenteraient point d'enseigner leurs mystères aux élèves et espéreraient aussi voir ces derniers maîtriser la physique, la chimie, la physiologie, la littérature, l'histoire, les mathématiques, réussir aux examens officiels, et avoir un bagage intellectuel nécessaire pour fonctionner normalement dans un monde de plus en plus moderne, exigeant et complexe. De même les centres hospitaliers relevant des associations judéo-chrétiennes ne guériraient jamais les malades en les immergeant dans un « bain de mystères ». Ces institutions scolaires et hospitalières au service du public, malgré leur orientation religieuse, s'adressent au savoir-faire des gens de l'art et de la science, au même titre que les institutions laïques. Agir différemment, ces organisations religieuses sombreraient dans la superstition la plus arriérée et seraient en délicatesse avec la justice.

Le Vaudou nage aussi dans un univers de mystères. Mais il ne s'y arrête pas et professe, conséquemment, des ambitions de beaucoup plus exorbitantes et dangereuses que celles de la chrétienté.

Il reconnaît certainement une distinction entre ses mystères, « projections psychologiques spontanées et inconscientes », et la connaissance positive, mais il soutient qu'il peut se passer de celle-ci dans son approche de la réalité, quelle qu'en soit la nature. Ainsi il se substitue à la médecine, à l'agronomie, à la chimie, à la physique, à la biologie, à l'astronomie, et prétend les surpasser et dominer la nature à partir des forces psychologiques extraordinaires implantées dans l'esprit des adorateurs vaudous. Le Hougan se présente comme un savant omniscient capable de satisfaire les besoins et les vœux de ses clients. Le Vaudou se confond à une vision globale du monde où tout est saisi immédiatement, absolument. Les échecs innombrables ne comptent pas; ce culte reste imperturbable et suit son petit bonhomme de chemin à travers les âges.

A ce point, je formulerai des objections aux théories « scientifiques » des défenseurs du Vaudou.

Certains maintiennent que les pratiques vaudoues, quelles soient « blanches ou noires » (une distinction empruntée de la métaphysique chrétienne concernant l'âme blanche passée pour immaculée, et l'âme noire considérée comme souillée), viennent de l'Afrique. Cette affirmation, en partie, est incontestable. L'usage des mots d'origine africaine dans le rituel vaudou en est le témoignage. Mais s'ils entendent par cette affirmation que la superstition, avec ses décharges instinctives, ses conséquences irrationnelles et déroutantes, caractérise seulement les noirs, et s'arrange nécessairement dans la catégorie des « valeurs noires », je ne me souscrirai guère à leur conclusion. L'histoire de l'humanité s'enchevêtre dans ces comportements irrationnels. L'Europe, l'Asie, l'Amérique n'en n'ont pas été exemptes. On en découvre encore des séquelles chez des membres de cultes anachroniques, dangereux et bizarres aussi bien que dans des milieux sociaux dits évolués. Selon la *Radio Tropicale*, dans son émission du premier novembre 1991, des sorciers ont envahi les rues de Nicaragua pour protester contre des médecins qui les empêchent de gagner leur vie. Des diseurs de bonnes aventures, des « médecins-feuille », des cabalistes se disséminent à travers le monde.

Pourtant la persistance d'une telle mentalité ne justifie pas sa rationalité. D'ailleurs, parmi les défenseurs du Vaudou se rangent les *messagers de la Négritude*, qui ne manquent jamais l'opportunité de rappeler la robustesse des noirs, leur grâce, leur intelligence, leur ingéniosité. Prétendent-ils aussi que les noirs se complaisent toujours dans des activités irrationnelles?

L'Afrique, d'un point de vue historique et philosophique, a certainement des valeurs positives dont le monde s'inspire dans la recherche de la vérité humaine. L'une de ces valeurs émane de l'esprit d'ordre, de mesure, d'harmonie, responsable des chefs-d'œuvre architecturaux et artistiques africains qui ne cessent d'étonner le monde. Nos ancêtres ont également fait montre d'esprit inventif dont sont sortis des instruments et une infinité d'outils et d'ustensiles. Beaucoup de nos aïeux ont compris les leçons enseignées par l'Africa Mater: un Henry Christophe a laissé des réalisations architecturales qui font honneur aux inventeurs et entrepreneurs Africains d'un passé vénérable.

Selon moi, en dépit de véhémentes protestions possibles contre cette accusation, les haïtiens n'accordent pas droit de cité à la culture moderne. Cette culture s'universalise de jour en jour, se tisse dans les mailles de l'esprit scientifique et critique, et invite à pousser le désir de dépassement à un plafond de plus en plus élevé. Une telle culture n'est l'apanage d'aucune race. Elle décrit le point d'arrivée de la connaissance globale positive de l'humanité. La superstition mise sur un piédestal par nos concitoyens maintient chez nous une mentalité défaitiste et limite nos idéaux. Beaucoup de nos professionnels alternent, dans un regrettable micmac, superstition et science. Cette promiscuité de mauvais aloi explique en partie le manque d'envergure des actes posés par nos gouvernants.

Un autre argument dont raffolent des adeptes du Vaudou est le suivant: ce culte représenterait la force extraordinaire, surnaturelle, qui avait permis aux esclaves de Saint-Domingue de réduire les colons à néant et de proclamer l'indépendance de la nation haïtienne. Cet argument s'inspire de la cérémonie du Bois Caïman, près de Morne Rouge, le 17 août 1791, et qui était suivie huit jours plus tard du soulèvement général des asservis. Au moment de la cérémonie, les esclaves, selon Dr.

J.C. Dorsainvil, « saisis d'une terreur sacrée, jurent d'exécuter les ordres de Bookman [un prêtre vaudou venu de la Jamaïque » (45). Ce dernier fut le maître de cérémonie.

La volonté de s'émanciper des liens inhumains, odieux de la servitude coloniale s'était-elle manifestée chez les esclaves à partir de cette cérémonie? Une réponse affirmative rejoindrait l'opinion de ceux qui parlent du « Miracle Haïtien » par les « dieux tutélaires de la race ».

Je me représente difficilement l'endurance surhumaine de ces esclaves, de l'enlèvement brutal du berceau africain, des incommodités du trajet en ce temps-là, jusqu'au moment glorieux où ils ont dit: « C'en est assez! ». Selon une estimation donnée par des historiens et confirmée par des témoins oculaires et auriculaires, pour chaque africain arrivé vivant en Amérique, il faut en compter cinq tués ou morts en cours de route.

Une fois à Saint-Domingue, les déracinés de l'Afrique ont été soumis à des traitements purement et simplement démentiels. Si arriérés que pussent être ces malheureux, ils avaient néanmoins conscience de leurs souffrances et soupiraient après l'occasion de s'y soustraire? Combien Dr. Price Mars a raison de souligner :

> La révolte des Nègres de Saint-Domingue qui créa, à sa suite, l'indépendance de l'Etat d'Haïti ne fut pas un épisode de minime importance, encore que le théâtre où l'action se passa soit un minuscule coin de l'archipel antillais. Elle fut l'exemple, l'étalon de protestation contre un

état de choses dont la seule existence était un insolent défit à la raison et à la conscience humaine (46).

Alors, pour lutter contre cette atmosphère démentielle, contre les forces infernales de la Colonie, il fallait recourir aux moyens du bord. Il fallait y arriver ou être anéanti. L'instinct de survie correspond à une réponse naturelle dans le règne animal auquel nous appartenons.

Il devient alors évident que l'indépendance d'Haïti ne résulte point d'un miracle mais plutôt de l'aboutissement dialectique de trois siècles d'injustice inénarrable.

Dans cette perspective, je saisis la signification de l'inoubliable cérémonie du Bois Caïman.

La Colonie avait visé à déshumaniser les esclaves et à les acculer à une position éminemment dangereuse, capable de parvenir à leur extinction, à l'instar des tribus indiennes complètement annihilées par l'action rapace des colons. Elle obtenait le résultat cherché, sauf qu'elle était dans l'impossibilité d'arracher aux déracinés africains leurs survivances ataviques, leur foi commune, leur unique consolation dans la misère infernale et omniprésente de Saint-Domingue. Quel est en fait le rôle des croyances irrationnelles? Elles entendent consoler en apportant la confirmation, la conviction que—en dépit des adversités dont on est accablé—des forces surnaturelles, occultes résoudront les problèmes de la faim, de la maladie, de la vie ou de la mort. Je comprends que les croyances vaudoues des esclaves de Saint-Domingue pussent servir de tremplin à un leader avisé.

D'abord, dans une tentative d'unification, pour coordonner les démarches isolées, cimenter les actions sporadiques.

Ensuite le Vaudou, d'essence purement délirante avaient fait merveilleusement équilibre aux forces également irrationnelles de la colonisation: car, s'enrichir avec frénésie, piétiner, écraser une trop grande majorité d'êtres humains, se livrer effrontément à toutes sortes de licences et d'atrocités, sans tenir compte de l'existence des autres, sont des actes soumis plutôt aux lois de la jungle et lourds de dangers. Alors, raisonner avec les colons équivaudrait à s'adresser au mur. Il fallait employer leur langage, celui de la mystification et de l'effroi.

En effet, les colons avaient peur du « Culte des esprits et des divinités » pratiqué clandestinement par les esclaves, chaque fois que l'occasion le leur permettait. Les autorités coloniales ont pris des mesures de divers genres pour décourager les observances vaudoues: l'interdiction aux esclaves de se réunir clandestinement, la coercition, le miroitement des avantages de la religion chrétienne, le privilège d'avoir des obsèques religieuses et d'être inhumés dans un cimetière, non dans les bois comme un *cochon* (47).

Cependant, la volonté de maintenir le Vaudou dans nos mœurs actuelles débouche nécessairement sur un cercle vicieux. A quoi peut-il servir? Après plus d'un siècle et demi de dures épreuves au contact du réel, les croyances vaudoues se sont révélées inefficaces surtout au sein d'une nation où il n'est plus question de combattre ou de repousser, par des moyens aveugles, les forces coloniales non moins aveugles.

Dans le monde d'avant 1804, les esclaves n'avaient pas appris la façon de lutter pour améliorer et conserver leur vie et celle de leurs familles; alors, ils avaient recours, entre autres, à leur mystique. Néanmoins leurs descendants ne prétendraient ignorer la manière de lancer un pays dans la voie du développement sans verser dans le pur mensonge ou sombrer dans la folie. Comment résoudre les problèmes actuels avec les « moyens d'un passé lointain, les inventions d'un contexte révolu »? C'est également s'égosiller inutilement de crier « O Dessalines Le Grand! », « O Capois La Mort! », « O dieux tutélaires de la race! ». Ils sont tous morts pour nous et ne peuvent plus rien pour nous. L'avenir d'Haïti ne dépend que de l'objectivité avec laquelle notre génération regarde la réalité.

Que la superstition haïtienne nuise au développement de la Nation, je le pense. Rien qu'à revivre la nature de nos relations personnelles, je pense qu'une révolution dans nos comportements doit s'opérer avant de nous engager dans le chemin qui mènerait à plus de compréhension mutuelle et à une ère de progrès matériel et moral durable. Nous sommes soupçonneux les uns des autres, et cette méfiance abstraite, sortie de notre environnement superstitieux, se manifeste chez nos concitoyens où qu'ils se trouvent. A l'étranger, ils cherchent par tous les moyens à s'éviter (qu'ils se connaissent ou pas). S'engager dans une conversation à bâtons rompus avec un congénère rencontré dans un lieu public n'est pas toujours une entreprise facile et se révèle parfois décevante. Un haïtien, dont je me suis approché et que j'ai cru avoir été un de mes condisciples de classe, m'a toisé, avant de m'apprendre qu'il n'a jamais « dévisagé les gens », et qu'il n'a aucune intention de causer avec «des haïtiens ».

Dans le voisinage d'un concitoyen, des haïtiens gardent le silence ou parlent une langue étrangère qu'ils maîtrisent tant bien que mal. Une telle mentalité décrit de loin en loin une haine de la nation pour elle-même.

Cette méfiance abstraite frise parfois la folie, avec toutes les conséquences néfastes que cela comporte.

Un matin, n'ayant rien d'autre à faire, je suis allé à un grand magasin de New York, surtout pour « reluquer » les dernières inventions de l'industrie moderne, avec, comme on dit, *les yeux de Moïse en face de la terre promise.* J'y ai rencontré un concitoyen qui, heureusement, ne savait que donner pour « échanger quelques mots avec un frère ». Tandis que nous évoquions les souvenirs d'enfance, les moments paradisiaques écoulés dans une Haïti, quand elle avait répondu à la dénomination de « Perle des Antilles », une fillette d'au moins deux ans arriva en coup de vent. Elle était à bout de souffle: elle venait sans doute de se *sauver* de son gardien. *Mon frère* eut une pause avant de dire:

« Tiens! Cette fille! Je croyais que c'était ma petite fille! Je te le jure! Elles se ressemblent comme deux sœurs siamoises... »

Une compatriote d'une trentaine d'années, d'apparence séduisante, survint et agit d'une manière surprenante: elle brandissait un poing menaçant vers nous. Comme elle s'en allait d'un pas précipité, tout en serrant l'enfant contre sa poitrine, elle s'écria:

« Ah! Vous, haïtiens, malfaiteurs de mon pays! On vous a chassés d'Haïti ; mais vous ne pouvez pas vous rassasier du sang de vos compatriotes et vous entendez continuer vos actes cannibales à l'étranger. Je vous connais bien. Vous voulez manger mon enfant! Vous l'avez regardée avec des yeux de convoitise. Je suivais vos manèges. Heureusement, Papa Danbala et Capitaine Chango se liguent contre vous, malfaiteurs aux dents pointues! »

Pendant un bout de temps nous avons perdu l'usage de la parole. La réaction de cette femme n'avait plus de commune mesure ; sauf sans doute en Haïti.

Dès que nous nous remettions de notre stupéfaction, je relatai un incident similaire que j'avais eu à Port-au-Prince. J'étais retourné en Haïti après une absence de vingt ans. Il y faisait si chaud que je demandais à un compagnon de route, au moment de descendre de l'avion, si j'étais né dans ce pays.

Je pris un camion pour le Sud. A ma droite s'asseyait une jeune femme avec un bébé dans ses bras ; la tête de ce dernier se recouvrait d'un bonnet de laine.

L'enfant criait sans arrêt. Alors je suggérai à la jeune mère d'enlever le bonnet ; car la température avait dépassé cent degrés. La réaction de cette femme a été aussi surprenante que celle de notre consœur de New York. « Pourquoi enlèverais-je le bonnet du bébé ? » me demanda-t-il.

Le ton caustique de sa voix indiqua que j'avais fait un faux pas.

Je bredouillai « Mais, apparemment, le bébé a chaud.

—Ah ! Vous voulez manger mon bébé, s'écria-t-elle. Le bonnet le protège contre le sort que vous voulez lui jeter.

—Je ne veux point jeter un sort à votre bébé, Madame. Quelle idée. »

Une femme plus sage me tira par la manche de la chemise et murmura à mon oreille :

« Cher Monsieur, il est clair que vous avez laissé le pays depuis bien des temps. Vos conseils peuvent prêter à confusion. Il faut laisser tranquille cette dame. Elle est capable de vous mettre dans de beaux draps. »

Alors, je me tins coi jusqu'au terme de mon voyage.

Il est certain que la mentalité vaudoue, celle de Bookman, de Jean François, de Biassou...prévaut encore en Haïti. Elle puise sa source intarissable dans la culture imposée par une fraction de l'intelligentsia, qui prêche soit le « Retour à l'Afrique », soit la prépondérance de la « Culture Ancestrale », soit enfin le triomphe de la « Mentalité Indigéniste ».

(9)

II
CONCEPTION CONTRAIGNANTE DE LA CULTURE

La date officielle de cette conception se situe aux environs de la première occupation américaine du pays, en 1915, encore que certains directeurs d'opinion d'avant cette époque n'aient laissé aucun doute sur leur « indigénisme ». Mais la majorité des auteurs d'avant cette date ont essayé d'imiter leurs homologues européens à travers leurs *aventures littéraires* appelées Classicisme, Romanticisme, Réalisme, Surréalisme—et j'en passe. L'occupation américaine, cependant, a conféré à cette conception culturelle un caractère légitime. Alors, nous avons l'école de pensées dont les principaux initiateurs ont été Price-Mars, Klébert Jacob, Carl Brouard, Lorimer Denis, François Duvalier.

Avec l'accession au pouvoir de ce dernier, les indigénistes de la première et de la dernière heures ont parlé du triomphe des idées prônées dès 1915. Le sort de ce mouvement est fort incertain de nos jours, vu que, pendant son « terme présidentiel à vie », Duvalier a plongé le pays dans un océan de misères, d'amertumes et de désastres. Néanmoins le mouvement ne périra pas du jour au lendemain; notre « Nouvelle Constitution », en insistant sur la place prépondérante à donner au Vaudou dans la vie religieuse locale, en brandit encore le flambeau vacillant. Et pendant le règne éphémère de Manigat (et d'une intensité plus accentuée sous le régime Aristide) s'est observée une recrudescence de la vogue indigéniste. Ce dernier président a même pris un décret, en 2003, autorisant les pratiquants vaudous à célébrer légalement leurs cérémonies

Le mouvement culturel, à vocation nationaliste, préconise le retour systématique à la source, à la culture africaine. Il entend par là les us et coutumes noirs, les traditions et conceptions ancestrales sans doute vivaces dans la culture paysanne.

Naturellement l'adepte de ce mouvement puise sa sève nourrissante à la *culture indigène* et passe une bonne partie de son temps à chanter le culte des ancêtres, la « vie innocente » des campagnards pauvres et analphabètes, le savoir-faire de « bons vieux paysans ». Le tam-tam, l'assotò, Marasa, Maîtresse Ezili, Papa Ogou, Kapten Chango, Baron Samedi..., tout le dictionnaire initiatique y défile.

Le décor aussi ne manque pas de beauté pittoresque et simple. Sous la tonnelle de feuilles de cocotier, non loin d'un *mapou* feuillu, d'un *figuier maudit* ou d'un grand arbre quelconque, l'adepte savoure un verre de tafia ou de rhum Barbancourt. De petites « négresses », portant robe de toile rugueuse, les pieds nus ou enserrés dans des sandales de cuir non tanné, la tête coiffée d'un foulard aux couleurs criardes, les *dents naturellement blanches*...Enfin l'*indigéniste* réclame avec véhémence les divinités raciales, les dieux de la Nation, les traditions ancestrales, les valeurs noires...

Il a été interdit—et sans doute il l'est encore—de porter des réserves sur ces points de vue qui sont censés figer à jamais la philosophie sociale du terroir. Incidemment, mes « critiques objectives» de cette *richesse culturelle* ont provoqué soit le silence, soit la colère, à cause de *mon patriotisme chancelant, mon hypocrisie, ma prise de position* contre les *valeurs haïtiennes.*

Une telle réaction de colère se comprend bien.

Personne n'a le droit de mettre en doute la « dictée » de l'histoire. Le Vaudou a « forgé » l'indépendance nationale. Dans la nuit du 21-22 août 1791, les dieux, sous la direction de Bookman (de la Jamaïque), au rythme du tam-tam, ont guidé nos bras et les ont rendus invaincus. Nous avons gagné la guerre contre la plus grande armée (en ce temps-là).

De plus, ces idées « nationalistes » avaient créé sous l'occupation américaine du pays une « telle prise de conscience » chez les haïtiens que, comme un seul homme, ils avaient bouté les *yankees* hors du territoire national.

Cette deuxième justification, de l'avis de plus d'un, pèche par exagération. Bien que certains concitoyens d'illustre mémoire tels que Charlemagne Péralte (et avant lui, Pierre Sully) aient résisté à l'occupation jusqu'à la mort, le pays, selon certains esprits objectifs, doit en fait le départ des américains du pays à la philanthropie du Président Roosevelt.

D'après la petite histoire, il a déclaré un jour: « Si on ouvre mon cœur on trouvera Haïti ».

D'ailleurs, même si l'indigénisme a causé le départ des américains du pays, il a également créé un climat politico-social en déclin, à la suite de son fiasco matérialisé par le règne de son représentant Duvalier, qui a favorisé le retour des Américains. Et les derniers événements entachés du sang des milliers de nos frères et sœurs, séquelles du Duvaliérisme et de toute philosophie indigéniste, nous mettent une fois de plus dans une situation dont l'issue est très incertaine.

Somme toute, soutenir des opinions peu « indigénistes » vaudrait à quelqu'un le titre de « criminel national », de « contempteur de la Patrie »—et j'en passe. Je répète, l'intolérance religieuse n'admet aucune opinion dissidente.

L'anatomie de ce Mouvement culturel

Au départ, la position de l'indigéniste se veut innocente et objective. Il exprime son intention de se mettre dans la peau du paysan et de communier avec les masses de l'« arrière-pays » pour les comprendre et les aider. Une telle intention est logique, dans le contexte d'une révolution politico-sociale authentique. Sans le rapprochement de l'élite et de la masse, aucune œuvre d'envergure ne se produira ; surtout dans un pays comme Haïti, où le cloisonnement des classes sociales épanouit dans toute sa beauté. Cependant la surprise commence avec les cris grognons, les menaces, les sarcasmes du « nationaliste » qui voue à tous les maux du ciel ceux-là qui soutiennent que la « culture paysanne » ne se confond pas avec le canon idéal, un motif de fierté et d'orgueil. Alors, vous apprenez que le mouvement indigéniste ne vise guère à comprendre les paysans ignares pour les aider à sortir de la médiocrité et du paupérisme, mais plutôt affirme la prépondérance de la culture paysanne, son caractère unique et son pouvoir d'assurer la rédemption nationale.

En un mot, ce mouvement culturel enseigne la renonciation à la connaissance moderne, en faveur d'un ensemble de savoir et de savoir-faire résultant de la faillite indéniable de nos options. Je m'empresse d'avancer qu'un dynamisme culturel aboutirait à une solution inverse. Cependant la coexistence de la science positive et de la superstition conduit tout droit à la confusion mentale et au chaos.

La philosophie indigéniste—je le répète—surgit d'abord en réaction à l'occupation américaine et à sa « culture occidentale ». Les indigénistes ont tenu à exprimer leur « personnalité noire sans honte ni crainte ».

Ensuite cette philosophie prend de l'ampleur au lendemain des résultats de recherches archéologiques, ethnologiques, historiques, conduites en Afrique, qui ont révélé au monde la richesse inépuisable du passé Africain.

Certes, la conclusion heureuse de ces investigations est pour nous, les noirs, un motif de fierté. Elle apprend que nous, les noirs, ne sommes point issus du néant, comme d'une boîte à surprise; que nous avons contribué à l'évolution de la pensé (malgré notre décadence manifeste causée par des revers cruels de l'histoire); que nous ne sommes point, selon un *racisme inculte*, ces *vils spécimens perdus de la paléontologie*. Et d'autres recherches menées dans le domaine de la génétique et des disciplines connexes vérifient le rôle de l'élément Africain dans le concert de l'évolution humaine. Il est de plus en plus évident que les ancêtres de l'humanité viennent de l'Afrique.

Telle n'est point la réaction des indigénistes et de leurs adeptes. Selon eux, les données archéologiques, ethnologiques et historiques, n'ont pas surtout d'importance en tant que « témoignages d'une histoire », « éléments d'une justification »; elles incarnent plutôt des valeurs existentielles à actualiser, une culture ancestrale capable de « servir » éventuellement de « réserve de qualités humaines à l'Occident emprisonné dans sa technique sans âmes ». Haïti, en général, gagnerait à devenir indigéniste, en remontant et en adoptant le cours d'une existence plongée dans les profondeurs de l'histoire, et en faisant le gros dos à la technologie moderne avec ses panoplies et gadgets délétères.

Une religion nouvelle surgit.

Malheureusement, les haïtiens ont appris, au cours de leur histoire peu gaie, que la religion appartient à une catégorie du réel, tandis que le ventre creux en appartient à une autre. Ils deviennent également conscients de ce que, dans toutes les sectes, ministres et représentants des divinités boivent seuls du vin béni, au nom de la masse des fidèles. Les « prêtres » indigénistes font choux gras au nom du peuple. Celui-ci n'a plus faim, plus de déboires, plus de souffrances, en voyant ses représentants mener, de concert avec de riches amis européens, américains, asiatiques, africains, caraïbes, une vie de fête et d'opulence. Ce qu'on demande à ce peuple, c'est de se comporter en population de « nègres », tandis que ses ministres, eux, mène une existence moderne.

Et je crois, jusqu'à preuve du contraire, que la raison majeure de la négligence de l'élite dirigeante haïtienne vient de ce qu'elle croit qu'Haïti, une nation noire, pourrait se contenter de ses conditions de vie misérables. J'aurais été heureux de me tromper là-dessus, cependant la désinvolture de nos dirigeants, manifeste d'une génération à l'autre, trahit une allure générique.

Ainsi la « religion des paysans » tourne contre eux-mêmes. Et celui qui, minimisant la satisfaction des besoins de nourritures, de santé, d'éducation chez les masses dépourvues de tout, qui entretient celles-ci de choses que personne ne comprend, rejoindra l'armée des indigénistes commandée une fois par le fameux Docteur François Duvalier.

Posture de l'Indigéniste

Une femme? Elle porte occasionnellement une robe garnie de décorations pittoresques: tambour, serpent, paysanne, campagne...C'est tout. Cela nous fait penser aux camionnettes haïtiennes devenues indigénistes et parées de peintures criardes.

Un homme? Il s'en va, par moments, ingurgiter des verres de tafia ou de rhum avec des paysans. Il assiste fort souvent aux danses vaudoues. Il consulte presque toujours son Hougan. Enfin il écrit un poème en l'honneur de tout « ça ». Et c'est tout. Non il y a davantage.

Il croit tellement dans la légitimité de ses préoccupations mystiques qu'il s'arrange pour les insérer dans la « Constitution Nationale » ou les imposer par des mesures légales.

On connaît, hélas, de ces indigénistes (malheureusement, les plus sincères) qui acquièrent la déplorable habitude de saper immodérément de la boisson populaire et qui circulent dans les rues, traînant leur hébétude. C'est une attitude *surréaliste*, s'empressent d'affirmer les plus « lucides ». Ces *illustres hébétés* sont consacrés bardes nationaux par des officiels « bien-pensants ». C'est tout.

Mais comment n'être pas indigéniste? L'indigénisme rapproche de la masse innocente, fait boire le petit verre de tafia à côté d'elle, vous remet sa candeur, sa sympathie, son dévouement dans le creux de la main.

Comment n'être pas indigéniste? Les taxes imposées aux indigènes engraissent derrière les bureaux somptueux, rapportent châteaux brillants de mille feux?

Comment n'être pas indigéniste? Il suffit, pour jouir d'un tel bien-être personnel de descendre un jour dans les quartiers pouilleux, de visiter la « vache laitière » et de lui caresser les bajoues flasques.

Comment n'être pas indigéniste? Laissant les études, la tête remplie de théories optimistes, vous vous prenez pour le sauveur des masses noires; vous ne faites pas des genres pour vous incorporer au « mouvement nationaliste » si propice à vos idées dynamiques de jeune. Cependant, vous réalisez (un peu trop tard) que vous vous êtes trompé. Alors, vous vous laissez mener par l'« inspiration populaire » et le *vent natio-*

naliste vers l'embonpoint, l'acquisition des maisons pleines de lustres, l'accumulation des fortunes colossales à partir d'activités inavouables et inavouées. Voilà! C'était si simple mon vieux! Et les masses? Mon vieux! Combien coûte-t-il aux rustiques de regarder faire? Ont-ils jamais voulu davantage?

Et l'agriculture, l'industrie, l'éducation, la santé, le logement?...Ah! Non! Pourquoi tant de questions? Ne changeons pas de décor. Ces problèmes? Ils appartiennent à un autre ordre de faits. Mais qui s'en occupera? Allons, mon vieux! Ne vous mettez pas martel en tête!

Et surtout essayons de sauvegarder notre folklore. Il faut l'imposer, l'enseigner, le seriner aux autres, pour encourager le tourisme si cher à notre « assiette au beurre ». Quand est-ce que la population, sa misère, son ignorance cesseront-elles de représenter des objets de curiosité? Visons-nous à transformer notre pays en un vaste jardin zoologique?

Mises au point

Haïti, par l'intermédiaire des indigénistes, des croyants du Vaudou et des théoriciens intéressés à tout sauf à la satisfaction des besoins vitaux du peuple, exprime le désir obsessionnel de retourner vers la « source africaine ». C'est bien. Cependant, à part la magie prétendue blanche ou noire qu'elle brasse sans relâche et quelques postures vestimentaires, elle reste dans le vague, l'imprécis. Elle ne définit pas sa conception de la culture africaine et ne montre pas comment une telle culture—après une délimitation analytique—la replacera dans la voie des nations prospères.

Ce que je sais, l'Afrique, en majeure partie, est fatiguée de son statut d'enfant mineure, toujours flanquée de son tuteur européen pas souvent altruiste. Elle aimerait marquer le pas, malgré des montagnes d'obstacles érigés sur son passage. Pour faire œuvre qui vaille, elle ne peut recourir, contrairement aux déclarations officielles, aux coutumes ancestrales. Et pour cause.

Les Africains sont obligés de gérer une administration abandonnée par les colons, qui n'a pas été complètement démodée; l'Afrique doit répondre aux vœux d'une jeunesse très avertie sur les événements du monde et sur les nombreuses opportunités disponibles soit en Afrique, soit à l'étranger. Les populations, en ce qui concerne la commodité et le bien-être, deviennent de plus en plus exigeantes. Il y a enfin le problème de la santé publique envenimé par l'épidémie du SIDA et le spectre d'autres maladies contagieuses de beaucoup plus mortelles. Comment les Etats Africains boucleront-ils ce vaste programme d'action social à partir des croyances mythiques?

Je souhaite de tout mon cœur l'ascension de l'Afrique jusqu'au zénith de son développement économique et social, pour provoquer le réveil d'Haïti de sa torpeur!

Plus d'un maintient que l'art Haïtien (la musique, la littérature, la danse, la peinture, la sculpture...) puise son originalité et sa richesse de la culture indigéniste. Ce rappel vise à accentuer la vitalité de celle-ci et à justifier son « emprise » sur le pays.

L'art appartient surtout au domaine de la distraction, en faisant accroire. Il s'inspire de tout: du passé, du présent et de l'avenir. Pouvons-nous, cependant, demander à un peuple de toujours faire accroire dans son effort quotidien d'assumer le réel? Les modèles culturels imposés par l'indigénisme et ses postures idéologiques décrivent-ils la vie actuelle du peuple haïtien, les aspirations de ce dernier, ses besoins, sa vision globale du réel. Je ne le crois pas, après mes entretiens avec plusieurs de mes congénères. En somme, l'art ne reste pas nécessairement sur les faits. Des œuvres artistiques surgissent souvent de l'imagination et de la combinaison de l'aspect tridimensionnel des objets du réel, au point d'être attribuées à des créations quasi absolues de l'esprit.

A propos, en 1970, il y avait à la Radio Zaïroise un festival de la musique noire. Les Etats Africains y ont offert *les derniers cris* de leurs réalisations orchestrales, tandis que, Haïti, pour rester fidèle à l'indigénisme, y a seulement soumis un *roulement de tambour vaudou.* Celui qui a opéré un tel choix a proposé une image combien stéréotypée et rétrécie de la musique haïtienne d'alors; il a privé l'audience internationale des délices de nos créations musicales contemporaines par des orchestres bien connus : celui de Nemours Jean-Baptiste et son « compas direct », de Robert Sicot, créateur de « cadence Rampart », du Jazz des Jeunes et ses préférences folkloriques, de Raoul Guillaume, des Charmeurs—pour ne citer que ceux-ci.

Dans le même ordre d'idée, certains voient dans les études ethnologiques haïtiennes une justification du dynamisme de la culture paysanne à maintenir ou à actualiser.

A mon humble avis, cette opinion pèche par exagération, confère à l'ethnologie un trop grand pouvoir et la transforme en une branche de la littérature au service d'une cause tissée dans les mailles de la subjectivité. Comme toutes les sciences humaines, l'ethnologie a son objet et ses limitations. Elle se livre à l'étude descriptive des ethnies, l'ensemble des caractères de chaque ethnie. Les recherches ethnologiques haïtiennes, en harmonie avec l'éthique scientifique à laquelle elles doivent obéir, établissent des lignes générales d'évolution et de structure de notre société. Si elles visaient à prôner une dictature culturelle, elles perdraient leurs valeurs objectives.

En revanche, si les indigénistes, dont une fraction a récemment présidé aux destinées de la nation, défendent encore et toujours la prédominance des cultures paysannes et des traditions anachroniques, l'éducation haïtienne, organisée à l'image d'une administration moderne, n'a aucun but précis, aucun objet clair. Je ne m'étonne pas que la majorité de nos universitaires et de nos lycéens végètent dans le chômage: les recettes d'action reçues dans les salles de classe ne correspondent nullement à la réalité imposée.

En effet, pour rester dans les normes traditionnelles, il faut entendre par éducation la transmission par les adultes aux enfants de techniques, d'usages, de façons de penser et de voir, de visions d'avenir...Dans cette perspective, il eut mieux valu que l'éducation visât à façonner des paysans, au lieu d'inculquer aux élèves des notions de connaissance modernes et positives qui leur donnent des prétentions si importunes aux gouvernements indigénistes.

Il ne faut pas croire que je suis le seul à reconnaître la vanité de l'indigénisme. Des esprits intègres, la fierté de la nation, ont posé et posent en termes simples les problèmes du pays, et suggèrent des solutions à y apporter. Certains ont même rempli le rôle de prophètes et ont annoncé avec une remarquable exactitude le devenir malheureux de notre bien-aimé pays : la misère chronique, les interventions étrangères répétées au fil des générations haïtiennes, les conflits sanglants, le manque de fierté et de patriotisme, la dépendance absolue des étrangers, la persistance de la superstition et de l'ignorance endémiques.

Dans cet ordre d'idée, je dirai que des leaders indigénistes et des hommes d'Etat défenseurs du vaudou affichent une mentalité rétrograde par rapport à celle de bien de nos anciens penseurs objectifs, Dr. Jean Price-Mars excepté. Je n'ai détecté à travers leurs écrits aucune invitation à recourir au vaudou comme panacée de nos déboires.

Laisse-moi souligner aussi que même nos gouvernants réactionnaires n'ont jamais manqué, dans leurs moments de lucidité précédant leur accession au pouvoir, d'approcher les problèmes sociopolitiques du pays à la lumière de l'objectivité et du bon sens; ils donnent souvent le change aux étrangers en manifestant un *scientisme tatillon.* Nous lisons alors des articles de journaux de diverses tendances, qui chantent les louanges de nos régimes.

Mais laisse-moi enlever la croûte du gâteau afin de montrer le jeu de crabe auquel trichent les politiciens haïtiens, un jeu qui débouche sur un cercle vicieux aussi mortel que déprimant.

(10)

CONSEQUENCES DE L'EXCES DE SENTIMENTS ELEMENTAIRES

Tabou, schèmes de pensée désuets, croyances superstitieuses, contextes d'opinions incongrus, recherches systématiques (voire instinctives) de la satisfaction des intérêts égoïstes, s'accumulent pour modeler le visage grotesque d'une Haïti devenue tristement célèbre.

La violence, la haine, le crime si habilement maniés par Dr. François Duvalier et ses adeptes ne leur appartiennent pas en propre, à la manière d'une macabre spécialité. Une atmosphère malsaine, vieille de deux siècles, perd son caractère personnel pour devenir anonyme, collectif, presque générique, encore que je blâme les gouvernants pour leur incompétence, pour leur désir irrésistible d'accaparer le pouvoir dans le dessein d'alimenter et de renforcer la confusion nationale.

Celui qui ne se sent pas la vocation de se mettre au service de la nation pour guider celle-ci dans la voie de la modernisation et du bien-être, devrait se contenter—je crois—d'une position plus modeste dans l'administration où il remplirait une fonction bien définie et plus productive. Cependant, jouer pieds et mains pour tenir les rênes du gouvernement dans le dessein d'étaler son incapacité et sa médiocrité, c'est ne pas se respecter en tant qu'adulte.

L'analyse de cette atmosphère malsaine me permettra en partie d'expliquer pourquoi les opinions les plus pertinentes sur nos problèmes, les idées les plus lucides inspirées des théories éprouvées, s'en vont vermoulues dans leurs repaires. Il y a en matière de politique haïtienne—comme nous l'avons déjà mentionné—un cercle vicieux aussi mortel que décourageant.

En matière politique : Un cercle vicieux

L'étranger ignorant l'histoire d'Haïti peut être amené, après avoir lu les pages précédentes de ce livre, à croire, en ce qui concerne les inconséquences de la politique nationale, qu'aucun avertissement prophétique n'a été donné à la nation, qu'aucune orientation salutaire ne lui a été suggérée. Alors, cet étranger ferait montre d'une connaissance imparfaite de l'évolution de la pensée politique en Haïti. Ce petit coin de terre a réagi à tous les mouvements idéologiques qui ont affecté les actions politico-sociales à travers le monde.

En réalité, la classe dirigeante, de la naissance de la nation jusqu'aujourd'hui, n'a montré aucun désir d'honorer le talent de nos auteurs qui se penchent sur des sujets auxquels cette élite devrait s'intéresser, si elle visait à agir, non seulement par passion et sentiment, mais à la lumière de l'intelligence.

Je me souviens, au temps où Président Aristide est retourné en Haïti après un long exile aux Etats-Unis, de l'appel lancé à la radio par des *leaders haïtiens,* invitant « tous les concitoyens de bonne volonté » d'exprimer leurs opinions et d'offrir leurs conseils *sur ce que nous pouvons accomplir ensemble* pour tirer le pays de la confusion. Une femme, qui a lu la première version française de cet essai, a appelé pour attirer l'attention de ces *leaders haïtiens* sur les idées exprimées dans « *Le Drame Haïtien* ». Le modérateur a ignoré l'appel féminin. Il a simplement dit : « Merci madame », et a continué de parler du beau temps, des oiseaux et des abeilles.

Une telle attitude d'indifférence décrit le rejet systématique des idées qui ne viennent pas des amis ou des membres d'un cercle restreint.

Du plus loin que je remonte le cours de notre histoire, je la vois jalonnée d'imposantes figures qui, au mépris d'écueils sans nombre et d'ostracismes auxquels elles se sont exposées, mourant dans l'indifférence et la gêne (si ce n'est de mort violente), se sont permis de dire crûment les choses.

Ecoute le *Citoyen* Salomon Jeune, au moment de prêter serment comme président de la République, le 23 octobre 1879:

> Citoyens, ces idées ne sont pas nouvelles! C'est que ceux qui en avaient fait parade, une fois arrivés au pouvoir, en oubliaient la pratique: ils en

> trouvaient l'application difficile et préféraient se laisser glisser, peu à peu, dans les défauts qu'ils avaient reprochés à leurs devanciers. Le mal est toujours venu d'en haut; dès lors comment le corriger dans les degrés inférieurs? (48)

Le président Salomon a été bien imbu de ce dont il parlait. Il a été banni pendant des années, avant ses élections à la direction du pays. Il a compris les problèmes nationaux et en a proposé des solutions pertinentes. Enfin, malgré son âge avancé, il a démontré, que, s'il avait vécu dans un contexte social viable, il aurait été un leader progressiste.

Un sentiment pessimiste similaire à celui de président Salomon a également préoccupé l'esprit d'Edmond Paul quand il a écrit:

> A votre tour, Peuple, persuadez-vous de ceci; tout gouvernement auquel vous laissez faire son bon plaisir agit contre votre sécurité; tout gouvernement incompétent auquel vous prêtez appui conspire contre votre bien-être. Est-il besoin de vous répéter pourquoi?
>
> Ecoutez: si vos institutions sont nulles, si la force brutale se prétend loi, si tous les citoyens ne sont pas également protégés, si toutes les espérances s'envolent, alors la défaillance, alors la peur, alors la débâcle menacent votre édifice lui-même. (49)

Et plus loin, il continue:

> Irons-nous toujours culbutant nos gouvernements sans presque jamais prendre haleine, appelant au contraire plus volontiers tous les nouveaux pouvoirs à se réédifier sur les mêmes détestables bases d'où il faut les culbuter? (50)

Ces lignes résument la politique macabre d'Haïti. Cette politique a donné naissance à trois groupes d'acteurs qui s'en réduisent finalement à deux. Le premier, celui des *sacrifiés,* je le présenterai sans coup férir.

Le deuxième, celui des théoriciens calculateurs, destinés à remplir tôt ou tard les avenues du pouvoir, sera introduit après.

Enfin, le troisième, celui des parjures, venant en droite ligne du deuxième, sera entremêlé avec ce dernier pour le second demi-cercle.

De ce groupe proviennent les déboires, les calamités, l'océan d'inconséquences de notre pays.

A.-PREMIER DEMI-CERCLE

1.-Le groupe Des sacrifiés

Ceux-là! Même quand ils meurent dans leur lit, dans l'indifférence et la misère, ils sont des *sa-cri-fiés*, des victimes d'un ordre de faits destiné à la persévérance de la confusion nationale!

Comment désigner autrement ces grands esprits de la nation, qui agissent de leur mieux pour conduire leurs concitoyens vers la lumière?

Ils se penchent sincèrement sur les maux du pays, consacrent leur vie à offrir des conseils salutaires à leurs concitoyens et voient, malheureusement, le vent de l'indifférence et de la mauvaise foi emporter très loin, dans le désert aride de l'oubli systématique, les bons grains semés avec prodigalité et désintéressement.

Dans ce groupe, je range Anténor Firmin.

Perspicace et observateur, rompu à la discipline scientifique, détenteur d'une vaste érudition, Anténor Firmin dissèque la vie sociale haïtienne, en décèle les différents problèmes: linguistiques, éducationnels, économiques, juridiques et politiques. Nul mieux que lui n'a saisi la problématique de la société haïtienne avec plus d'acuité et d'objectivité. Il dit entre autres:

> Depuis cent trois ans, en nous affublant du régime républicain, sauf deux essais inconsistants ou burlesques de monarchie improvisée, et en montrant de façade nos institutions démocratiques, où sont copiés les plus beaux préceptes de la politique rationnelle, nous mentons impunément au monde entier; car nous avons soigneusement conservé l'ignorance à la base de notre organisation sociale et nous en avons fait les fondements de toutes nos prestidigitations constitutionnelles et légales. Un tel mensonge, persévérant et systématique, a non seulement corrompu les esprits et faussé les meilleures conceptions d'une vraie démocratie, mais encore influé, de la manière la plus malheureuse, sur la notion de la souveraineté et le fonctionnement de l'organisme national. L'autorité qui doit appartenir, de fait

et de droit, à la loi et à la raison, a perdu, parmi nous, tout prestige moral, toute assise solide, pour se transformer en des prépondérances éphémères, malfaisantes, sanguinaires ou grotesques, mais toujours arbitraires et effrénées. C'est naturel, puisque le vrai souverain constitutionnel n'a point de conscience de sa souveraineté changée en sujétion avilissante, sinon en franche servitude.

De là nos achoppements déplorables, irrémédiables, dans tous nos prétendus essais de régénération nationale et sociale. Lorsque l'arbre se dessèche ou pourrit à la racine, on peut employer, pour en fortifier les branches, les meilleurs sucs nourriciers et les soins les plus méticuleux; mais ce sera en vain. Quand bien même il en pousserait quelques fleurs, elles seraient quasi-artificielles; elles se faneraient avant le temps, sans produire des fruits, puisque la sève première et la puissance vivifiante y feraient toujours défaut. Aussi est-ce pourquoi les questions de l'instruction publique ne sauraient être choses indifférentes à ceux qui s'intéressent sincèrement au relèvement et à la régénération du peuple haïtien.(51)\

Anténor Firmin a vu dans la dictature chronique du pays l'une des causes de nos malheurs. En effet, pour évoluer dans l'échelle des nations viables :

En Haïti comme ailleurs, il faut à la race noire la liberté, une liberté réelle, effective, civile et politique, pour qu'elle s'épanouisse. Si l'esclavage lui fait horreur, horrible aussi doit lui paraître le despotisme. Car le despotisme n'est rien autre chose qu'un esclavage moral : il laisse la liberté du mouvement aux pieds et aux mains, mais il enchaîne et garrotte l'âme humaine, en étouffant la pensée. Or, il est indispensable qu'on se rappelle

> que c'est l'âme, c'est-à-dire la force de l'intelligence, de la volonté libre, éclairée, dégagée de toute contrainte tyrannique (52)

Cet homme, la fierté nationale, est resté intellectuellement actif, jusqu'à la mort. Il a participé à tous les mouvements culturels, philosophiques et politiques de son époque. Son érudition l'a fait traiter avec respect dans bien des milieux intellectuels internationaux. Il a été, entre autres, l'un des pionniers qui ont préparé le chemin aux initiateurs des idées conduisant à la fondation de l'Organisation des pays de l'Amérique Latines et des Caraïbes.

Il a pris une part active dans ce travail de pionnier, avec l'intention d'inclure Haïti dans un mouvement de si grande envergure et de valeur heuristique. Oui, il est resté l'amant de ce pays jusqu'à la mort !

Dans le même ordre d'idée, il a rappelé :

> En 1893, j'eus l'occasion de conférer, au Cap-Haïtien, avec l'incomparable José Marti. Le grand patriote auquel Cuba reconnaissante a décerné le titre d'apôtre, se présenta au nom du Dr. Betancès, qui lui avait recommandé de me voir. Nos entretiens roulèrent sur la grande question de l'indépendance cubaine et la possibilité d'une Confédération [antillaise]. Sauf des réserves pratiques, nous fumes absolument d'accord sur les principes (53).

Les initiateurs de ce mouvement Amérique Latin et des Caraïbes ont grandement apprécié l'opinion et l'apport de cet esprit objectif, comme l'atteste une lettre de M. F. Carvajal ayant date 27 janvier 1905 :

> Vous qui êtes l'une de nos plus hautes personnalités, à qui tient beaucoup la destinée de ces peuples, vous ne devez pas rester indifférent à l'action qui tend à briser l'ancien et insuffisant moule dans lequel languissent indéfiniment les meilleurs élans de l'effort [antillais] : et peut-être serez-vous un des maîtres dont le conseil élevé doit guider notre marche, au travers des sentiers inconnus, jusqu'à la limite de nos justes aspirations, qui sont celles de former un Etat de toutes les îles..., préconisant, pour cela, l'indépendance des colonies actuelles de la mer des Caraïbes (54)

Un peu plus loin, la lettre continue,

> Nous nous proposons de publier un livre d'autobiographie de tous les [Antillais] illustres, qui ont contribué, à divers degrés, à l'élévation morale et intellectuelle de nos peuples, dont nous considérons les exemples comme le meilleur stimulant qui puisse s'offrir à ceux qui dorment dans le sein mortifier de l'esclavage politique. En conséquence, je me permets de solliciter de votre constant patriotisme les données qui se rapportent à votre pays natal, le premier des Antilles et le second de l'Amérique, à proclamer les droits de l'homme en ce continent dans les fastes incomparables duquel l'histoire d'Haïti brille comme une étoile fulgurante (55).

Enfin, bien imbu de la mauvaise foi institutionnalisée qui asphyxie le pays, Firmin a prophétisé, dix ans à l'avance, l'occupation de notre territoire par une force étrangère et, par voie de conséquence, l'avenir malheureux de notre pays; car,

> Homme, je puis disparaître, sans voir poindre à l'horizon national l'aurore d'un jour meilleur. Cependant, même après ma mort, il faudra de deux choses l'une: ou bien Haïti passe sous une domination étrangère, ou bien elle adopte résolument les principes au nom desquels j'ai toujours lutté et combattu. Car, au vingtième siècle et dans l'hémisphère occidental, aucun peuple ne peut vivre indéfiniment sous la tyrannie, dans l'injustice, l'ignorance et la misère. (56)

Il est mort de justesse pour ne pas voir l'accomplissement de sa prédiction en 1915. Il est disparu depuis près d'un siècle et ne peut plus entendre les propos fort désobligeants tenus à son endroit pour avoir refusé de saisir le pouvoir manu militari. Et à cause de son franc-parler, il a connu la persécution jusqu'à l'étranger: pour le « punir », il a été envoyé comme ambassadeur d'Haïti en France. Et, arrivé à son poste, il s'est vu les émoluments couper.

Heureusement, le génie de cet homme commence à attirer l'attention des gens cultivés de notre génération. Un de nos congénères, Smith Alex Bruno, a écrit un essai sur l'action politico-sociale bénéfique de cet illustre disparu. L'essai s'intitule : *Anténor Firmin, une étoile qui brille dans la médiocrité haïtienne.*

De même un groupe d'érudits aux Etats-Unis s'émerveillent devant les idées d'avant-garde de cet esprit noble, surtout celles qui sont exprimées dans son livre intitulé : « De l'Egalité des Races Humaines », une thèse d'une valeur incomparable. Une version française et anglaise de cet œuvre peut s'obtenir en visitant Amazon.com.

C'est également dans le groupe des sacrifiés et des victimes de l'incohérence haïtienne que je range Louis Joseph Janvier, mort dans la gêne et l'indifférence. Il écrit entre autres:

> Quand tout fut fini, que le pays fut débarrassé de ce qu'on appelait le tyran, les nouveaux chefs firent une constitution sur le papier. Toute la révolution s'arrêta là pour eux. Ils ne pensèrent pas même aux paysans, à la masse populaire. C'était maladroit. Hérard Dumesle, Rivière Hérard, Segrettier, tous les gérontes, tous les pansus, tous les avocats et tous les braillards avaient fait la chose pour eux seuls et nullement pour nous. On les chassa ignominieusement à leur tour (5 7).

Cette observation, transposée dans le contexte politique actuel du pays, ne perdrait rien de sa pertinence.

Et plus loin, dans le même ton objectif, l'auteur continue son compte rendu d'une portion peu gaie de notre histoire:

> ...Enfin Brice, St. Léger, Jn.Louis, tous ces soi-disant amis de la liberté, qui étaient amis de leur liberté propre, mais ennemis acharnés des nôtres, comme eux et leurs soldats avaient des fusils, des munitions à n'en savoir que faire, tandis qu'il nous était impossible de renouveler les nôtres encrassés ou épuisés, finirent par avoir le dessus. Nos chefs furent fusillés.

C'était dans l'ordre. Le libéralisme de nos ennemis le voulait ainsi. (Cela se passait en 1870 (58).

Comme Anténor Firmin, Dantès Bellegarde a fait figure de prophète. Il a particulièrement insisté sur le danger de notre dépendance économique complète des Etats-Unis. Une telle dépendance est capable de nous acculer à une situation tragique (surtout en temps de conflits internationaux). Il argue :

> La leçon de notre imprévoyance était là, vivante, patente, tragique. Nulle occasion ne pouvait donc être meilleure pour montrer les défauts de la structure économique d'Haïti. Je résolus de la saisir et d'en faire la base d'une démonstration qui devrait tirer toute sa force d'une réalité obsédante: la crainte de la famine. Je lançai un appel à la population de Port-au-Prince. Et, à Parisiana, devant un public frémissant, je rendis évident, par des faits, des chiffres, des statistiques douanières, le péril qui menaçait Haïti dans son commerce extérieur comme dans l'existence de ses habitants. Je proclamai avec force que ce danger venait de notre dépendance économique presque absolue vis-à-vis de l'étranger: d'abord, par notre système de monoculture, qui assujettissait toute la vie commerciale du pays aux fluctuations sur le marché extérieur d'une seule denrée: de luxe; ensuite l'insuffisance de la production locale, qui mettait notre approvisionnement en substances alimentaires, à la merci d'une crise ou d'un conflit international.
>
> J'avais commis le crime impardonnable d'annoncer l'imminence du péril américain et de proclamer que le salut d'Haïti ne pouvait résulter que du

> propre effort de la nation haïtienne. La catastrophe que je voyais s'approcher et que cependant je ne voulais point considérer comme une fatalité historique, je l'avais montrée à nos compatriotes en paraphrasant le mot célèbre du Polonais: « Dieu est trop haut et les Etats-Unis sont trop près. » Je risquai la prison pour avoir donné au peuple cet avertissement (59).

Dantès Bellegarde pense qu'un système éducatif viable contribuera non seulement à l'avancement national sous tous les rapports, mais encore visera à la promotion du progrès à travers le monde :

> L'« école », comme je la comprends, c'est « l'organisme qui, par l'action qu'il exerce sur la jeunesse, permettra à la société haïtienne de se perpétuer en s'améliorant. »
>
> Instruire et éduquer l'enfant—l'enfant haïtien—c'est « travailler à une adaptation à la vie haïtienne, c'est le mettre en état d'utiliser ses aptitudes au mieux de l'intérêt collectif haïtien », c'est faire de lui un instrument de progrès individuel et de perfectionnement national. Voilà la base sur laquelle nous voulions faire reposer l'édifice de l'éducation haïtienne.
>
> Cette conception est-elle trop étroite ? S'inspire-t-elle d'un nationalisme excessif ? Non. Dans une société particulière, le progrès général résulte des progrès individuels, dans la société internationale, le progrès universel sera le résultat des progrès accomplis par l'ensemble des nations qui la constituent. Développer toutes les forces de son peuple—forces intellectuelles, forces morales, forces économiques—c'est travailler à l'avancement de l'humanité toute entière (60).

La liste des *sacrifiés* serait trop longue pour être complètement dressée; somme toute, j'invite le lecteur à se rappeler l'existence d'une multitude d'esprits sagaces qui, au cours de notre histoire, nous ont donné des directives méthodologiques soit sous forme de thèses (essais, poèmes, romans), soit sous forme d'interventions parlementaires, soit dans les colonnes de nos journaux. Ils nous enseignent que nos croyances sans fondement n'apaiseront jamais la souffrance humaine. Et il ne s'agit pas seulement de croyances vaudoues, mais encore de beaucoup d'autres : des convictions saugrenues se disséminent à travers le monde et conduisent les hommes, les femmes et les enfants par le bout du nez.

Un tel rappel de ces esprits sagaces reste valable pour toutes les communautés humaines qu'elles soient développées ou sous-développés ; qu'elles baignent dans le luxe incertain d'une technologie avancée ou dans la crasse de la pauvreté abjecte; car les impératifs de l'existence s'imposent à nous tous.

Nous avons faim toutes les trois ou quatre heures; nous portons des habits, des chaussures; nous avons besoin d'un foyer pour nous reposer et élever notre famille. De temps en temps, nous tombons malades et sommes obligés de consulter un « vrai » médecin et de nous procurer des médicaments. Nous aimerions accéder à l'éducation pour lire, écrire et penser plus objectivement. Tous ces besoins, selon nos penseurs objectifs, ne devraient point être renvoyés. Ils sont plutôt urgents, impératifs et tombent dans la catégorie de ce que nous appelons: les nécessités communes à tous les êtres humains, quels que soient leurs races, leurs origines sociales, leurs degrés d'instruction. Sans ce *minimum de vie*, un être humain dépérit, s'étiole et dégringole vers la vie primitive.

Nos penseurs objectifs rappellent également l'obligation morale de nos dirigeants d'aider leurs sujets à satisfaire ce minimum de vie et de créer une atmosphère favorable à la stabilité sociale. Dans le cas contraire, quelle est leur raison d'être ? Certainement, Ils ne resteront point calfeutrés dans leurs tours d'ivoire d'où ils arrêteront des mesures politico-économiques sans tenir compte du bien ou du mal que celles-là causeront éventuellement au pays.

D'ailleurs, ces dirigeants devraient transcender les habitudes traditionnelles de diriger le pays. Par l'élévation de leurs actions et de leurs caractères, ils deviendraient des adjuvants, des plafonds auxquels nous aimerions atteindre. Malheureusement, nos gouvernants sont loin de répondre à cet idéal humain. Et les conséquences pour Haïti sont désastreuses: bien de nos problèmes, remontant à deux siècles, restent à l'attente de leurs justes solutions. Comme je l'ai souligné à propos des fragments reproduits du livre de Rosalvo Bobo, le contexte social actuel demeure tellement inchangé à maints égards, que la publication d'anciens essais politiques d'auteurs haïtiens arracherait les mêmes cris de colère, les mêmes anathèmes qu'au temps de la parution initiale de ces ouvrages.

C'est une occasion ou jamais de rappeler le sort malheureux d'un club culturel naissant qui s'appelait LECONIF ou quelque chose d'approchant, dont le but a été de publier les œuvres d'Anténor Firmin.

Tous ses membres, dont Ali Charles, un ami d'enfance, et Elizé Jean-Baptiste, de ma ville natale, ont trouvé la mort dans les prisons duvaliéristes.

B.-DEUXIEME DEMI-CERCLE

2.- Groupes des Théoriciens calculateurs Et des parjures

Avant de tracer l'autre moitié du cercle, je rappellerai aux mécontents haïtiens d'aujourd'hui le fait qu'il n'existe pas un argument soulevé par eux, au sujet de nos déboires, qui ne l'ait été par nos devanciers—ce dont ils se rendent compte après avoir lu les pages précédentes. Alors, s'ils ne visent pas à se ranger dans les deuxième et troisième groupes, ils subiront un sort bien déterminé: ils suivront les *sacrifiés* dans leurs cachots ou dans leurs tombes.

Le jour où les *sacrifiés* (de leur vivant or après leur mort) nous serviront de guides marquera la date à laquelle Haïti se sera engagée dans la voie du progrès. En somme, tout a été dit chez nous; mais nous n'y avons prêté aucune attention ; nous fermons délibérément nos oreilles, donnant libre cours à nos instincts débridés. Alors la nation doit se réveiller et faire face à la réalité.

Je m'explique.

Que les Firmin, les Bobo, les Janvier, les Bellegarde et tant d'autres aient mis le doigt dans la plaie, il s'agit là d'un fait évident. Nos déboires persistants en sont la preuve. Cependant il y a un autre fait évident : parmi les gouvernants se rangent des docteurs en économie politique, en histoire, en médecine, en ethnologie, en droit, en politique, en administration publique—et j'en passe—, qui sont versés dans la science du gouvernement. Certains peuvent être de brillants professeurs dans les meilleures universités du monde.

Et c'est le côté cynique et déprimant du cercle vicieux!

Les gouvernants qui, au cours de leur statut de chômeurs, victimes des conceptions politiques désuètes, ont échafaudé des théories inspirées de disciplines humaines universellement acceptées, qui ont clamé leur patriotisme aux quatre coins de la planète, leur attachement aux principes démocratiques, leur amour « authentique » pour les masses, renient sans vergogne ces prises de position, dès leur accession au pouvoir.

Dans le cercle vicieux, un homme surgit, un hâbleur. Aussitôt un groupuscule se forme autour de lui: un groupuscule de mécontents écartés du pouvoir. Voici le gouvernement de demain. Le petit cercle et son centre présideront aux destinées de la nation et en bénéficieront exclusivement les avantages.

En épluchant les pages de notre histoire, le schéma n'est pas trop simplifié.

Sans doute, sous le régime duvaliériste qui a vu l'aggravation de nos défauts coutumiers, le cercle des parjures s'est élargi de tous les éléments en quête de fortune: au cours des trente cinq années d'existence de ce régime, diverses nuances et origines sociales s'y sont entremêlées.

La promiscuité duvaliériste explique en partie le sadisme de bien des tontons macoutes. En temps normal, ils évolueraient dans le contexte de leurs classes respectives, ou dans leurs sous-univers; mais dans la promiscuité duvaliériste, ils participent à une fraternité dans le sang. Dr. François Duvalier demande à chacun de *prendre ses responsabilités* à deux mains, de tremper le doigt dans le sérum des victimes du régime.

Personne n'oublier, vers 1963, l'injonction faite aux professionnels soupirant après des privilèges particuliers, de défiler en costume « gros bleu », côte à côte avec les vauriens d'hier ; de publier des articles déifiant Dr. François Duvalier ; d'émettre des opinions « sanguinaires », incendiaires, en harmonie avec la « philosophie des sauvages », la *morale du macoutisme*. Ainsi certains ont été (malgré eux) poussés dans la fange jusqu'à la bouche; ils ont avalé des gorgées de la matière putride. Par désespoir, résignation, manque de volonté, crainte de la misère, ils s'y sont engagés davantage en intensifiant l'impulsion reçue du « Chef Souverain de la Nation ». Ils ont fait mieux: ils sont devenus les agents du crime et de la corruption qu'ils ont cherché à étendre afin de les nationaliser, comme on étatise une entreprise privée. Dès lors, le crime et la corruption se sont généralisés, ont formé une nouvelle éthique, le sceau de la grandeur et de la vertu. Ils n'ont plus suscité de la honte. Au contraire les contrevenants ont été pulvérisés ou incorporés à l'armée du pourrissement. « Il faut agir en sauvage, sembla s'écrier Dr. Duvalier, car nous sommes des sauvages; » « Nous ferons un Himalaya de cadavres et de sang, appuya le Président de la Croix Rouge; » « Il faut être plus clément envers la femme adultère, explosa un féministe. » Un Député National, un bon procédurier avant *l'ère des sauvages*, m'a fait l'aveu suivant: « Moi, je ne pense pas; c'est Duvalier qui le fait à ma place. »

La sauvagerie institutionnalisée explique la continuation de la violence commise contre le peuple par les duvaliéristes de la dernière heure. Non seulement ils entendent conserver, envers et contre tous, des privilèges vieux de plus de trente ans, mais encore ils ont appartenu trop longtemps à cette fraternité du crime pour concevoir une vision du réel différente.

Somme toute, les gouvernants haïtiens adoptent des attitudes incompatibles entre elles.

D'un côté, le débridement instinctif et la mauvaise foi rendent ceux-là indifférents (ou ils feignent de l'être) à l'égard de nos penseurs désintéressés qui suggèrent des recettes d'action politiques et économiques universellement acceptées, susceptibles d'amener des changements bénéfiques au sein d'une société. Toute suggestion venue de sources non gouvernementales s'enrobe de suspicion. C'est comme si les autorités voulaient dire aux « conseillers privés » qu'ils sont des « hors-la-loi », qu'ils n'ont pas la voix au chapitre! Que les *guetteurs* se taisent! Et pour montrer la vanité des suggestions « venues d'ailleurs », pour accentuer leur je-m'en-fichisme, les officiels se contentent de marmonner dans un créole cynique: « Yap pale fwanse! » ou plus salon-salon: « Ils sont sous la tyrannie de leurs dernières lectures! »

Les conséquences d'une telle mentalité apportent un cortège de maux au pays. Pas de solution de continuité en Haïti. Chaque génération de gouvernants refait les mêmes expériences et entraîne la nation dans le sillage de la médiocrité chronique. Il faut éliminer l'adversaire jusque dans ses idées salutaires, dans ses actions heureuses. Par exemple, des travaux d'utilité générale, même arrivés à termes, sont souvent criminellement délaissés pour avoir été accomplis par le régime déchu.

Cette mentalité est également illustrée par l'oblitération systématique des œuvres de nos auteurs.

Naturellement, à travers le monde et dans le contexte de l'histoire universelle, les dirigeants, hommes et femmes d'action, n'ont pas le temps de lire des livres qui pourraient, toutefois, renforcer l'efficacité de leurs actions sociopolitiques :

> L'étudiant n'a que trop de tendance à se représenter l'homme d'Etat livre en main, consultant la bonne page avant d'opter pour une politique. En vérité, le Contrat social n'était pas sous l'oreiller de Robespierre, et Louis XVI ne se référait pas au Léviathan. On aurait tort de s'exagérer l'influence des livres sur les hommes politiques, sauf peut-être celle des livres religieux. L'homme politique, s'il lit, n'a pas lu seulement tel ouvrage que l'historien tient pour capital, mais aussi quarante-neuf autres ouvrages abandonnés du public, et dont l'historien n'a jamais entendu parler. S'il est notoire qu'il a fait ses délices d'un écrit, c'est qu'il y a trouvé

l'approbation de sa propre conduite à la direction des affaires. Le livre vient après l'action et la justifie (61).

L'auteur, dans une certaine mesure, a vu juste. Papa Doc a adopté la biographie de Mustapha Kemal dont les idées et les actions semblent répondre à la façon de gouverner du dictateur haïtien. J'y ferai d'autres allusions chemin faisant. Cependant, l'ignorance ou l'indifférence à l'endroit des écrits par les dirigeants représentent un grand danger. Il est généralement admis que la tragédie de la région du Golfe causée par l'Ouragan Katrina aurait pu être moins sévère si les dirigeants américains avaient accordé de l'importance aux livres et aux articles qui ont prédit la magnitude d'un désastre possible dans cette région. De même les causes de l'effondrement catastrophique des ponts et des autoroutes ont fait l'objet de recherches ignorées par les autorités fédérales et locales

Je maintiens que les dirigeants, même s'ils n'ont pas le temps de lire, devraient recommander à des assistants de s'informer de l'évolution de la pensée philosophique, sociale et politique et d'attirer leur attention (en cas de besoin).

Toutefois, dans bien d'autres pays, des livres sont au moins disponibles au public. S'ils sont ignorés, les maisons d'édition, les auteurs, les imprimeurs et les représentants de médias, devraient être au-dessus de toute critique ; car, ils essaient de mettre les œuvres écrites à la disposition du public.

Ce que je veux, pourtant, souligner est le suivant : à l'inverse d'autres pays, non seulement nous, les haïtiens, n'accordons pas aux écrits de nos auteurs l'importance qu'ils méritent, mais encore nous ne les vulgarisons pas, à telles enseignes que nos étudiants et nos concitoyens passent leur vie sans les avoir lus. Nous méritons alors d'offrir l'image d'une communauté dévoyée, sans base, toujours à l'attente d'aides étrangères; car toute société sans direction périclite.

Nos gouvernements adoptent une autre posture que j'appelle « à la frère jacques » : tandis qu'ils rappellent leur volonté d'imposer une culture indigéniste et vaudoue au peuple haïtien, tandis qu'ils font étalage de leur mauvaise foi et de leur cynisme, tandis qu'ils réclament la paix de leur esprit aux écrivains nationaux avec leur « bazar » d'outre-mer, ils déclament à ravir des passages des livres de Karl Marx, de Lénine, de Jean-Paul Sartre, de Block L'Ainé, de Jefferson, de Rousseau, de Voltaire, de Montesquieu—et j'en passe. Ils vous mettent dans le creux de la main des thèses savantes sur les finances publiques, l'économie politique, les législations modernes, l'autofinancement, la planification, les modes de communication modernes, la psychologie sociale...C'est comme s'ils voulaient dire aux écrivains nationaux avec leur *bazar d'outre-mer*: « Vous parlez, mais je ne vous écoute pas. Je sais ce que vous allez me raconter. J'ai aussi lu tous ces grands auteurs. Si vous voulez, je m'en vais vous donner une démonstration... »

Telle a été l'attitude des « révolutionnaires » triomphants de 1843; telle a été celle des « révolutionnaires » victorieux de 1957; telle a été celle des « révolutionnaires » de septembre 91; telle a été celle des « révolutionnaires de 2004 ; telle sera celle de tous nos « révolutionnaires » futurs, aussi longtemps qu'ils se saisiront du pouvoir au moyen d'actions illégales et criminelles, qu'ils continueront d'entretenir les autres de choses incomprises de personne ou qu'ils s'acoquinent avec des étrangers malintentionnés pour organiser des élections orientées. Une fois de plus, la *révolution* de ces « révolutionnaires » a été et sera le fruit de leur imagination, non celui de leurs efforts déployés en vue de tirer le pays de la confusion.

Je rappelle deux cas justifiant cette assertion :

Ebloui par les idées d'avant les élections officielles de Dr. Duvalier, un officier des *Forces Armées Haïtiennes* a écrit dans *Le Nouvelliste* de juin 1966:

> Monsieur le Président à vie, *Le Problème Des Classes A Travers L'Histoire D'Haïti, Eléments D'Une Doctrine, La Marche A La Présidence(61)* sont autant de monuments de valeur que d'autres suivront (62).

Dans la même édition de *Le Nouvelliste*, les élèves de St. Louis de Consague, Ecole Des Frères De L'Instruction Chrétienne, ont souligné:

> *Eléments D'Une Doctrine et La Marche A La Présidence* sont des témoignages historiques qui éclairent nos études. Ces œuvres nous aident à mieux comprendre l'homme haïtien dans son être et dans ses tendances. Elles nous révèlent également la sollicitude que Votre Excellence a constamment portée au paysan et au prolétaire. (63)

Ces deux flambées d'éloge, à côté de leur exagération, reflètent la pensée de bon nombre d'haïtiens (sincères ou pas) au moment de la publication des *Œuvres Essentielles* du *Président à vie*. En d'autres termes, les appréciateurs de celles-ci les ont trouvées belles parce qu'elles n’ont pas été originales. Elles ont repris purement et simplement les lieux communs ressassés par nos historiens traditionnels. Et toutes choses restant égales, Dr. François Duvalier a connu la gloire et la fortune dans un pays où les œuvres originales et pertinentes apportent toujours à leurs auteurs un océan de maux: l’ostracisme, le chômage à vie, la mort violente...La conclusion qui s’impose est la suivante: *LES ŒUVRES ESSENTIELLES* n’ont pas été (et ne sont pas) révolutionnaires dans leur ensemble.

Cependant, certains de leurs passages donnent l’impression que leur auteur a été conscient des problèmes du pays (au moins dans une certaine mesure) et qu’il lui était éminemment possible, à cause de son charisme, de divorcer d’avec les habitudes surannées de la gérance politique nationale. Dans son « Message » du 22 mai 1963, il a déclaré:

> Vous lirez dans ce petit livre, *Le Catéchisme De L'Effort National:* la Révolution de 1946 fut une grande convulsion par laquelle l’homme haïtien dans son immense majorité a traduit dans un fait concret sa détermination de cesser d’être économiquement, socialement et politiquement un objet pour devenir un sujet: c'est-à-dire l’auteur conscient de son destin.
>
> Pour une nation, cesser d’être un objet et devenir un sujet, maîtresse de ses actions et de sa personne, c‘est d’abord, prendre conscience de son état actuel et poser comme but un autre état auquel aspirer, un état plus digne, plus humain. C’est remplacer un ordre ancien par un ordre nouveau. C’est créer une armature administrative, économique au sein d’une organisation politique qui rejoint l’organisation de la révolution de 1804, creuset de

> l'unité nationale, armature administrative, économique qui puisse servir de base pour maîtriser les ressources en vue d'un but visé.
>
> C'est établir les objectifs spécifiques et mettre en œuvre toutes les ressources disponibles d'une manière rationnelle, ordonnée et planifiée. Et le succès de pareille entreprise est conditionné par une nette notion et une profonde compréhension de la Discipline Nationale (64).

Cette prémisse d'une philosophie politique adéquate possible vient-elle de Dr. François Duvalier, tyran internationalement reconnu, obscurantiste, qui livre son pays au pillage, à la médiocrité, à la merci d'étrangers peu sympathiques aux haïtiens? Quelle différence existe-il entre ces lignes et les passages cités plus haut des œuvres d'Anténor Firmin, de Bellegarde—et j'en passe ; entre elles et la littérature politico-économique universelle ; entre elles et des pages de la philosophie existentielle?

Je rappelle, en l'occurrence, le jugement d'un penseur contemporain selon lequel, dans la science du gouvernement des hommes, nous sommes moins enclins à user des mêmes rigueurs de pensée auxquelles nous nous sommes accoutumés dans les autres sciences physiques, naturelles et mathématiques. Cependant, le décalage est pire en Haïti. Les politiciens, dans leurs discours, leurs bouquins doctrinaux, font un usage constant de la terminologie économique, historique et politique pour cacher les pires manifestations d'instincts débridés auxquels ils obéissent.

Une autre posture des gouvernants consiste à exhiber un nationalisme outrancier.

Un beau matin, stations de radio et journaux déploient une débauche de sentiments outrés à l'endroit des « contempteurs de la Nation », « des fils dénaturés » qui veulent détruire la « Patrie de Dessalines et de Pétion ». Dès lors, des discours enflammés se suivent.

La nation est arrosée d'une telle douche doctrinale à l'occasion des fêtes nationales qui ne manquent pas et chaque fois que le baromètre de l'opinion publique baisse, à cause des actes peu louables des dirigeants politiques.

Animés d'une telle *humeur patriotique*, ils atteignent au plus haut degré de l'éloquence et créent souvent une atmosphère propice à l'acceptation de leurs sophismes.

Ce nationalisme bouffon et incongru obéit à des motifs psychologiques bien calculés.

Le mauvais traitement constant infligé au peuple haïtien attiédit l'esprit de solidarité nationale de celui-ci. Les gouvernants auraient pu ne pas s'en soucier et avoir uniquement recours aux intimidations, aux arrestations fantaisistes, aux actes de génocides, si une telle atmosphère n'avait pas créé chez eux un certain état d'inquiétude et de panique, renforcé de nos jours par l'action militante des éléments de la diaspora (ou du cinquième département) qui, par ce faire, transposent les problèmes du pays sur le plan international. Alors ils se voient forcés de mélanger la coercition inhumaine et le réveil constant du sentiment national dans leurs relations avec le peuple; car ils savent que « Pour unir un peuple, rien de plus simple que de le mettre en guerre avec un autre (65). »

Si Haïti, d'un point de vue matériel, ne peut soutenir une guerre sainte comme des pays de l'Europe et du Moyen Orient, elle arrive souvent à la singer sur le plan psychologique, en déversant un flot d'anathèmes contre les « ennemis jurés de la Nation ». Qui sont-ils ? C'est souvent un grand mystère à déchiffrer.

Sous ce rapport, nos gouvernants excellent à dénicher une haine commune à la nation à l'effet d'amorcer un fantôme d'union.

Le stratagème souvent porte fruits. Il ne faut point oublier qu'à la base des accusations incongrues somnole une réalité fâcheuse, qui, habilement actualisée, provoquerait des explosions de rages, de haines, de mécontentements.

En effet, plus d'un a perdu un enfant, un mari, un ami, une famille ou un aïeul durant les « coups de couteaux » ordonnés, en 1937, par le dément Trujillo en Dominicainie contre les résidents haïtiens ; on conserve encore le souvenir d'une injure proférée par *un mulâtre complexé*; on revoit en esprit l'acte primitif du capitaine allemand qui a souillé notre drapeau de ses « oublis »; on se rappelle les envahisseurs américains qui on imposé la corvée aux pauvres paysans...Bref, nos politiciens frappent à la bonne corde, la corde sensible.

Cependant, à la longue, le baromètre de l'opinion publique retombe à son point mort: le peuple a toujours réalisé qu'il a été le dindon de la farce, qu'il a été agi (comme dirait Jean-Paul Sartre). Les gouvernants lui demandent de haïr, tandis qu'ils s'entendent en sourdine avec les objets de la haine ; tandis qu'ils rient à gorge déployée jusqu'à la banque avec de l'argent reçu des *dénigreurs* de la nation !

D'ailleurs, les cauchemars nationaux (la violence, la misère, le sous-développement, l'industrie anémiée, la maladie, le manque d'hygiène) continuent de hanter les esprits et de miner les corps, et suffisent pour éteindre toute flamme patriotique intempestivement allumée.

Enfin les gouvernants haïtiens adoptent une attitude connue de nous tous: aussitôt après leur accession au pouvoir, ils changent leur optimisme en l'avenir du pays prôné pour endormir les esprits en un pessimisme d'autant plus contagieux qu'il se transmet au tuyau de l'oreille, dans les couloirs de Palais, dans un laisser-aller aux confidences « purement innocentes ». Ils vous laissent comprendre qu'il faut laisser « ce pays » comme tel; c'est un « pays foutu ». Naturellement, ils se délectent de cet état de choses pourri : amer pour la majorité des concitoyens et concitoyennes mais réjouissant pour eux.

Le peuple haïtien a le droit d'arguer : puisque ces dirigeants savaient déjà cet état indésirable des affaires, pourquoi ont-ils tant lutté pour gouverner un « tel pays »? Ou pourquoi, arrivés au pouvoir, ne mettent-ils pas en œuvre, au service de la nation et du bien-être de celle-ci, la même rigueur de pensée, le même débordement d'activité, déployés au cours de leurs combines, soit pour éliminer un adversaire, soit pour donner un coup d'Etat, soit pour gagner la sympathie des « parias », soit pour truquer des élections ou pour les éliminer ?

Serait-il étonnant de voir les officiels d'aujourd'hui et leurs adeptes changer une nouvelle fois leur optimisme béat feint en un pessimisme stratégique? En d'autres termes, nos dirigeants et leurs assistants s'empressent de parler de bonnes choses en lesquelles notre pays abonde, de la faisabilité de nos options et des changements à opérer au sein de la nation. Cependant, une fois le pouvoir assuré, le « pays damné » devrait se mettre dans un petit coin.

Ces métamorphoses politiques ne devraient point nous étonner. Qui aurait pensé que les magloiristes feraient, dix ans après leur renversement du pouvoir, la déclaration suivante:

> Nous avons trop souffert de l'impréparation de certains de nos leaders des années 1956-1957 pour ne pas condamner les improvisations qui ont amené à la banqueroute actuelle (66).

Ces magloiristes, n'ont-ils pas stoppé l'essor des conjonctures heureuses de 46? N'ont-ils pas préparé le Duvaliérisme par le gâchis administratif dans lequel ils se sont complu? N'ont-ils pas échappé de justesse à une poursuite judiciaire pour dilapidation du trésor public? Non, non! Je ne serai guère étonné quand les duvaliéristes auront le toupet de « jeter l'anathème aux autres »!

En somme, ils l'ont fait après avoir donné un coup d'Etat au régime d'Aristide en 1991. Il ne se passait un jour sans déclarer que le pays s'en allait à la banqueroute au cours des sept mois de gestion d'Aristide, ce qui les a poussés à agir dans le sens des *intérêts du peuple*. Qu'ont-ils fait des 35 années de confusion, de coercition, d'assassinats, de détournements de fonds, d'actes de génocide, de leurs relations suspectes avec des individus malfamés ?

Je ne serais point également surpris si l'ex-président Aristide et ses amis se complaignent et jettent l'anathème sur les dirigeants qui les succèdent. En somme, j'ai appris que les lavalassiens gémissent beaucoup.

Entre temps le cercle vicieux continue.

CONCLUSION

La politique, en Haïti, au lieu d'élever l'homme, le flétrit; elle plonge la femme dans la prostitution ou le déshonneur—à moins qu'elle se résigne à végéter dans la misère; elle enlève au fonctionnaire le sens de la responsabilité; elle dégrade les mœurs. Bête à mille têtes, elle distille son venin partout. Pas de place réservée au civisme, à l'abnégation, au désir de dépassement. Comment un peuple au moral bas, un peuple soumis sans relâche depuis deux siècles à une indigence désespérante, à une tyrannie inhumaine, à des mythes inefficaces, comment un tel peuple sortirait-il de l'impasse, ce qui exige une dépense d'énergie spirituelle, morale et physique considérable? Non, non! Je ne demande rien de grand à ce peuple gêné par des conditions aussi déprimantes et inhumaines!

Je prie aux soupirants du pouvoir, qui élaborent des programmes politico-économiques, de tenir compte de cet environnement pernicieux et engourdissant. Dans le cas contraire, leurs efforts pourront déboucher, après la victoire, sur la même impasse, et leurs meilleures intentions seront adultérées au contact de la réalité sociale anachronique créée by des générations de politicards et leurs adeptes, dépourvus de fierté et de vision.

DEUXIEME PARTIE

(11)

PRELUDE A UNE PHILOSOPHIE POLITIQUE NATIONALE

Il ya lieu d'espérer

Un, deux, trois, quatre ans..., une équipe est renversée, et nous passons. Un, deux, trois, quatre ans..., une équipe est renversée, et nous continuons notre bonhomme de chemin, imperturbables, pleins de nous-mêmes, arrogants. Un, deux..., la roue des régimes tourne au sein d'une nation croupie dans la misère, la superstition et l'ignorance. Le décor demeure inchangé. Nous arrêtons les mêmes pratiques administratives empreintes de négligence, de mauvaise foi, de fraude. Les mêmes laideurs morales s'institutionnalisent. La même fraction de la population, formant l'élite dirigeante élevée en oligarchie, administre le pays comme s'il était son domaine privé. Voici le cercle vicieux dans lequel la nation est prise.

Comme je l'ai souligné, il y a un gaspillage énorme de temps et de ressources humaines dans le pays. On admet souvent que, dans le contexte de l'histoire, un siècle, un millénaire ou une décennie équivalent à une goutte d'eau dans l'océan, en comparaison avec le temps de l'apparition de l'humanité, de l'Age de la pierre taillée à l'Age du fer, de la barbarie à la sauvagerie et à l'ère moderne. On admet également que Rome a pris un temps plus ou moins long pour connaître sa structure actuelle. Cependant, au moins dans les esprits, le projet s'est formé ; les matériaux se sont accumulés ; les travailleurs ont attendu le mot d'ordre. Sans un plan et un effort économique, nous n'aurons jamais une société viable. Et la nation restera dans l'attente des jours meilleurs pour toujours.

Que faut-il faire?

Dans ce prélude à une philosophie politique nationale, j'insérerai surtout des suggestions d'ordre général, ayant un aspect plus théorique que pratique. Cependant, interrogeant l'histoire universelle, j'ai appris que les communautés en détresse ont affronté la problématique de leurs situations respectives et ont réfléchi sur les options à adopter en vue de se tirer du creux des vagues. Les hommes et les femmes d'action arriveront après, dans l'intention d'appliquer, dans la mesure du possible, le plan d'action ayant l'accord général.

Ce chapitre, les politiciens traditionnels haïtiens et ceux qui visent à répéter l'attitude désuète de ces derniers, peuvent s'en passer. Dès la parution de la première édition de cet essai, ils m'ont donné l'impression d'ignorer les idées qui y sont exprimées.

Ils ont également exhibé leur indifférence à l'endroit de la version anglaise.

Ils ont raison de manifester du mépris pour un livre de ce genre : ils veulent simplement avoir la paix de leur esprit. Ils sont des hommes et des femmes d'action. Ils n'ont rien à apprendre de personne. Ils possèdent l'alpha et l'oméga de la problématique haïtienne.

Pourtant, il existe une façon positive de jauger le dynamisme des modes de vie d'une communauté: ils permettent à celle-ci de prospérer, d'avancer, de créer des institutions favorables à un certain enrichissement de la personnalité de ses membres à bien des égards. Toutefois si ces modes de vie causent le déclin de la communauté ou même son immobilisme, ils doivent être délaissés.

Alors, régénérer Haïti, un travail d'envergure, ne sera pas réalisé par des gens remplis de préjugés, motivés par la recherche effrénée, exclusive de la satisfaction de leurs intérêts personnels.

Nos politiciens traditionnels (comme ils l'ont démontré avec les coups d'Etat constants) n'atteindraient pas à l'aisance de la pensée requise par une vraie révolution. En outre, auteurs de carnages, d'actes de génocides et d'autres crimes contre le peuple et l'humanité, ils n'inspireraient jamais le respect et la confiance. Le temps, cette pierre de touche, la matrice de l'action, le creuset où tout s'accomplit, a révélé, sans l'ombre d'un doute, l'incapacité des régimes traditionnels.

Il y a certaines habitudes de gouverner impossibles à extirper de l'élite dirigeante après un trop long usage. Les éliminer serait la fin des privilèges du pouvoir. Et, récemment, des événements malheureux et l'échec de bien des régimes nationaux portent à conclure que, même avec l'assistance monétaire des Etats-Unis d'Amérique, un concept traditionnel du pouvoir ne conduit à rien de positif, car l'action décisive dépend des enfants du pays.

En d'autres termes, Haïti doit se libérer, non pas d'une *Métropole Colonisatrice* pourrie jusqu'aux os, mais des entraves de ses propres traditions de penser et d'agir.

Elle n'a pas le choix des moyens si elle doit continuer à exister.

Et tant que la Nation subsiste, je professe de l'espoir ; les haïtiens ont le droit et le devoir d'aspirer à une vie collective meilleure.

Quel espoir Pouvons-nous avoir

D'abord, une clarification s'impose: pourquoi le maintien systématique de la dictature en Haïti? Cette question conduit à deux réponses également plausibles.

Premièrement, nous obéissons à un conformisme inflexible et nous nous accrochons à des valeurs inactuelles, anachroniques, dépourvues de puissance de persuasion et d'orientation.

A vrai dire, d'un point de vue idéologique, nous répétons souvent que les haïtiens n'ont pas changé; pourtant, en fait, ils ont changé (et je dis en fait). Il y a une sorte de changement mécanique imposé par le temps au pays: des villes et des bourgades se sont érigées (elles ne sont pas tellement jolies et salubres); l'instruction a finalement atteint aux couches sociales longtemps plongées dans la nuit de l'inculture ; mais la population a explosé ; la terre s'est dépouillée de ses arbres et est devenue peu cultivable ; la dictature s'est intensifiée ; les coups d'Etats imposent davantage un mode de transfert du pouvoir rigide ; le niveau du crime accède aux proportions alarmantes.

Ce sont des changements accumulés comme des gouttes d'eau, mêlées au calcaire, ont donné à la longue des stalactites et des stalagmites. Pourtant il manque chez nous l'action de la main impatiente de l'homme—si ce n'est celle d'un Toussaint Louverture, d'un Dessalines, d'un Henry Christophe—qui tend à relever le défi de l'adversité et à surmonter les problèmes de la vie et de l'action.

Alors, ce qui nous reste, après cette longue existence commune fade, sans esprit de dépassement, engendre des valeurs si limitées et arriérées qu'elles ne satisfont pas l'esprit le plus inculte. Et quand les valeurs ne fascinent pas l'esprit, elles s'adressent au corps par la violence et la contrainte. Alors la dictature se confond purement et simplement à un système de tortures visant à obtenir des autres des réponses médiocres.

La conséquence logique d'une telle atmosphère saute aux yeux: ce n'est pas nous qui transformons Haïti mais c'est nous qui « nous conformons » à elle. Nous ne lui apportons rien de nouveau, mais nous recevons passivement ses ressources naturelles, au fil des ans, et cela nous suffit. Que pouvons-nous tirer d'une attitude négative et d'un actif financier improductif ; d'une absence totale d'initiatives, de structures démodées collectives ?

La vocation de nous conformer à ces valeurs simples et limitées et de les maintenir envers et contre tous explique en partie notre dictature permanente.

Deuxièmement, notre conformisme tatillon, s'il décrit et présuppose la dictature permanente, n'en constitue pas la raison profonde.

Je m'explique.

Même si nous nous soumettons aux valeurs traditionnelles, cela ne suffira guère à expliquer le maintien de la dictature sans l'existence des obstacles à ce conformisme. Ces derniers ne sont pas toujours clairs, décelables, tangibles (à part des actes isolés de conflits déclarés), mais nous les sentons, nous en avons l'intuition. Une nation possède des ressources de vitalité cachées ou étouffées, qu'une étincelle suffit parfois à libérer. A la limite, nous nous servons de la dictature pour empêcher la production de l'étincelle. Et bien que nous sachions que la contrainte ne satisfait pas les besoins communs à tous les êtres humains, nous nous y accrochons avec la fureur du désespoir, comme la seule planche de salut, la forme gouvernementale par excellence, au point de nous enorgueillir, d'en faire étalage aux yeux de l'humanité.

En effet, personne n'a entendu l'un de nos dictateurs présenter ses excuses pour sa « conduite dictatoriale », pour avoir imposé au peuple haïtien ses caprices, son manque d'humanité et de décence. Nos dictateurs ont tous pensé qu'ils ont bien agi. En effet, ils se délectent de la dictature comme si elle était leur seconde nature, au point de crier sur tous les toits, après leur renversement, qu'ils ont fait montre des meilleures qualités d'homme d'Etat du monde.

Mon intention est de rappeler ces forces dynamiques toujours disponibles, jamais employées dans leur totalité, ces ressources de vitalité cachées ou étouffées, sur lesquelles le pays fondera son espoir.

En effet, il y a lieu d'espérer, connaissant l'endurance de nos paysans dont l'attachement au travail de la terre nous inspire la persévérance dans l'existence. Leurs techniques, il est vrai, n'ont jamais été modernisées. Aujourd'hui encore leurs mains restent calleuses au contact du manche de la houe, de la machette, en creusant parfois le sol de leurs doigts transformés en pointes térébrantes; leurs pieds se dessèchent, se fendillent et souvent se tuméfient au contact de la rosée du matin, de la rugosité du sol et des bactéries. Ces malheureux sont à la merci d'une pluie capricieuse, tantôt insuffisante, tantôt surabondante ou torrentielle. N'empêche que leur vocation à la terre reste pour nous un symbole, une directive méthodologique. Nos campagnards sont incultes; ils sont maintenus dans leur indigence intellectuelle dans un but souvent folklorique. (Il faut sauver notre folklore par tous les moyens, comme s'il avait besoin d'être sauvé !) Nos paysans ne savent pas faire de grands discours pour parler d'eux-mêmes ou des « dieux tutélaires de la race ». Mais jusqu'au moment où j'écris cet essai, ils ne dévorent pas le pays; ils n'ont pas massacré les aspirants à la démocratie en novembre 1987; ils n'ont pas fait la boucherie de nos frères et sœurs en 1991 et en 2004; ils n'ont pas trahi le pays à plusieurs reprises avec des profiteurs d'occasions nationaux et étrangers; et ils ne le trahiront jamais. Nous en sommes bien imbus.

La leçon qu'ils nous donnent n'a rien à voir avec le Vaudou et autres postures mythiques chers aux indigénistes: ils nous invitent simplement à fréquenter l'école de savoir-vivre, de modestie et de réalisme. Ils nous montrent la voie qui conduit à un profond attachement au pays. Ils y sont de fait; ils n'ont pas le choix des moyens. Ils nous apprennent ce que signifie l'effort véritable. Ils nous nourrissent des fruits de leur labeur. Ils nous convient à tourner le regard vers ce pays qui est aussi le nôtre et dont nous ignorons les souffrances ; à éclairer leurs démarches chancelantes de nos lumières cognitives inemployées. Dépouillons-nous de nos préjugés, de notre vain intellectualisme, semblent-ils nous dire, et soyons des hommes, c'est-à-dire des lutteurs, des forgeurs d'une communauté viable.

Souvent nos *intellectuels* répètent, sans y penser, que les masses haïtiennes sont amorphes et ne comprennent rien aux problèmes politiques, voire économiques. En effet, Raymond Roy, un député national, a déclaré le 2 février 1994 que nos masses sont si ignares qu'elles ne peuvent pas comprendre le mécanisme de la démocratie. Une telle croyance sombre dans la confusion mentale. Elle ne rend pas justice à ce député national. Comment a-t-il été élu ? Comment a-t-il appris le caractère amorphe des paysans? Quels sont les précédents qui autorisent un tel jugement? Ceux qui forment la « crème » de la société, ont-ils opéré une liaison étroite, une communion intime avec ces masses? Celles-ci ont répondu à l'appel de nos *libérateurs* et nous ont forgé une nation indépendante! Quand les démagogues des années 56-57, comme ceux de 1843, de 1867, de 1915, 1929, de 1946, ont sollicité l'appui des masses, n'y ont-elles pas répondu? Et n'ont-elles pas récemment donné leur appui à nos leaders dans leurs efforts de renverser le régime duvaliériste? Est-ce leur faute si après la victoire elles ont été mutilées, abandonnées comme les 300 esclaves « suisses » par les affranchis? Est-ce leur faute si, par moments, elles deviennent méfiantes ou indifférentes à l'égard de la politique, la source de leurs misères? Est-ce leur faute si leurs souffrances physiques, la famine, le dénuement ne leur laissent que le temps consacré à satisfaire leurs besoins primaires? Est-ce leur faute si, enfin, elles n'ont jamais reçu une éducation politique d'une élite non politisée ?

Malgré tout, pour les besoins de la *cause,* notre « indigénisme » ne parle-t-il pas du bon sens de nos paysans, de leur sagesse, de leurs immenses ressources psychiques? Qu'arrive-t-il à ces qualités? Pourquoi n'avons-nous pas guidé ces paysans vers la compréhension des problèmes politico-économiques? Si nous déclarons que l'attitude politique se situe à un niveau trop élevé pour être compris par les masses, alors pour qui faisons-nous de la politique? Pour les membres d'une oligarchie ? En réalité, nous avons peur de voir les masses accéder aux affaires publiques pour ne pas déranger nos vieilles habitudes si chères, nos privilèges traditionnels revenus de fait à la gent intellectuelle, la seule qui s'occupe de la politique et qui s'en acquitte minablement. Et pour que ce parallélisme aveugle continue, nous gardons les deux catégories séparées l'une de l'autre. Quand l'élite vit dans le modernisme avancé, les masses végètent dans une situation digne de la préhistoire.

Cependant politiser les masses haïtiennes serait déjà déboucher sur la démocratie, sonner le glas de la dictature. J'en reparlerai chemin faisant. Mais je reconnais à l'avance que ce bouleversement de l'ordre des choses nous paraît si énorme que nous refusons d'y penser.

Il y a lieu d'espérer, sachant qu'au sein de la nation s'anime toujours une saine jeunesse. Il est un âge où on ne connaît pas encore l'avilissement; un âge où l'on croit d'emblée à la bienveillance et à la valeur réelle des belles idées esthétiques et morales; un âge où l'esprit accueille chaleureusement des leçons de grandeur d'âme, de compréhension humaine.

Malheureusement, plus tard, au contact d'une réalité écœurante, l'on se dessaisit des utopies exaltantes apprises dans les salles de classe. Cette jeunesse est un cortège d'espoir pour Haïti. N'oubliez pas que l'un des premiers actes dictatoriaux posés par le Duvaliérisme a été la fermeture des cercles littéraires et culturels où de jeunes esprits, pour échapper à l'abjection politique, s'amusaient à discuter d'idées artistiques et philosophiques. Les vieux loups duvaliéristes, fort conscients de l'adage suivant: « Du choc des idées jaillit la lumière », se sont empressés d'annihiler les moyens par lesquels le « frottement des cerveaux » se produit. Mais peine perdue! On tue le côté apparent de la liberté, mais elle s'infiltre toujours à travers le sable de la coercition et émerge à la surface. La jeunesse se pose la question de savoir pourquoi elle est interdite de se réunir et de penser, et une question sans réponse amène souvent à toutes les conclusions possibles et imaginables.

Je saisis clairement la raison pour laquelle des générations d'étudiants d'Haïti n'ont pas répondu à l'appel des auteurs des coups d'Etat sanglants orchestrés dans le pays, au cours de l'histoire, et ont opté pour le triomphe de la démocratie ; ces étudiants ont toujours été à couteaux tirés avec les dictateurs et ont préféré la mort à un compromis avec les ennemis de la liberté.

En outre, beaucoup d'éléments de la jeunesse haïtienne durant l'ère duvaliériste ont connu un exil forcé ou voulu. Ils ont été, par ce fait, en contact avec des civilisations franchement dynamiques et ont établi des comparaisons. Ils se sont rendus compte qu'ils ont piétiné et végété, et que la force aveugle de la politicaillerie haïtienne les ont empêchés de brûler les étapes. Et il y a mieux. Cette jeunesse en exil a subi les morsures de la honte, de l'avilissement: chaque jour, des stations de radio et de télévision, des journaux, des magazines, en mal d'information, ont pris—et prennent encore—un plaisir malsain à parler d'Haïti en termes ironiques! Non, non! Ce pays qu'elle aime tant devient un objet de moquerie! Des membres de la jeunesse du temps duvaliériste (ou leurs enfants), mûris et mieux préparés, après une trentaine d'années d'ostracisme, retourneront en Haïti avec des intentions nécessairement plus élevées que celles des aînés duvaliéristes et d'autres politiciens du même acabit. Ils comprennent maintenant pourquoi Haïti rétrograde et veulent agir dans le cadre d'une philosophie politique nouvelle, progressiste. Ils pourront au moins enseigner cette philosophie à la jeunesse montante.

Naturellement, la force du mal ne dort jamais. Malgré le progrès de la pensée politique dans le pays, des politicards savent comment contourner les actions politiques bénéfiques. Cependant, l'esprit positif perdurera et, éventuellement, changera le cours de l'histoire dans le sens du mieux.

Il y a lieu d'espérer, sachant qu'il existe des aînés, des professionnels, véritables valeurs humaines qui ont pu résister à l'infamie épandue. Comme les Rosalvo Bobo, les Anténor Firmin, les Demesvar Délormes, ils s'abstiennent de participer aux festins macabres donnés par des gouvernants pourris, au risque d'avoir les yeux méchants de ces derniers sur eux. Ne devraient-ils pas servir de remorque à la jeunesse? Celui qui, après quarante ou cinquante ans d'existence en Haïti ou ailleurs, n'a pas laissé les plumes de ses ailes aux pièges multiples de la corruption institutionnalisée, détient un brevet d'honorabilité et de savoir-faire. Ces aînés ont droit au respect, à la confiance. Cependant les vraies valeurs ont peur de s'adonner à la politique pour éviter les éclaboussures du scandale et de l'immoralité. Ce n'est que trop dommage! Nous aimerions marcher sous leurs bannières vers un avenir de plus en plus brillant.

En somme, vivants ou morts, ces ainés, s'ils ont offert ou laissé des idées salutaires, participeront d'une certaine manière à l'évolution possible de la vie sociale haïtienne.

Il y a lieu d'espérer, sachant que l'évolution de la connaissance positive nous permet *toutes les chimères*. Nos professionnels ont fréquenté les meilleures universités du pays et d'ailleurs. Ils s'y connaissent dans les domaines de la finance, de la santé publique, de l'agriculture, de l'éducation, de la médecine, de l'énergie, de la pisciculture—et j'en passe. Libérons ou motivons le savoir réel; invitons nos physiciens, nos chimistes, nos mathématiciens, nos ingénieurs, nos économistes, nos médecins, nos spécialistes des questions sociales, tout ce monde de la pensée analytique et critique, à collaborer au gouvernement de la nation. Que leurs avis ne soient point contrecarrés par la politicaillerie, le népotisme, la flatterie! Dans tous les pays développés ou en voie de développement œuvrent des universités pour le bien public.

En un mot, politisons le savoir, mettons-le au service du peuple (67), agissons de telle manière que nos techniciens, nos professionnels, nos savants n'aient guère l'impression d'être des éléments négligeables, des distraits perdus dans l'irréel. Invitons aussi des spécialistes des nations amies à ajouter leur lumière à celle de nos enfants compétents. En somme leur connaissance positive est le plus puissant outil de l'homme moderne. Elle lui permet d'approcher la réalité avec plus d'assurance, d'en reconsidérer les composantes et de chercher à en tirer le maximum de profit pour un plus grand nombre de citoyens. En repoussant les avis de nos professionnels, en menaçant ces derniers de sanctions draconiennes à cause de leurs suggestions souvent gracieuses, nos dirigeants ont immensément nui au pays, de son indépendance à nos jours.

Je le répète : Haïti s'enlisera dans sa médiocrité sans la participation active de nos professionnels.

En revanche, la première et la plus importante démarche révolutionnaire à entreprendre par nos intellectuels-politiciens concerne leur propre comportement; car le perfectionnement moral ne s'obtient pas à titre gratuit, mais à la suite d'une ascèse délibérément imposée à soi-même. Les éléments de notre élite doivent pratiquer l'honnêteté et la sincérité. Et s'ils peuvent être transformés dans ce sens, le reste sera éminemment possible.

Ce manque d'honnêteté et de sincérité les porte à tourner le dos à l'essentiel et à s'appesantir sur l'inutile, le banal, le superflu. Pourquoi faut-il parler de ce qui n'a rien à voir avec le développement de la nation? Pourquoi perdre notre temps au rappel de ce que la Nature ou Dieu ont réalisé au cours du temps ? Nous croyons faire de la révolution en rappelant nos origines ancestrales, en redisant que nous sommes des « tèt grenn » ou des « tèt kwòt », en remettant l'accent sur le Vaudou...Pourquoi faut-il perdre notre temps à rappeler des réalités vieilles de plusieurs millénaires? Etre noir n'est pas un fait du hasard; avoir la « tête raide » ne l'est pas moins. Il s'agit d'une situation biologique si vieille que sa trace se perd dans la nuit des temps. Brandir la torche du Vaudou invite à rétrograder. Crier à tue-tête le désir de chercher notre identité noire exprime notre hypocrisie. Si on ne l'a pas encore trouvée, c'est vraiment dommage! Moi, je l'ai remarquée dès ma plus tendre enfance.

Notre honnêteté et notre sincérité devraient plutôt nous porter à admettre que les haïtiens ne peuvent point manger leur peau noire pour survivre; qu'ils ne peuvent compter sur leurs croyances non fondées pour se placer dans la voie des nations modernes; qu'en réalité ils n'ont pas clairement un pays dans le sens actuel du terme. Ils vivent plutôt dans une sorte d'endroit ayant quelques attractions naturelles, où des forbans de grand style font leur descente pour se ravitailler.

Voyez-vous une grande différence entre nos politiciens traditionnels et Barbe Noire? Ils partagent en commun le fait de n'être attachés à aucun pays; ils accumulent leurs fortunes n'importe où, n'importe comment, sans se soucier des autres. Imaginez-vous un pays moderne, offrant à la population le droit et des raisons de s'en glorifier, de se tuer pour lui, où un homme de sac et de corde resterait impuni?

J'admets l'existence des sociétés criminelles à travers le monde. Souvent elles étendent leurs ramifications jusque dans les hautes sphères gouvernementales, mais elles ne remplacent pas entièrement le gouvernement et ne constituent point le fondement, la justification d'un système politique moderne et viable. Un jour ou l'autre, elles auront des démêlées avec la police et subiront un sort mérité. Il y aura des juges, des députés nationaux, des sénateurs, des secrétaires d'Etat qui croiront dans une société régie par la loi et s'évertueront à contrebalancer l'atmosphère pernicieuse créée par des organisations criminelles. Cependant, en Haïti (et dans les pays du même acabit), le principe du gouvernement se fonde sur la criminalité. Le peuple y est innocent; les sociétés criminelles, en tant que gangs, n'y survivraient pas. En fait, elles n'existent pas. Il n'y a qu'une seule société criminelle: le gouvernement. Toute la criminalité haïtienne tourne autour de lui comme source et inspiration.

En outre, l'attitude pleine de contradiction de notre élite doit être changée. Des intellectuels chantent toujours le retour à l'Afrique, aux traditions ancestrales, tandis qu'ils rejettent le créole comme étant un langage vulgaire de la population inculte. Ils parlent de relever le niveau de vie des masses noires, tandis qu'ils considèrent encore les paysans, les illettrés comme des êtres vils à qui ils s'adressent par pure accommodation politique, mais toujours malgré eux. Quand ils réussissent ils n'hésiteront pas à exprimer leur mépris pour les masses ignares, toujours contentes de leur misère et de leur manque de vision. Ils crient leur nationalisme à tout bout de champ, tandis qu'ils s'acoquinent avec des apatrides et des criminels étrangers pour faire tort au peuple. Toutes ces attitudes contradictoires, ces agissements de deux poids et de deux mesures, me portent à me demander si nos dirigeants ont un seul de ces grands sentiments collectifs d'une façon authentique.

Alors, faire la révolution en Haïti, c'est aussi inventer un pays moderne où les forbans comme *Barbe Noire* auront honte de se montrer en public, de légiférer, d'imposer leur éthique cauchemardesque à la nation.

Le brassage de ces ressources: masses, jeunesse, aînés intègres, le monde du savoir, et leur mise en valeur, dépendent d'une élite militante pleine de bonne foi, de générosité, pénétrée d'idées neuves offertes profusément par la pensée politique actuelle; d'une élite que ne craindrait pas de changer profondément la manière de vivre des haïtiens, leurs vieilles coutumes, leurs mythes, leurs préjugés ; d'une élite qui, par voie de conséquence, rejoindrait toutes les élites prométhéennes du monde. Il ne peut en être autrement.

Je reconnais que ce terme d'élite prête à confusion. Au cours de mes dialogues avec des concitoyens, j'ai remarqué chez ces derniers une forte tendance à croire que l'élite haïtienne est absolument responsable de nos déboires, comme si les choses s'amélioreraient sans elle, comme si Haïti pouvait s'en passer!

Je partagerai cette opinion si j'admets le mot d'élite dans son acception locale, qui se confond avec les expressions suivantes: gros bonnets, « zotobwe », politiciens au pouvoir. Dans ce sens, j'affirme que les éléments de cette prétendue élite s'impliquent toujours dans des actes assez blâmables: dilapidation du trésor, actes de génocide, contrebande, prostitution. Ils n'ont souvent rien de positif à offrir. Et, comme ils barbotent dans le crime, ils ne méritent pas d'être placés dans la catégorie d'élite (encore que certains observateurs étrangers semblent accepter cette définition locale du terme au cours de leurs enquêtes menées sur le *Drame Haïtien*). Ils devraient être désignés sous leurs vraies appellations : gredins, profiteurs, pirates, myopes.

Cependant, le mot d'élite pris dans son sens étymologique, doit être inclus dans un contexte de valeur. Et en ce sens, dans toutes les langues, il signifie ce qu'il y a de meilleur chez des éléments d'un groupe sociologique ; ceux qu'une société viable et fière choisirait pour la représenter à l'étranger ou dans un contexte international.

Fort de cette prémisse, j'avance qu'Haïti n'a jamais eu une élite, cet ensemble d'êtres remarquables à un moment de son histoire. Ça et là ont apparu des figures exceptionnelles telles que Toussaint Louverture, Jean-Jacques Dessalines, Rosalvo Bobo, Anténor Firmin, Demesvar Délormes, Daniel Fignolé—pour ne citer que ceux-ci. Ces figures sont autant de points lumineux, de boussoles dans la forêt embroussaillée de l'inconséquence institutionnelle de notre pays.

En d'autres termes, l'élite authentique d'une société vise toujours à la transcendance, au dépassement. Elle est la gardienne des valeurs élevées dont la nation usera pour contrecarrer les desseins criminels des politiciens traditionnels et la portion de l'intelligentsia dévoyée.

Donc, une vraie élite ne se confond pas avec la clique politique traditionnelle au pouvoir, une source évidente de non-valeur.

(12)

L'ELITE MILITANTE ET LA VIOLENCE

Il a fallu employer la violence pour renverser les dictatures haïtiennes. La violence, en fait, vient d'être utilisée pour essayer en vain de déraciner le Duvaliérisme. La junte transitoire, héritière directe de ce dernier, a également usé de la violence en novembre 87, pour stopper le processus démocratique naissant dans ce pays. L'armée, sous la conduite de Cédras, et appuyée par des bourgeois réactionnaires, a plongé le pays dans une mer de sang. L'assassinat impuni de pauvres citoyens dans le dessein de produire une psychose de peur générale, et des actes de banditisme commis par des criminels qui ne sont nullement inquiétés par la police, s'intègrent dans le contexte de la violence. Pour mettre fin à la haine et à la contrainte invétérées, il convient d'employer des méthodes similaires! Ces méthodes, hélas, calqueront les schèmes habituels de penser et d'agir. C'est dommage! Nous n'avons pas le choix des moyens! Espérons que l'emploi de la violence se limitera à l'inévitable, que celle-ci sera une voie, non une fin. Lorsque son usage est illimité, elle devient sadisme ou projection d'instincts primitifs dont ont souffert des générations d'haïtiens. En revanche, elle se révélera bienfaisante si elle vise à libérer un peuple; elle se placera alors au service de la révolution.

L'élite militante haïtienne évitera tout aventurisme à la mode; elle conservera sa lucidité en vue de mener à bien la révolution. Et une vraie révolution—du moins telle que l'enseigne l'histoire contemporaine—éclaire les actions futures, décante les problèmes embrouillés, oriente les démarches, dans la mesure où elle met à jour les objectifs prioritaires à atteindre.

Parmi ces objectifs prioritaires, l'élite militante se gardera d'inclure la vengeance. Si sa première démarche consiste à se venger de mille et une injustices endurées sous tous ces régimes incompétents et sanguinaires, elle devra y consacrer tout son temps; elle ne pourra point aussi s'empêcher de donner dans le cercle vicieux. Le politicien haïtien, traditionnellement, réclame à cor et à cri le droit de recommencer les erreurs de ses prédécesseurs. Pour répéter les actes des autres, il faut éliminer ces derniers; car, restés vivants, ils représentent l'image de ce qu'on n'a pas voulu être, de ce qu'on leur avait reproché. Ils deviennent à leur tour des témoins gênants. La vengeance introduit les régimes politiques traditionnels d'Haïti; elle y définit le caractère personnel du pouvoir. Monsieur X au timon des affaires avait rendu la vie dure à Monsieur Y! Celui-ci doit lui rendre la pareille. L'élite militante n'aura pas de temps à perdre à ce jeu de massacre inutile. Elle se mettra au service d'une nation déclinante mais avide de remonter la pente de la médiocrité. Elle ne devra pas être un groupuscule; elle se formera de toutes les tendances, de toutes les forces, de tous les secteurs intéressés à la rénovation nationale.

Le rejet systématique de la vengeance n'exclut point le droit de juger ceux-là qui ont clairement commis des actes de génocides, d'injustices inhumaines, de détournements de fonds. Cette élite aura également le droit et le devoir de savoir comment des employés d'un pays aussi pauvre que le nôtre arrivent à accumuler des millions de dollars. Par exemple, Raoul Cédras ne devraient point rester impunis pour les crimes odieux commis dans le pays, après le coup d'Etat sanglant de 1991. Il ne devrait point recevoir deux ans de paie pour la location de sa villa au gouvernement américain. Il ne devrait point être permis de jouir d'un exile doré avec des millions accumulés de louches transactions.

Tout compte fait, l'ONU semble avoir un double standard en ce qui concerne les actions prises contre des criminels politiques notoires. Elle s'est prononcée contre les bouchers de Rwanda et de la Yougoslavie ; elle exprime ses inquiétudes au sujet du nettoyage ethnique du Soudan. Cependant, autant que je me rappelle, cette institution nationale reste silencieuse sur les crimes odieux commis contre le peuple haïtien et l'humanité par Raoul Cédras et compagnie. A quel genre d'ordre international vise-t-elle ? A ce rythme, un tel ordre mondial sera inéluctablement irrationnel et infructueux.

Je crois que la seule façon d'apaiser une famille qui a perdu des enfants en Haïti, durant le coup d'Etat orchestré par Raoul Cédras et ses affidés, est de traduire les criminels en justice. L'une des raisons pour lesquelles Président Aristide a commencé à perdre son charisme vient du fait qu'il n'a jamais insisté sur les poursuites judiciaires contre les auteurs des crimes commis contre des milliers de citoyens (y compris des victimes d'un grand statut social). Sous ce rapport, beaucoup pensent que cet homme d'Etat a donné l'impression de s'intéresser uniquement à la jouissance du pouvoir. Rien d'autre n'a de l'importance. Malgré tout, les criminels ne devraient point rester impunis pour des tueries en masse.

Une fois de plus, sans aborder ces questions, l'idée d'un ordre nouveau mondial se confond à la démagogie creuse, au vent qui souffle dans la forêt. Et, sans ce plan d'action judiciaire, le rappel constant de ce que le pays s'érige en fournisseur important de drogues aux Etats-Unis équivaut aux larmes de crocodiles.

L'élite responsable aura le droit et le devoir d'élucider la possibilité pour un contribuable d'accumuler des millions ou billions de dollars dans un pays aussi pauvre que le nôtre. Des questions de ce genre se soulèvent au sein des nations viables, et bien des employés de premier rang sont pris sur le fait et persécutés par la loi.

De toute façon, le jour où il y aura un système politique motivé par la ferme résolution d'oublier les haines chroniques, de passer l'éponge sur bien des maux infligés ou endurés, sans oublier le règne de la loi, Haïti aura fait son premier pas dans le sillon lumineux des nations dynamiques. Cette posture magnanime revient de droit et de fait à cette élite militante désintéressée.

La conséquence logique d'un tel vœu me conduit à un autre dont la nature porte en germe la réponse aux épreuves endurées par les masses noires à travers le monde.

Si cette élite atteint à son plein épanouissement en minimisant les haines qui se sont échelonnées au fil des générations, elle ne perpétrera pas des crimes et des actes d'injustice contre des citoyens haïtiens dans le but de créer une psychose de peur collective.

Des noirs de bonne volonté aux Etats-Unis et certains d'une nuance épidermique différente s'alarment du taux élevé de crimes perpétrés par des noirs contre des noirs par rapport à l'ensemble des crimes commis contre des noirs (à part le racisme blanc qui parfois s'assouplit, parfois redevient manifeste) par des criminels de différentes nuances épidermiques.

Une révélation assez troublante. Cependant, cette statistique macabre s'envenime en Haïti et dans bien des Etats Africains. Dans ces pays, presque 100% des maux subis par les noirs sont commis par des noirs. Et pire. Plus de 90% des crimes perpétrés contre des noirs y sont commis par des noirs dont l'obligation, la fonction et le serment officiel consistent exactement à protéger la vie et les biens des noirs. Dans ces pays, quand des criminels d'ethnie différente heurtent des noirs, ils y parviennent toujours avec la complicité des officiels noirs.

Un de mes congénères s'est fâché avec moi parce que je me plains de « trop d'assassinats » en Haïti. Il a argué que « des gens sont tués quotidiennement à travers le monde. Cependant quand des alarmistes comme moi dénoncent notre pays, ils font plus de tord que de bien à celui-ci. Ces cris d'alarmes éloignent des touristes de nos rives. »

Les détenteurs d'une théorie aussi horrible ont certainement en esprit les tueries liées à la drogue, la boucherie de Rwanda, de Yougoslavie, de l'Irlande du Nord, du Moyen Orient, de l'Asie, de l'Amérique latine, de l'Amérique.

En d'autres termes, le crime commis par des noirs contre des noirs s'apprécierait bien à la lumière aveuglante de la démoralisation mondiale, de l'absence de direction universelle.

Cette théorie criminelle, bien que descriptive de la détresse humaine, ne justifie pas le crime des noirs contre des noirs.

Nous, les noirs, avons des motifs de viser à la fraternité. Pas si longtemps, les noirs ont été réduits en esclavage et pris pour des meubles. Le stigmate imposé à la peau noire n'a jamais cessé à travers le monde. En outre, même des événements troublants négatifs semblent avoir une nuance noire : l'âme noire, le fameux lundi noir, la brebis noire. A la lumière de la pensée positive, je reconnais la stupidité d'une telle haine, mais elle existe. Alors, nous pouvons nous passer de l'aveuglement à notre endroit et de la haine de nous-mêmes.

En outre, si nous imitons des recettes positives d'action des autres groupements sociologiques, sans tenir compte de leur couleur, nous ne justifieront jamais l'imitation de leurs postures mauvaises, pourries et inhumaines ; car le mal n'est pas souhaitable.

Aussi, l'élite militante haïtienne, bien imbue de cette réalité combien vilaine et décevante, a un rôle primordial à jouer: elle sera le point de rupture avec cette réalité. Alors, elle s'adjoindra à cette portion peu nombreuse de l'élite noire internationale consciente de sa responsabilité de promouvoir une politique de progrès visant à conduire tous les noirs vers une vie meilleure. Elle y parviendra si elle les protège et leur assure des conditions propices à leur épanouissement.

Cette élite empêchera l'usage de la force organisée de la nation contre elle-même et redéfinira le rôle de l'Armée Haïtienne.

Je souligne que les paragraphes suivants ont été écrits à une époque précédant le retour de Président Aristide au pouvoir. Des suggestions possibles tirées de ces paragraphes ont probablement été mal interprétées et ont sans doute contribué au licenciement de l'armée. Cependant, au cours des troubles de 2004, certains leaders haïtiens ont proposé le rétablissement de l'armée dans ses structures originelles. Une telle reconstitution absolue équivaudrait à une faute grave.

La nature de ce monde veut que les nations possèdent une force publique pour le meilleur et pour le pire. Cependant sa création requiert de la prudence pour ne pas élever un serpent au sein du pays.

Pour l'intelligence de cette prémisse, les suggestions initiales réapparaissent exactement comme elles ont été faites dans la première édition de l'essai.

Dès mon enfance, j'ai essayé en vain d'élucider la raison pour laquelle il y a tant de militaires au Palais National et autour de ce dernier. Je veux dire ceux-là qui sont cantonnés au Palais, aux Casernes Dessalines, au Grand Quartier Général de l'Armée, au Bureau de Police...Tout se passe comme si nous avons à jamais un Etat militaire frais émoulu de la Guerre de l'Indépendance ; comme si nous ne pouvons vivre que dans une atmosphère d'urgence.

Dans beaucoup de pays que j'ai visités, j'ai à peine vu les membres de leurs armées respectives, mais jamais autour des palais gouvernementaux. J'y ai remarqué ça et là des policiers chargés de réglementer la circulation, de dresser des contraventions, d'assurer la distribution de la justice. Je n'y ai pas croisé des militaires armés de mitraillettes ou d'autres engins à tirs lourds (sauf dans des cas rarissimes de crises intérieures).

Ce que je comprends fort bien: dans des pays civilisés, le rôle de l'armée est de défendre le territoire au cours d'une confrontation militaire avec une autre nation ennemie ou en cas d'urgence nationale extrême.

En Haïti, l'armée participe aux pratiques de spoliation et d'injustice auxquelles nos gouvernements traditionnels assujettissent le peuple qu'elle est chargée de protéger. Ses membres, à part les manœuvres régulières qu'ils effectuent tant bien que mal, ne trouvent presque rien à s'en occuper. Sans doute que les soldats se relèvent les uns les autres et que les caporaux, sergents et lieutenants assurent harmonieusement les horaires de relèvements. Quant aux officiers supérieurs, on s'imagine qu'ils sombrent dans l'ennui, source de toutes les folies. Restés inoccupés, ces officiers ne s'empêchent point de nourrir des idées, parmi lesquelles celles de saisir le pouvoir exécutif et d'en jouir. Et l'histoire des coups d'Etat par les militaires en Haïti semble me donner raison. Tous les putschistes militaires ont appartenu au Grand Quartier Général de l'Armée ou à la Garde Présidentielle. Cela doit se passer ainsi, dans le cas contraire on aurait enregistré un jour chez nous une mainmise sur le Palais National par un simple soldat devenu révolutionnaire, qui s'identifierait aux éléments de la masse à cause de son salaire dérisoire; ou même par un officier supérieur cantonné à Saint Marc, au Cap Haïtien, aux Cayes, à Ouanaminthe ou ailleurs.

Le siège de l'administration civile étant plongé dans une atmosphère militaire, cela suffit pour créer des situations malheureuses connues au cours de notre histoire. On peut enlever des armes lourdes aux militaires cantonnés au Palais National et à ses alentours, on peut s'arranger pour que ces militaires ne reçoivent que leurs salaires nominaux, le danger d'un coup d'Etat par un voisin armé est toujours possible.

Le premier pas à faire pour réduire les chances d'un tel danger est d'éliminer cette promiscuité. Le vieil adage qui dit: « loin des yeux loin du cœur » ne concerne pas seulement les amants, mais tous ceux qui convoitent un objet à cause de leur perception constante de celui-ci. Les casernes et les offices militaires devraient s'ériger loin de la maison présidentielle. L'objet de contemplation et de convoitise serait hors de la vue des officiers supérieurs qui retrouveraient peut-être leur sérénité et le temps de se mettre en forme physiquement, intellectuellement et moralement, en vue d'être toujours prêts à accourir pour défendre le peuple et son territoire.

(13)

L'ELITE MILITANTE ET LE PASSÉ

A côté de la fonction de la révolution d'éclairer l'action de l'élite militante de demain, il y a une autre non moins importante, celle d'avoir une attitude critique vis-à-vis du passé.

Que l'on prenne la révolution de type marxiste ou de type libéral, la volonté déclarée de rompre avec le passé en forme le soubassement. En ce qui concerne le communisme, ce vœu, une sorte de dénominateur commun à toutes les révolutions, prend des proportions ultimes: il vise au « rejet systématique du passé ».

D'un point de vue philosophique, cette volonté de rompre avec le passé est cruciale et s'harmonise avec les démarches et les idées nationalistes:

> C'est le propre du vrai nationaliste, d'être prêt à tout sacrifier y compris les valeurs traditionnelles à la puissance et à l'unité de la nation.
>
> En outre, il ne peut y avoir aucune garantie que le sentiment national coïncide avec les éléments gouvernementaux traditionnels, et par là les

> renforce...Le nationalisme eut donc, dès le début, des implications dynamiques, incompatibles avec le maintien de beaucoup d'institutions traditionnelles. Cela engendre et continue d'engendrer bien des conflits aigus entre forces nationalistes et forces conservatrices (68).

En d'autres termes, les traditions sont des valeurs du passé que nous voulons conserver coûte que coûte; mais souvent elles gênent plus qu'elles n'aident et entravent la réalisation des plans d'avenir.

Dans bien des pays, des conservateurs ont adopté un parallélisme social rigide : *les riches demeurent riches ; les pauvres demeurent pauvres*. Ils n'encouragent point les transferts de classes. Ils détiennent le pouvoir pour assurer la mise en application des valeurs morales traditionnelles, qu'elles répondent ou pas aux changements sociaux constants. Une telle recette politico-économique mène tout droit à la catastrophe, aux souffrances, à l'injustice et aux conflits irrésolus. D'un côté se dressent les détenteurs de valeurs autoproclamés ; de l'autre s'affirment les masses et les autres couches sociales désireuses d'escalader les barrières sociales et économiques.

Et même des sociétés viables et considérées comme dynamiques dorment au bord d'une catastrophe toujours plausible à cause de la persistance et du maintien dans leur sein de vieilles traditions délétères.

Le pays de Lincoln, par exemple, en a deux: le racisme et le port d'armes. Le premier remonte au temps de l'esclavage; le second, à l'époque des cowboys qui vidaient leurs disputes à coups de revolvers.

Evidemment, des américains de bonne volonté ont essayé de réduire le port d'armes dans le pays, mais des concitoyens et concitoyennes maintiennent farouchement leur droit de posséder des armes à feu, un « droit assuré par la Constitution ».

Leur protestation se confond à une échappatoire pour continuer à *savourer* une tradition aussi mortelle.

Une constitution n'est pas un document immutable, écrit sur une plaque d'acier. Elle peut s'amender. En somme, bien d'articles de la Constitution américaine ont connu des amendements ou été soumis à la critique. Un exemple de cette nature a eu lieu récemment. Des sénateurs et députés ont exprimé leurs vœux d'apporter un changement à la Constitution au sujet du mariage, dans l'intention de protéger cette institution dans sa nature originelle : l'union d'un homme et d'une femme. Malgré tout, d'autres parlementaires ont exprimé leur réticence d'accepter un tel amendement en ce qui concerne le port d'armes à feu, ce qui est de beaucoup plus mortel que le mariage homosexuel.

Si le mariage consacre initialement le rapprochement de deux cœurs qui s'aiment, les homosexuels et les lesbiennes sont mariés de facto, que la loi le veuille ou pas ; car ils partagent le même lit et les mêmes intérêts. Cependant, si une tradition expressément établie pas la constitution se révèle mortelle ou dangereuse à la société, elle devrait être ou bien bannie ou bien modifiée pour la rendre graduellement moins pernicieuse.

Dans le même ordre d'idée, des arguments ont été soulevés par des américains contre des amendements constitutionnels aux Etats-Unis, qui pourraient mettre un frein aux abus criards causés par des traditions nocives.

Somme toute, pour une raison ou une autre, les américains, malgré leur désir d'être à l'avant-garde du modernisme, ne veulent pas se débarrasser de leur héritage négatif; sa persistance, cependant, continue à semer la mort, la haine, l'injustice, le penchant au crime et toutes les conséquences malheureuses que ceux-là comportent.

Ainsi l'élite militante haïtienne assumera-t-elle la lourde tâche d'opérer cette rupture, en tout ou en partie, avec le passé. C'est un travail titanesque dont l'exécution facilitera la solution des problèmes innombrables auxquels nous nous sommes butés depuis plus d'un siècle.

En un mot, l'élite militante haïtienne de demain procédera par la négative.

Elle débarrassera Haïti—comme je l'ai déjà souligné—de ce traditionalisme qui porte celle-ci à avoir les yeux fixés sur son histoire et à maintenir des croyances et des préjugés dépassés, anachroniques, gênants. En écoutant certains de mes congénères, j'ai l'impression que le pays s'en va à reculons, qu'il rétrograde vers l'âge de la pierre taillée ou quelque chose de ce genre, jusqu'à la complète annihilation.

L'élite militante débarrassera Haïti de sa dictature culturelle. Celle-ci tend à glorifier des postures à reléguer dans la catégorie des objets de musée, des événements d'un passé vénérable, des attitudes démodées et des types d'action grotesques. Aujourd'hui, les haïtiens chercheront délibérément leur voie, non seulement en tant que nègres, mais surtout en tant qu'êtres humains.

Et je peux avancer ce *paradoxe*: surtout en tant que nègres haïtiens. Car, dans le passé, ils n'ont pas permis à la couleur de leur peau de les décourager dans leur revendication de la justice sociale d'une société coloniale inhumaine. Ils ont réagi comme tous les groupements humains de caractère, remplis de fierté et de détermination, à travers la planète. Il s'agit là d'une image positive indéniable des *noirs haïtiens*.

En d'autres termes, vivant dans un monde moderne où abondent des procédés d'action efficaces, il n'est plus sage d'insister, dans un but folklorique ou nostalgique, pour user des moyens inopérants, dans nos approches de la réalité. Ce qu'il faut mettre en évidence c'est la notion de culture moderne, le patrimoine et le droit de toutes les races.

Elle marque l'avancement des actions humaines dans le domaine du savoir. Des préjugés lui confèrent parfois des connotations défavorables; mais, à la lumière d'une vue plus réaliste, je suis amené à conclure qu'elle aboutit à ce que nous appelons *connaissance positive*. Je décris, jusqu'à preuve du contraire, la base de tout effort authentique vers une meilleure situation collective.

Il est vrai cette notion de culture moderne, selon beaucoup de penseurs soucieux de l'avenir de la planète, n'a pas apporté le bonheur aux sociétés modernes. Pourtant la faute ne devrait pas lui être attribuée; sa philosophie n'a jamais été appliquée assez dans le domaine de la distribution des biens, où l'humanité n'a pas encore dépassé le stage primitif selon lequel les plus forts, les plus riches, les moins scrupuleux essaient de tout accaparer. Donc ce stage n'a pas encore rattrapé *l'époque de Robin des Bois*.

En outre, des groupes d'influence, aveuglés par le sectarisme, la partisannerie, le racisme, l'esprit de caste, soulèvent des obstacles aux actions socialisantes et démocratiques. En un mot, ils agissent dans un monde avancé avec une mentalité primitive et tribale. C'est dommage. Cette culture moderne a pris naissance des grands courants de pensée qui mettent l'accent sur la nécessité de chercher à réaliser les trois principes suivants: Liberté, Egalité, Fraternité de tous les êtres humains.

La notion de culture moderne présuppose également la prépondérance de la science, la recherche du bien-être pour tous, le relèvement du niveau de vie des masses, la diffusion de la santé publique, l'accroissement de la productivité humaine. Elle renferme donc le germe d'un vaste programme d'action politique, économique et social qui, adopté et exécuté par Haïti, assurerait l'amélioration des conditions d'existence du peuple.

A cette attitude objective que prendra l'élite militante de demain, les politiciens traditionnels ont souvent objecté: faire triompher la science et la technologie dans tous les domaines réclame des possibilités et des ressources impossibles à obtenir en Haïti.

Une telle vue dérive d'une mentalité fataliste et rétrograde. Le progrès matériel et social d'Haïti ne sortira pas d'une boîte à surprise ou à partir d'une baguette magique. Il viendra d'abord d'un état d'esprit, d'une façon nouvelle de regarder la réalité, d'une attitude objective (devenue spontanée à la longue) au regard des problèmes sociaux.

D'ailleurs, l'accumulation des richesses colossales par des individus devient courante en Haïti. On rapporte la vie opulente de familles qui résident dans des villas munies de piscines à eau filtrée, qui coûtent des millions de dollars. N'est-ce pas un écho de l'orientation scabreuse de l'économie vers un parallélisme rigide dans la distribution des biens, permettant à une poignée de gens d'accéder à la fortune excessive et plongeant le reste de la population dans la pauvreté crasseuse.

En un mot, l'objectivité sur laquelle j'insiste s'obtient à partir d'un effort constant de l'afficher et de la mettre en pratique dans nos démarches. La passion, le fanatisme, la tradition en sont les ennemis irréductibles.

Je puis avancer qu'il y a actuellement dans les pays développés ou en voie de développement une détermination de la part de bien des gens d'adopter la mentalité scientifique et de l'utiliser à des fins d'actions politico-sociales dans la mesure du possible. Sans cette mentalité scientifique ou objective, aucune élite dirigeante n'affrontera la réalité d'une manière réfléchie, critique et lucide, et ne libérera jamais son pays de la médiocrité.

D'ailleurs, interrogeant nos penseurs, ceux-là que j'ai placés dans le groupe des *sacrifiés*, ils répondent tous qu'il manque de rationalité, de lucidité dans nos démarches. Ils nous apprennent qu'il n'y a rien de mystérieux au sujet de nos déboires, que notre pays n'est pas « foutu », affligé d'une malédiction divine, comme nous avons tendance à le croire; qu'un pays surpeuplé, aux ressources mal gérées ou laissées en friche, rempli d'analphabètes misérables et superstitieux, engendre nécessairement un état de choses piètre et décourageant. Les haïtiens n'arriveront jamais à se tirer du creux des vagues avec une mentalité aussi rétrograde, même s'ils disposent un océan de ressources prometteuses.

D'un autre côté, nos penseurs nous invitent toujours à faire de notre mieux pour *inventer* un système économique viable, orienté vers l'autonomie, le reste viendra par surcroît. Il est malheureux de voir les gouvernants à travers notre histoire frapper d'ostracisme tous nos penseurs authentiques, persécuter ces derniers ou les tuer brutalement. Pourquoi *l'élite dirigeante haïtienne* doit-elle être si imperméable au progrès ?

Et, dans un contexte plus large de l'histoire universelle, des penseurs responsables des révolutions dans les comportements humains, ont toujours convié leurs contemporains à user de plus de lucidité dans leurs démarches: il s'agit indubitablement d'un ordre de choses dépassé maintenu par des habitudes déprimantes, par la paresse (ou le sybaritisme), par la crainte de nouvelles expériences.

Une telle situation malheureuse n'aurait pas eu lieu si la bonne volonté a été une conduite naturelle. Mais elle ne l'est pas. Elle requiert la pratique morale qui manque chez beaucoup de leaders. Tout changement de direction, en cette occurrence, ruinerait cette tradition consistant à enrichir une poignée d'hommes au détriment de la majorité.

De toute manière, encourager l'objectivité et le modernisme chez tous les haïtiens exigera en même temps l'application de différentes méthodes d'approche tenant de la souplesse, de la pression et de la mise en œuvre d'un système de politique financière et économique. Un tel système visera surtout à distraire l'esprit des citoyens des croyances superstitieuses, voire religieuses, qui agissent au détriment du bien-être collectif.

Je m'empresse d'ajouter que les méthodes d'approche mentionnées ci-dessus, quelle que soit leur nature, ne déborderont jamais le cadre d'un effort de persuasion de l'élite militante, dont la supériorité sur les pratiques traditionnelles dépendra de l'action fructueuse des agronomes, des physiciens, des chimistes, des ingénieurs, des médecins, des professeurs, des avocats et d'autres professionnels.

En d'autres termes, une telle action politique visera surtout à concentrer, sur une base permanente, l'esprit des citoyens sur des idées de dépassement de soi. Cette orientation dynamique s'avouerait aussi bénéfique à l'humanité en général et au pays en particulier. Son absence est la cause de tant de tragédies à travers le monde.

Les gens doivent réaliser que les croyances non fondées supplantent les rêves et les aspirations qu'ils n'ont jamais concrétisés : un travail rémunérateur, l'accès à la médecine moderne, l'usage d'instruments sophistiqués, le confort...Le manque de ces éléments positifs inspire la peur, l'anxiété et le désespoir dont les victimes cherchent à noyer dans le mysticisme.

(14)

LA MENTALITE MODERNE ET LES MASSES

1.-La mentalité moderne et les masses

A tout bien considérer, cette mentalité moderne, une façon dynamique de voir la vie, d'appréhender la réalité, s'avère nécessaire à l'accomplissement des changements d'envergure que je propose et requiert une constance jamais prise en défaut. Des habitudes d'agir nocives en Haïti ont trop duré pour s'estomper facilement. Les événements sanglants de 87, de 91, de 2004 en apportent une preuve irréfragable: des haïtiens assassinent leurs frères et sœurs en face des caméras de la télévision internationale, avec un naturel, une désinvolture, une tranquillité d'esprit que seule l'accoutumance puisse avoir donnés. Alors, l'élite militante de demain, pour agir effectivement, ne sera pas l'unique détentrice de la philosophie de l'homme moderne; elle s'évertuera à élever les masses à son niveau, au lieu d'encourager les mauvaises tendances de celles-là. Elle leur redonnera le goût de vivre, la volonté de puissance, le désir de remporter la victoire sur elles-mêmes et sur la réalité désuète connue depuis trop longtemps.

Et une fois de plus, je revisite Dantès Bellegarde, un de nos concitoyens débordant d'optimisme :

> Nous ne voulons point d'une éducation qui fasse de nos jeunes gens des déracinés et des anémiques : plantes de serre, aux fleurs pâles et maladives. L'éducation nationale doit être un bel arbre vigoureux, plongeant ses racines profondes dans le sol haïtien—qui, au printemps, se couvrira de fleurs éclatantes, en automne, se chargera de fruits savoureux et nourrissants. Et cet arbre sera d'autant plus substantiel que ses racines auront plus profondément plongé dans le sol pour absorber les sucs fortifiants de la terre maternelle.
>
> Ce n'est point pour nous isoler du reste du monde et de vivre repliés sur nous-mêmes, l'oreille fermée aux grands souffles qui viennent du large, que nous désirons former des hommes qui sont avant tout des Haïtiens. Nous voulons amener notre peuple au plus haut degré de la civilisation afin qu'il puisse coopérer le plus efficacement à réaliser la justice entre les nations et entre les races. C'est là une tradition glorieuse à laquelle nous entendons rester fidèles (69).

Pourquoi une telle vision ne se concrétiserait-elle pas ?

Le corollaire de cette recommandation est évident: flatter le peuple, glorifier ses habitudes désuètes, ses démarches inconséquentes, c'est solliciter son suffrage en vue de réussir aux élections. Une telle démarche présuppose que nous avons un système politico-social viable;

que les besoins primaires des gens sont satisfaits; que le transfert de pouvoir s'accomplit sans heurts; que les masses ont atteint à un degré d'évolution spirituelle adéquat. Pourtant nous savons que tous ces facteurs positifs de la démocratie s'étiolent en Haïti. Aussi, pour accélérer les étapes de l'évolution politico-sociale, la première démarche à entreprendre auprès des masses consiste à transformer leur mentalité. Cette transformation ne s'effectuera nullement par la flatterie. Bien au contraire...

Pour être plus spécifique, la mentalité moderne permettra d'éliminer progressivement, mais systématiquement, le fatalisme haïtien, base de la perception du réel nationale, le même qui adultère et débilite les vues les plus positives, en les transformant en simples ornements sans effets positifs, en écrans de fumée derrière lesquels se cachent des forces destructives.

Bref, la mentalité moderne permettra aux masses comme à l'élite de se soumettre à une tension intellectuelle, morale et physique, en vue de bousculer ce que les défaitistes appellent le *Sous-développement*, comme s'ils parlaient d'un handicap irrémédiable.

Et l'éducation des masses relève de la responsabilité de l'élite militante pour les raisons suivantes:

> Etre responsable dans un pays sous-développé, c'est savoir que tout repose en définitive sur l'éducation des masses, sur l'élévation de la pensée, sur ce qu'on appelle trop facilement la politisation. On croit souvent que politiser les masses c'est épisodiquement leur tenir un grand discours politique. On

pense qu'il suffit au leader ou à un dirigeant de parler sur un ton doctoral des grandes choses de l'actualité pour en être quitte avec cet impérieux devoir de politisation des masses. Or, politiser, c'est ouvrir l'esprit, mettre au monde l'esprit.

C'est comme le disait Aimé Césaire: « inventer des âmes ». Politiser les masses ce n'est pas, ne peut être faire un discours politique. C'est s'acharner avec rage à faire comprendre aux masses que tout dépend d'elles, que si nous stagnons c'est de leur faute, qu'il n'y a pas de démiurge, qu'il n'y a pas d'homme illustre et responsable de tout, mais que le démiurge c'est le peuple et les mains magiciennes ne sont en définitive que les mains du peuple.(70)

2.-L'élite militante et Le sous-développement

Pour les politiciens et penseurs traditionnels haïtiens, une affirmation telle que : « Que veux-tu, mon vieux? Haïti est un pays sous-développé », les libère aussitôt de toute obligation, de toute responsabilité. S'ils ne l'affirment pas, ils le prouvent par leurs actes désinvoltes, par leurs contributions à la dégénérescence de la nation. L'élite militante divorcera d'avec cette mentalité étroite et arriérée, et reconnaîtra la nature soluble du sous-développement économique. Beaucoup d'observateurs des pays dits pauvres partagent un tel optimisme. Mr. Wilbur Schramm, entre autres, admet:

Le mot « sous-développement » n'est pas un terme péjoratif. Il signifie simplement que l'expansion économique (et les transformations sociales qui doivent l'accompagner) n'a pas encore dépassé un certain stade. Dire d'un pays qu'il est « en voie de développement », est tout à son honneur, car c'est dire qu'il a entrepris de sortir du sous-développement économique par ses propres forces et réaliser en quelques années ce qui, autrefois, aurait normalement exigé des siècles. (71)

Plus loin, l'auteur de ce passage souligne:

Dans la terminologie des Nations Unies, un pays « en voie de développement » ou « sous-développé » est un pays dont le revenu par habitant ne dépasse par 300 dollars par an. C'est là ce qu'on entend par « pays sous-développé ». Un tel pays n'est pas sous-développé à tous les égards; il peut être sous-développé économiquement tout en étant hautement développé en ce qui concerne les relations personnelles, ou l'art et la philosophie (comme les Buani) [72]. Il peut ne pas être entièrement sous-développé, même du point de vue économique; dans les pays des Buani, il existe un nombre de riches propriétaires terriens et quelques grandes industries, au milieu d'une masse de petits exploitants et de paysans pauvres; dans les pays des Ifes, la plupart des habitants ne savent ni lire ni écrire, mais quelques-uns sont gradués de certaines des plus vieilles universités d'Europe. Il est absurde de considérer les Ifes, les Buani eux-mêmes comme « sous-développés »; bien qu'ils représentent des ressources incomplètement utilisées; leur action est limitée par la société qui les entoure, par leur pauvreté et par leur manque d'instruction. Qu'on développe l'économie et la société, et l'on verra leur comportement se transformer. (73)

Il est intéressant de souligner l'optimisme de l'auteur, qui rappelle celui de Dantès Bellegarde exprimé il y a un siècle :

> Instruction, aptitude, perspectives—en d'autres termes, des connaissances, des possibilités d'action, une saine attitude à l'égard du développement national en général—c'est cela qu'il faut faire acquérir à la population avant que le pays puisse se transformer (74).

Plus loin Dantès Bellegarde continue :

> Dans tout pays neuf qui aspire à s'élever, l'enseignement et la formation technique doivent prendre une très grande expansion—à tous les niveaux, depuis l'alphabétisation jusqu'à la formation de chercheurs scientifiques, et dans tous les domaines : agronomie, conduite des machines-outils, réparations des appareils de radio et des véhicules automobiles, construction, comptabilité, secrétariat, gestion des entreprises, soins infirmiers, médecine et santé publique, science de l'ingénieur, commerce et journalisme. A la base, il faut développer l'instruction générale : la population dans son immense majorité doit savoir lire, écrire et compter, et pouvoir participer activement aux affaires publiques (75)

.

De son côté, M. Robert J. Alexander cite parmi les sept caractéristiques d'un pays sous-développé la conviction largement répandue dans la population du pays elle-même que celui-ci est « sous-développé » (76).

Ce critère a retenu mon attention ; car il est crucial et dépeint le facteur négatif le plus décisif du sous-développement, celui qui donne aux habitants du pays concerné un sentiment *d'à-quoi-bon*, et les porte à jeter l'éponge avant d'essayer ou de tester des mesures de redressement.

En effet, au cours de mes conversations avec bien de mes concitoyens, j'ai détecté chez eux ce genre de défaitisme. Quand j'exprime *mes vues optimistes* au sujet d'Haïti et rappelle la faisabilité ou l'applicabilité dans ce pays des moyens d'action universellement acceptés, ils opposent *leur pessimisme tatillon* à mes arguments. Ils me rappellent le caractère utopique de toute rénovation sociale, un handicap connu même des « grandes nations » comme les *Etats-Unis*, le *Canada*, le *Brésil*, la *France*, l'*Angleterre*, le *Japon*, la *Chine*, des foyers de problèmes insurmontables. Alors, selon eux, Haïti n'est point exempte de la médiocrité universelle et de la nature boiteuse de l'administration humaine.

J'argue toujours que la conversation devrait se dérouler sur la détresse haïtienne, non sur la situation des « grandes nations »

Ces « grandes nations » se sont engagées dans la voie positive des changements structurels. Elles possèdent des recettes d'action efficaces leur permettant de résoudre leurs problèmes, si elles le veulent. Elles détiennent aussi la possibilité d'exprimer leur satisfaction ou leur mécontentement au moyen d'élections démocratiques. Naturellement, je n'exclurais point l'éventualité de ces « grandes nations » de s'enliser dans la partisannerie et le sectarisme, ou de garder toujours les riches au timon des affaires; cependant, les besoins primaires de bien de leurs sujets sont satisfaits tant bien que mal.

En revanche, dans une certaine mesure, ces pessimistes haïtiens ont raison. Il n'est pas nécessaire de mener des enquêtes approfondies pour réaliser que l'humanité en général, à travers la planète, accuse une situation affligeante, confuse, perplexe, un certain éloignement de l'idéal de civilisation. Un état des affaires triste et impensable prévaut dans le contexte international.

Toutefois, l'objet de nos conversations sur Haïti gagnerait à viser aux problèmes chroniques de ce pays, qui sont susceptibles d'analyses critiques. Parmi ces problèmes il faut citer la superstition à l'échelle nationale, le manque de motivation politique, l'égoïsme érigé au niveau institutionnel, la duplicité, l'absence de planification économique, la négligence dans l'exécution de la politique concernant l'agriculture, la santé publique, l'éducation—et j'en passe. L'existence de ces inconvénients indique clairement une nonchalance systémique et une absence d'organisation rationnelle des affaires. Donc c'est simplement une perte de temps de comparer notre pays avec les « grandes nations »

En outre, je me rappelle les systèmes irrationnels qui sous-tendent l'économie nationale et je comprends pourquoi le sous-développement s'installe à demeure chez nous. Dans une étude parue dans les colonnes de la revue *Frère Du Monde*, une observation analogue a souligné:

> Pour les produits alimentaires, Haïti importe surtout des farines de froment, du lait, des conserves de viande, du poisson, du lard, du beurre et d'autres matières grasses. Le paradoxe est qu'en même temps le pays exporte de la viande, il baigne dans une mer très poissonneuse...(77)

Je ne suis pas certain de l'abondance des poissons dans nos rivières et nos mers, mais j'admets que la pisciculture n'a jamais été un point fort de l'industrie haïtienne. Quelles en sont les raisons ? Personne n'a offert une réponse satisfaisante. En somme, autant que je me rappelle, la pisciculture n'a jamais existé en Haïti (sauf peut-être à titre d'expériences personnelles inconnues de moi). Cependant la disponibilité de la mer rendrait une telle entreprise éminemment possible.

Dans le même ordre d'idée, j'ai constaté que le riz, le coton, le sucre, le ricin et une infinité d'autres produits abondants en Haïti ou susceptibles de l'être, sont exportés sous une forme et rachetés sous une autre (à un prix élevé).

Les dirigeants nationaux n'ont aucune excuse pour ne pas approcher ces problèmes d'une manière rationnelle et productive.

Et la liste de ces actes inconsidérés peut s'allonger ad infinitum.

Ces assertions et bien d'autres m'encouragent à persévérer dans mes vues optimistes sur notre pays. En effet, si son redressement requiert un grand effort, il n'en est pas moins vrai que ce pays a joui—il y a moins de 60 ans—de certains facteurs positifs qui y rendaient l'existence plus tolérable.

Un exemple entre mille: notre pays impose son nom à travers le monde à cause de sa pauvreté et de son inclination à la dictature. Cependant, la publication des données statistiques induit parfois en erreur, dans un sens comme dans un autre: dirigeants et partis d'opposition alignent souvent des chiffres « passionnels ». A côté des chiffres dignes de confiance ou non, les haïtiens qui, avant l'*ère duvaliériste*, ont visité des pays étrangers, et réciproquement des visiteurs qui ont séjourné en Haïti, ont été unanimes à reconnaître que, malgré le revenu per capita dérisoire de cette nation, elle a joui d'un coût de vie modéré. Protéines et calorie s'obtenaient pour une somme dérisoire.

Malheureusement, le Duvaliérisme surgit, achemina les paysans dans des directions « indigénistes » et les transforma en « Volontaires de la Sécurité Nationale ». Aujourd'hui encore j'ai la nostalgie de ces bons moments. Ils reviendront si nous approchons l'agriculture, l'élevage, la pêche, l'industrie en général...d'une façon objective et humaine.

Dans le même ordre d'idée, la nouvelle vogue d'assassinats, d'enlèvements pour rançon et d'autres crimes odieux commis contre les enfants de la nation paraissent étranges aux gens de ma génération. Je me rappelle le temps de ma vie estudiantine quand je révisais mes cours sur les places publiques, jusqu'à une heure indue de la nuit. Si ma mémoire me reste fidèle, je n'ai jamais entendu parler d'actes criminels commis contre la population civile par des gens de sac et de corde. Cependant, ces jours-ci, l'innocence nationale s'en va à vau-l'eau. Des parents et amis s'acoquinent souvent aux criminels contre leurs proches pour de l'argent.

L'un des remèdes de la léthargie et de l'insouciance nationales sortira de la dissémination du modernisme à travers le pays par le truchement des services efficaces tels que de bonnes écoles, des centres de santé efficients, de l'énergie et des biens de consommation. Le nouveau leadership politique introduira dans son programme un processus de décentralisation, par ainsi Port-au-Prince cessera d'être le point de convergence de toute la nation. Conséquemment, beaucoup de gens se délecteront de retourner à l'agriculture et à une condition de vie plus paisible.

Ainsi la nouvelle mentalité aidera à poursuivre un accroissement économique, en diminuant les taux d'importation, du moins en ce qui concerne les produits du terroir susceptibles de transformation sur place. La défalcation sera affectée à l'importation des biens de production, tels que matériels modernes, machines, engrais, ou au perfectionnement et au recyclage de nos professionnels et techniciens.

De ces vues optimistes je tire la conclusion suivante: tandis que les Etats Unis d'Amérique et (dans un passé récent) l'Union Soviétique ont continué et continuent à diviser le monde en deux zones d'influences distinctes (encore que ces puissances tendent graduellement à accueillir une atmosphère de coopération entre elles et que l'Union Soviétique soit remplacée par une confédération d'Etats indépendants), les *petites nations* ne sont pas forcément condamnées à l'inaction pour autant. Un pays comme le nôtre résoudra valablement ses problèmes internes si dirigeants et dirigés en sont conscients. Il est impensable de croire qu'une grande puissance recommanderait expressément aux dirigeants des pays placés dans son giron d'user des fonds alloués à leur enrichissement personnel, au lieu de les employer à des fins collectives.

En outre, si la Nation Etoilée sert de modèle à notre pays quant à la stabilité institutionnelle: le transfert de pouvoir, la séparation réelle des branches de gouvernement assurant un processus de balance et la viabilité de la nation, la défense des libertés civiles, elle n'est pas néanmoins un archétype dont notre pays s'inspirerait en ce qui concerne la manière d'améliorer le sort des pauvres. Selon un rapport télévisé (77) en décembre 1987, il y a trente millions de pauvres aux Etats-Unis d'Amérique. Et le nombre a augmenté considérablement avec l'inflation persistante connue par le pays depuis lors, la politique récente de réduction fiscale et le transfert des emplois à l'étranger pour des raisons salariales d'une nature peu noble.

En ce qui concerne les déshérités de la population, leur nombre grossit sans cesse.

Et le sort de ces défavorisés du sort s'envenime de jour en jour. Les nouvelles indiquent que la nation américaine est *économiquement divisée* depuis bien des années. Malgré les *déclarations intempestives* sur la croissance économique nationale, des *communautés* et des *ethnies* périclitent, et les *différences salariales* s'élargissent. Des nouvelles peu gaies annoncent un *taux ininterrompu de banqueroutes*. Alors, pour beaucoup de familles, le « rêve américain » s'est changé en cauchemar.

A part la pauvreté, un point sombre dans l'abondance tant chantée du Colosse Etoilé, ce dernier est hanté par le spectre des problèmes de la santé publique, du logement, de l'éducation—pour ne citer que ceux-ci. Les familles à salaires bas ou moyens trouvent difficilement aux Etats-Unis des habitations relativement confortables où vivre à un taux raisonnable; elles dépensent couramment plus de la moitié de leurs salaires pour les mensualités locatives. Elles affrontent également des problèmes posés par l'accession aux études supérieures et aux soins médicaux, dont les coûts augmentent à un rythme ahurissant. Sans doute existe-t-il des bourses d'études et de l'assurance-maladie aux Etats-Unis, mais elles n'excluent pas le payement des déductions élevées par leurs bénéficiaires.

A ces notes peu gaies s'ajoute le fanatisme religieux. Depuis plus d'une décennie, la religion affecte grandement les décisions politiques prises en Amérique. Elle dirige cette grande nation vers une dangereuse intolérance idéologique, vers le bellicisme et vers une négligence prononcée des mesures sociales qui apporteraient un soulagement aux nécessiteux.

Tous ces problèmes persistent parce que les riches affectent, dans le sens de leurs intérêts, les mesures gouvernementales, en harmonie avec à la philosophie politico-économique du monde occidental: le « Laissez Faire ».

Aujourd'hui encore, cette philosophie est le mot de passe formel ou tacite sur lequel repose l'attitude mentale de l'intelligentsia américaine. Dans le domaine économique, cette philosophie établit que les différentes étapes de l'économie politique: la demande, l'offre et la production se rajustent automatiquement. Une telle philosophie, malgré son apparence évoluée ou raffinée simule l'instinct animal : les espèces existent, perpétuent et dégénèrent; et tout va bien, l'harmonie prévaut partout.

Appliquée à la société des hommes, cette doctrine a fait beaucoup de torts. Elle préconise et soutient le parallélisme économique qui assure l'accroissement progressif de la fortune et du pouvoir des riches et l'envenimement de la misère des pauvres. Elle exprime la volonté des riches et la conservation de leurs privilèges.

Cette philosophie engendre également un système saturé de problèmes insurmontables, causant une augmentation du chômage dans presque toutes les couches sociales (y compris le groupe des personnes hautement qualifiées). Aussi, récemment, bien des gens du cadre administratif et de bureau ont été limogés et incapables de tomber sur un emploi digne de leurs qualifications.

Une société humaine dynamique devrait essayer de surmonter ces instabilités structurelles. Elle présuppose une *convention* selon laquelle les citoyens confient au gouvernement (le représentant du souverain) le pouvoir de coordonner les différentes activités et de rectifier les déséquilibres, dans la mesure du possible. Or je ne vois point la raison d'être d'un gouvernement s'il remplit seulement une fonction d'observation et n'intervient que timidement dans les affaires sociales. Il devrait avoir un droit de regard sur les conditions de vie de tous les citoyens. S'il y en a qui souffrent, qui végètent dans la pauvreté parce que les riches accaparent tout, il devrait agir en faveur des faibles et des démunis. Cependant, un tel rôle dynamique ne joue pas d'une façon satisfaisante aux Etats-Unis d'Amérique où les pauvres paient des taxes assez élevées, tandis que les salariés de cinq cent mille dollars ou plus bénéficient d'avantages fiscaux, d'abattements ou d'exemptions.

Et pour comble de malheur, la société américaine est assaillie par la toxicomanie endémique. Plus de cinq millions de citoyens y souffrent d'une forme quelconque d'accoutumance délétère: cocaïnomanie, héroïnomanie, morphinomanie et d'autres nouvelles drogues illégales. Une telle situation entraîne des conséquences multiples. Les victimes cessent d'être utiles à la société et à leurs familles. Elles deviennent des marginalisées de la nation. Elles grossissent le rang des sans-logis. Le crime devient aux Etats-Unis un jeu auquel les gens se livrent pour s'éliminer mutuellement et s'assurer d'un monopole exclusif du trafic de la drogue. Des centaines de gens meurent quotidiennement (y compris des innocents).

En me basant sur ces graves inconvénients de la société américaine, je reconnais que le gouvernement Américain est incapable d'arrêter des mesures visant à endiguer cette vague mortelle qui met en danger l'avenir de la Nation Etoilée. Ainsi, cette dernière, se montrant peu dynamique à résoudre des problèmes vitaux de ses sujets, n'est pas idéologiquement préparée à guider Haïti où la pauvreté a élu domicile. Dans le contexte des limitations imposées par le *leadership occidental*, celles de ne pas « flirter » avec les *communistes*, les *libéraux* et les *nationalistes irréductibles,* notre pays a le droit et le devoir d'apporter à nos problèmes internes des solutions capables de réhabiliter ses sujets et, éventuellement, d'inspirer les dirigeants d'autres collectivités en détresse.

D'ailleurs, ce « flirt » n'a plus sa raison d'être : le communisme bat de l'aile à travers le monde. La Chine qui s'en réclame pour la galerie, devient une société capitaliste avec ses qualités et ses défauts. La vie humaine est loin d'y trouver un soulagement.

(15)

Quel parti politique Aimerais-je Voir triompher En Haïti?

Des présidents se sont succédé à un rythme rapide en Haïti, au point de croire à la répétition mécanique de l'histoire. Les historiens m'apprennent qu'il y a eu une fois quatre présidents en l'espace de deux ans. Le plus récent président élu est Prévale. Je serai surabondamment heureux si lui et ses assistants arrivent à alléger le sort de ce pays bien-aimé. Malgré tout, les « partis politiques » y restent en veilleuse et y foisonnent avec le temps. Certains ont acquis la notoriété publique, d'autres restent dormants. Des observateurs assidus de la réalité politique haïtienne affirment l'existence de plus de trois cent candidats déclarés ou pas à la présidence du pays. Ce nombre n'inclut pas les myriades de candidats aux positions parlementaires, municipales—et j'en passe. Il y en a qui déclarent leur loyauté soit au capitalisme américain, soit à l'utopie vacillante communiste; d'autres gardent le silence sur leurs idéologies politiques. Quelles que soient leurs visées et leur importance, ces « partis » maintiennent vivant un certain ferment de la démocratie.

Je m'inquiète de l'avenir d'un tel ferment exposé aux dangers venus de partout.

J'imagine l'impatience du lecteur conscient, amant de notre pays qui me demande instamment de divulguer le credo auquel j'appartiens. Impatience bien justifiée: il ne s'agit pas seulement d'analyser, d'observer et de critiquer, il faut aussi suggérer des recettes d'action (78).

Pour rester en harmonie avec ma devise à laquelle j'ai fait allusion en maintes occasions: MENTALITÉ MODERNE POUR UNE HAÏTI MODERNE, je souhaite le triomphe d'un parti d'entente.

J'accorde au terme d'entente une extension fort élargie. Il ne signifie pas purement et simplement un accord entre formations politiques en vue d'organiser des élections coûte que coûte ou un gouvernement hybride comme celui qui été, une fois, suggéré au Président Aristide par des institutions étrangères; il présuppose une tolérance réelle, le désir sincère de s'adjoindre les uns aux autres pour relever ensemble le défi de rénover une nation; il recommande le sacrifice des haines personnelles, des préférences affectives, des attitudes suffisantes, à l'amour réel de la patrie.

Il ne faut pas oublier que la division des groupements sociologiques et leur animosité apparemment irréconciliable affaiblissent les communautés affectées telles que Haïti, elle-même, et beaucoup d'autres Etats Africains et Moyen-orientaux, et permettent le contrôle de leurs destinées par des puissances paternalistes pas souvent altruistes.

Ces communautés, victimes de dissensions internes, gagneraient à maintenir une atmosphère de dialogue (malgré leur divergence d'opinions).

Que les haïtiens le veuillent ou pas, la vraie révolution en Haïti sera la lutte des disciplines éprouvées contre les routines aberrantes; elle se réalisera en rejetant délibérément le statu quo de la dictature d'un groupe d'inconséquents en faveur d'un système politique largement intégrationniste.

Les haïtiens n'ont pas le choix des moyens s'ils entendent résoudre leurs problèmes par eux-mêmes; car, de l'avis de maints observateurs internationaux, ils ne sont point aptes à se tirer d'embarras.

Et les actes inconsidérés posés par les leaders nationaux en ces derniers temps justifient cet avis. Il y en a qui pensent que seule une intervention étrangère mitigée ou pas arriverait à placer le pays dans le droit chemin.

Une telle croyance ne convainc personne ; car, les interventions étrangères successives en Haïti n'ont pas tiré celle-ci du gouffre dans lequel elle s'enlise.

Malgré tout, cette croyance persiste.

Déjà, au temps du coup d'Etat de 1991, Flora Lewis entre autres, a cru que la situation d'Haïti n'aurait pas détérioré si une intervention étrangère pouvait assurer l'établissement d'un système financier et budgétaire adéquat, la mise en œuvre d'une administration qui présiderait aux élections et à l'organisation d'une force policière importante capable de contrecarrer efficacement l'action des gangs. Flora Lewis a maintenu que cette intervention reste éminemment plausible (79).

Pour dissiper cette image d'une nation irresponsable et infantile offerte par les haïtiens aux étrangers, ceux-là se souscriront à une coalition de leurs ressources idéologiques.

Ils cesseront de jeter l'anathème aux leaders qui n'appartiennent pas à leurs chapelles respectives. En ce qui concerne l'auteur, il n'est guère enclin à soutenir que les socialistes haïtiens prêchent l'aventurisme, que nos libéraux enfourchent les chimères, que nos capitalistes appartiennent au groupe des conservateurs au cœur de glace, que nos nationalistes importunent d'exiger tout pour Haïti, par Haïti, avec Haïti.

Toutes ces tendances idéologiques ne garantissent point le bonheur de l'homme. La démocratie, par exemple, considérée comme le point d'arrivée de l'évolution de la pensée politique et idéologique, sème la mort et la détresse dans le monde, au même titre que la dictature, l'anarchie, le libéralisme et le conservatisme. Apparemment, le bonheur humain se situe au-delà des idéologies politiques.

Cependant l'humanité croit en ces idéologies et se sentirait désemparée sans elles ; alors pourquoi n'en tirait-elle pas les bons côtés ?

Sous cet angle, je dirai qu'il y a un peu de vérité dans ces positions apparemment antagonistes. Leur coexistence et leur coopération, je l'espère et le souhaite, aideront le monde en général et Haïti en particulier à venir à bout de leurs déboires.

Avant d'élucider ces prémisses, il convient de m'attarder un peu sur la notion de parti politique.

Au début, j'ai mis cette notion entre guillemets, vu que, chez nous, elle désigne souvent un groupuscule politique ayant pour vocation de s'enrichir au détriment du peuple. Et de nos jours, cette prémisse se justifie pleinement dans le contexte de la crise nationale.

Un parti politique, dans l'acception moderne du terme, s'identifie plutôt à un groupe de personnes ayant des idées politiques communes et des prétentions au pouvoir dans l'intention de faire triompher ces idées. Il est unanime d'admettre que celles-ci dépassent toujours le désir mesquin d'enrichissement personnel.

Elles ne sauraient avoir un caractère aussi immédiat, comme elles se présentent sous la forme d'utopies de dépassement. Elles épousent l'allure de propositions, d'hypothèses mises généreusement au service de la nation en vue d'assurer le bien-être de celle-ci, sa sécurité et son avenir.

Issues de l'action d'un groupe, les idées politiques deviennent militantes et visent à la généralité des situations existentielles. Elles ne sont pas toujours populaires. Bien au contraire. Elles débutent leur carrière en pleine « disgrâce »: elles demandent aux gens de divorcer d'avec leurs modes d'existence traditionnels, d'essayer d'appréhender la réalité avec des yeux neufs et optimistes...Une telle suggestion irrite, porte à réfléchir, énerve. Nous nous bouchons les oreilles; mais les idées nouvelles s'insinuent dans les cœurs, dans les esprits, lentement mais surement. Nous les ridiculisons le jour, avec jactance, avec une certaine assurance donnée par les forces de la tradition, mais, le soir, dans nos lits, nous commençons à en supputer la valeur prométhéenne, l'applicabilité; car, en dépit de l'apparence du contraire, nous soupirons après les changements proposés par elles.

Et je crois que tous les haïtiens sensés aimeraient vivre dans leur propre pays réorganisé par eux-mêmes.

Je suppose que les groupes politiques haïtiens mus par de grands courants de pensées économiques, juridiques et administratives, répondent au concept moderne de parti politique (contrairement à l'image qu'ils ont offerte pendant la crise politique débutée en septembre 1991). Si leurs membres aiment vraiment Haïti ils gagneront à y instaurer, un jour, un système politique qui les représente tous.

Chemin faisant, je suggérerai des moyens d'arriver à ce nouveau « contrat social ». Pour le moment, je crois fermement que ces tendances politico-philosophiques, bien que distinctes ou différentes, affecteront nécessairement la nation.

Il y a une multitude de raisons pour lesquelles je souhaiterais la mise en œuvre d'un tel *contrat social*, non seulement pour dénoncer, dans un front commun, les abus de pouvoir dont les régimes transitoires se sont rendus coupables, dès le départ des Jean-Claudistes jusqu'à nos jours, mais encore pour apporter ensemble des solutions pertinentes aux problèmes nationaux.

Premièrement, du point de vue philosophique, la contradiction constructive présupposée par le contrat social, aidera décidément à résoudre le *paradoxe indigéniste*.

L'indigénisme préconise la survivance de l'« âme du peuple », toujours égale à elle-même. Or, pour survivre, *l'âme du peuple* doit continûment mouvoir. Etant, sous un angle métaphysique, une réalité dynamique, elle assumera de nouvelles valeurs et se résignera à sacrifier le passé qui l'attire dans le gouffre de l'immobilisme et de la rétrogression. C'est une raison nécessaire et suffisante pour ne pas refuser le droit à l'existence de tel ou tel parti politique répondant à la définition proposée plus haut, alors que ce parti existe en fait, s'affirme, brasse des idées pas absolument fausses, détient une portion des nouvelles valeurs à assimiler et à assumer, fait palpiter *l'âme du peuple*, surtout lorsqu'il jette par moments une note discordante, une réserve.

Il incarne également une soupape de sécurité, le baromètre de l'action politico-sociale.

La divergence d'opinions ne s'identifie point à l'esprit de négation; elle se compose de l'ensemble des matériaux qui assureront le dynamisme, la perpétuation, la revalorisation de *l'âme du peuple*, comme l'eau, la pierre, le ciment s'amalgament pour donner un splendide et solide bâtiment.

Autant que je sache, les pays développés et en voie de développement ne meurent point d'une telle divergence. Bien au contraire. Leur salut et leur vitalité en dépendent. C'est ce qui explique leur pouvoir de rebondissement: chaque fois qu'ils s'exposent à l'intoxication des forces aveugles et traditionnelles, les différentes artères de la divergence d'opinions leur infusent du sang chaud, nouveau, revivifiant. Le monde serait pire aujourd'hui sans l'action correctrice des amants de la liberté et de la vérité.

Deuxièmement, sur le plan politique, la divergence d'opinions permettra au pays d'expérimenter pour la première fois la démocratie dont il s'est constamment réclamé depuis tantôt deux siècles.

La démocratie, malgré ses imperfections et sa participation au désarroi planétaire, propose, en théorie, un système politique viable par lequel le *peuple exerce sa souveraineté lui-même*. Elle ne surgit dans aucun pays comme une intruse, une plante parasite, un cheveu sur la soupe. D'ailleurs, par moments, des éléments traditionnels jouent pieds et mains pour l'étouffer (comme c'en est le cas récemment en maints pays d'importance). La démocratie se construit dans la communication, la liberté de discussion et l'accès à l'information. L'élite privée de celle-ci n'agira point objectivement et humainement.

Et la vraie information n'emprunte pas un sens unique. N'est-il pas un truisme d'admettre que, dans un pays démocratique, même les avis dissidents méritent une audience ? Malheureusement, cette croyance est en voie de disparition à travers le monde : des penseurs, des journalistes, des directeurs d'opinions paient chèrement leur franchise. Sous ce rapport, je me demande si l'humanité a progressé, si elle n'a pas régressé vers le temps des monarques cruels et incompétents.

D'ailleurs, la haine chronique des groupes sociaux au sein d'une nation vient non seulement d'une incompréhension causée par la divergence d'intérêts, mais aussi du degré d'évolution de la société et de ses institutions.

Haïti, au point de vue de pratiques administratives, n'a pas encore dépassé le stade tribal. Beaucoup d'employés ne se rendent pas encore compte de la valeur impersonnelle de la fonction publique, de la raison d'être de leur emploi assurant l'harmonie des relations entre les institutions et les membres de la communauté sollicitant leurs services pour une raison ou une autre. Ils sont naturellement aimables à l'égard de leurs amis et des puissants au pouvoir, et rabroue les autres contribuables, leur montrant leur ennui d'être leur serviteurs (80).

Troisièmement, la divergence d'opinions qui présuppose la mise en place d'un système intégrationniste, permettra d'atténuer des haines tenaces et d'étendre la compréhension en Haïti, en encourageant le coudoiement des groupements de différentes tendances.

Le Duvaliérisme, il est vrai, a réalisé quelque chose d'approchant, mais il a visé essentiellement à créer une fraternité dans le crime, prenant Dr. François Duvalier, son fils Jean-Claude Duvalier ou leurs associés comme pivots. En revanche, pour résoudre des problèmes d'ordre affectif aux dimensions collectives, il faut un effort qu'une seule *école* ne pourra déployer. Qu'on se rappelle la façon dont la vie politique haïtienne se manifeste; les groupes au pouvoir n'agissent pas en toute lucidité. Je me fais violence pour ne pas affirmer la prédominance de la démence dans le gouvernement du pays. Mon appréhension se comprend bien.

Le groupe au pouvoir représente l'équipe des exclus d'hier, qui portaient des chemises crasseuses, des vestes de toile fatiguées, des chaussures aux semelles avachies; qui souffraient de l'arrogance gratuite du fonctionnaire au ventre rebondi, éprouvant de la répulsion pour la « courbure de leur tête ». Avez-vous conversé avec les grands des régimes du pays? Tous ont connu des déceptions, des avanies, des situations malheureuses et avilissantes. Ils les ruminent, les redisent. Chacun a une histoire poignante à vous conter, une histoire tissée de déboires, de désespoirs: le loyer de la maison impayée pendant des mois; les injures faciles d'un créancier inhumain; les espoirs fallacieux de *Monsieur le Ministre* qui dit pour la millième fois: « Revenez dans huit jours. » Toutes ces misères endurées forment une communauté d'aigris; elles sont des leçons apprises par cœur et gravées dans la mémoire, qu'on tachera, le cas échéant, de rendre point par point. Elles enseignent l'égoïsme, le froid cynisme, la sécheresse de cœur; elles provoquent de fortes explosions de colère intérieures, des aversions rentrées, qui attendent l'occasion de se projeter sur la personne des dictateurs d'hier. Mais la haine aveugle rétrécit l'action humaine. Alors, toute la nation en souffre. Ce que les duvaliéristes et leurs semblables ont étalé (ou continuent d'étaler), ils l'ont appris hier, à l'école haïtienne de la vie. Si cette école reste inchangée, ils auront un jour leur juste récompense. Et demain...

Voyez-vous combien l'élite militante de demain fera énormément du bien, en étendant graduellement la compréhension et la bonne volonté un peu partout!

Dans cet ordre d'idée, les fonctionnaires intégrés dans un tel contexte social contribueront grandement à cette compréhension. Ils œuvreront dans un système intégrationniste propice à l'amabilité, à l'obligeance, à l'impartialité à l'endroit d'un peuple trop longtemps victime des abus de pouvoir. Encore une fois, le système dissuadera les employés de la pratique de manifester du mépris pour des rangées de contribuables impatients et d'accueillir chaleureusement leurs cousins, leurs amis, leurs frères et sœurs, ceux-là qui plaisent aux yeux et surtout les membres d'une « religion » triomphante à sens unique.

Quatrièmement, pour la survie d'Haïti, la mise en place d'un parti d'entente réelle est souhaitable. Chaque groupe politique pris séparément s'érige en champion d'un ensemble d'idées pour lesquelles il aimerait *mourir*. Cependant, s'il a raison en ce qu'il affirme, il a tort en ce qu'il ignore délibérément. Dès lors, avec la divergence d'opinions, ses vues ferventes, enthousiastes, seront tempérées par celles des autres groupes avec lesquels il comptera pour servir convenablement le pays.

Voyez-vous ce socialiste haïtien, gauchiste irréductible sur le plan philosophique, mais très accommodant dans le domaine de la pratique (surtout quand il s'agit des intérêts collectifs)! Ipso facto, il verrait en face de lui les idéologues de droite, sans compter les petits bourgeois de droite mus malgré tout par l'âme libérale; sans compter le peuple qui, sans une éducation appropriée, ne saisit point la signification des démarches gauchisantes.

Maintenant prenons le cas d'un capitaliste haïtien, amant farouche des idées libérales, mais désireux de faire la part des choses (surtout quand la survie de la nation est en péril)! Son intransigeance doctrinale exaspérerait les socialistes appuyés par ceux-là qui encouragent des mesures socialisantes en Haïti, sans y souhaiter le stade crucial d'un Etat Communiste; sans compter les nationalistes qui croient au salut du peuple à partir des recettes locales; sans compter le peuple très désenchanté par les politiciens « capitalistes », responsables de leurs déboires.

Cinquièmement, la divergence d'opinions dont sera sorti le contrat social, rendra les haïtiens plus réalistes, plus objectifs dans leurs démarches. Tous les esprits, tous les bras se joindront pour tirer Haïti du gouffre où elle est plongée. Du train que cela va, elle n'intéresse plus les grandes puissances. Un diplomate étranger n'a-t-il pas un jour déclaré qu'elle est tellement pauvre que même les communistes n'en veulent pas.

Ce diplomate—bien que peu indulgent—invite à conclure que notre pays, après deux siècle d'exploitation et de pillage commis tant par des politiciens antipatriotiques que par des détrousseurs étrangers, a atteint le bout de son rouleau. Il n'a presque plus de mines d'or, de cuivre à profusion; il n'est plus vierge comme les régions africaines et moyen-orientales. Il incarne une « vieille » terre qui ne suscite plus la convoitise des gens (à part des manufacturiers d'outre-mer et des commerçants qui l'ensevelissent sous une avalanche de produits que personne n'achète sans hypothéquer sa dignité humaine).

Les haïtiens doivent finalement se convaincre de ce que leur salut dépend d'eux-mêmes. Si une aide étrangère arrive, ils l'accepteront gracieusement, mais ils doivent compter sur leur propre vouloir. Ils agiront comme s'ils croient en la possibilité d'une autarcie. Si leurs efforts conjugués débouchent toujours sur la catastrophe—une perspective à laquelle je refuse de me résigner—il faudra admettre que c'était le sceau du destin, depuis la création du monde. Cependant, une conclusion fataliste n'effleure pas mon esprit, vu que mes concitoyens et concitoyennes n'ont jamais essayé de se tirer du gouffre ensemble, en tant que frères et sœurs, dans l'amour du pays.

Somme toute, trop de groupes disparates, trop d'éléments contradictoires, trop d'intérêts opposés ont acquis la longue habitude de coexistence en Haïti pour ne pas y souhaiter la mise en œuvre d'un système politique qui les canaliserait dans la voie de la restauration nationale.

J'aimerais ajouter que, dans une certaine mesure, Haïti est malchanceuse. Pour la première fois, un processus démocratique a vu le jour dans le pays, mais la force du mal n'a jamais cessé son activité et a contrecarré les plans de la nation chargés de promesses et d'espoirs. Mais la force du mal n'aurait pas réussi aisément dans son action destructrice si le monde n'était pas dans un état de démoralisation. Dans tous les coins de l'univers règne la détresse humaine : des guerres sanglantes, des actes de génocides, des persécutions religieuses, des nettoyages ethniques. Le danger du pouvoir absolu frappe des nations présumées détentrices de la liberté. Des tortures s'administrent au mépris de la convention de Genève. Presque toutes les nations ont leur part d'épreuves. Les communautés internationales ainsi que les Etats qui ont habituellement essayé de donner un sens de direction à l'humanité, retrouvent difficilement leur voie dans cette atmosphère cauchemardesque. Ils prêtent une petite attention à Haïti qui est comme un furoncle dans un corps malade, un incident auquel s'intéressent quelques philanthropes et des gens de bonne volonté. Le pays n'attire pas l'attention de beaucoup.

En revanche, la démoralisation mondiale convient à merveille aux criminels politiques haïtiens. Ils écoutent les nouvelles à la radio ; ils les suivent à la télévision ; ils les lisent dans les journaux. Ils tuent impunément les gens, les soumettent à la coercition ou à la répression et répètent les actions insensées auxquelles se livrent bien des leaders, à travers le monde.

Le de facto Président Jonassaint a vu juste quand il a déclaré à la Chaîne 47, à New York, le 11 juin 1994, que la répression s'étend à travers la planète. Il a voulu dire qu'Haïti devrait en avoir sa part. Dans le même ordre d'idée, M. Constant, un des leaders de *FRAPH* a argué, au cours d'un programme télévisé de la même chaine de télévision 47, que des tueries sont commises d'un bout à l'autre de la planète. Il a invoqué le massacre de Rwanda. En outre, il y a des criminels en Haïti qui sont engagés dans l'enlèvement des personnes pour rançons à payer en monnaies américaines. Ils désignent leur mouvement démentiel sous le nom : « l'Opération Baghdâd ».

Les hommes et les femmes de bonne volonté ont le droit de se demander si l'humanité peut résoudre ses crises.

Je prends l'ONU comme exemple.

Elle aurait été un instrument efficace de paix. Malheureusement, elle dépeint le foyer des conflits d'intérêts irréconciliables. Ce qui se comprend bien. Elle offre deux poids, deux mesures dans ses décisions, ce qui ruine son autorité morale : d'un côté les grandes puissances y exercent trop d'influence ; de l'autre côté, elle ne définit pas clairement ses approches des situations auxquelles elle donne des interprétations conflictuelles.

En ce qui concerne la trop grande influence des grandes puissances, l'ONU pense y apporter remède en élargissant le cadre du Conseil de Sécurité, une des actions réformatrices proposées par l'ex-Secrétaire Général, Kofi Annan.

Selon moi, une telle décision consisterait à faire un pas en avant, deux pas en arrière.

Il est évident que la nature du Conseil de Sécurité entrave la stabilité et la paix du monde : une minorité composée de « grandes puissances » contrôle les décisions majeures concernant les membres de l'ONU. Il s'agit de la reproduction à peine déguisée d'un système oligarchique. En effet, cette minorité a le droit de veto sur toutes mesures à prendre. A cause de ce droit, des abus criards et inhumains n'ont jamais été redressés. Les décisions qui affectent les alliés des grandes puissances d'une façon peu satisfaisante pour les premiers, mais salutaire pour le reste du monde, ont été soumises à la hache impitoyable du veto. Le résultat : une situation cauchemardesque perdure au Moyen Orient, dans l'Amérique Latine, dans les Caraïbes, en Afrique, en Europe. En somme, dans ce contexte de droit de veto, les grandes puissances s'accusent souvent de mauvaise fois à l'égard les unes des autres. Ce qui se comprend aisément ; car, à l'encontre du vœu proposé par Emmanuel Kant, elles agissent d'une façon qu'elles n'aimeraient point ériger à la hauteur d'une loi universelle. Malheureusement, elles doivent manger la chèvre et le chou. Aussi, au lieu de proposer un élargissement du Conseil de Sécurité dont la nature implique sa partialité, pourquoi ne pas l'éliminer une fois pour toutes. L'ONU deviendra une vraie institution démocratique œuvrant selon une équation bien simple : une voix par nation.

En ce qui concerne Haïti, je crois que l'ONU, immédiatement après le coup d'Etat de 91, avait les voies et moyens d'agir plus effectivement et d'aboutir à des résultats plus positifs et durables. Elle aurait dû procéder en ce sens pour les raisons suivantes :

Le gouvernement démocratique de décembre 90 a été, en partie, sa création, son « bébé », au moins un atout positif à insérer dans son curriculum vitae. Je m'attendais qu'elle y ait mis plus d'effort et de sincérité afin de préserver cette image positive de son action.

En outre, elle aurait pu concrétiser ses promesses dans cette partie des Caraïbes ; d'autant plus que la crise haïtienne, en comparaison avec celle de la Yougoslavie et du Moyen Orient, s'est rangée dans la catégorie des modérées. L'ONU n'avait pas à élucider un lacis d'intérêts religieux auxquels s'ajoutent des ambitions politiques excessives ; elle avait à affronter surtout une usurpation de pouvoir par des criminels et des trafiquants de la drogue. Au nom de la décence et de l'humanité, l'ONU aurait pu sincèrement contribuer à l'établissement et à la consolidation d'une atmosphère saine en Haïti. Malheureusement, au bout du compte, elle a déçu tout le monde. La conséquence néfaste crève les yeux : le crime prédomine dans le pays, à un point tel que même si, finalement, le processus démocratique est relancé une nouvelle fois, la corruption endémique et omniprésente continuera, par moments, de fragiliser toute tentative de consolider les institutions.

Pour saisir l'ampleur du fiasco de l'intervention internationale, même les services de base n'ont pas été restaurés à la satisfaction de beaucoup d'observateurs et du peuple haïtien.

(16)

Un système intégrationniste : répondrait-il Au vœu populaire?

Le souhait d'avoir un tel système en Haïti a été formulé par nombre d'haïtiens bien-pensants, mus souvent par des idées patriotiques. Un tel vœu s'est réaffirmé durant la grande crise de septembre 91. Le moment de s'y embarquer se révèle propice. Les événements qui ont suivi le départ des Jean-Claudistes et leurs semblables confirment l'assertion de M. Watkins (81) selon laquelle il n'y a aucune garantie que le sentiment national coïncide avec les éléments gouvernementaux traditionnels. Les masses, qui par leur ralliement derrière des leaders peu conservateurs, qui par leur volonté de mourir pour le triomphe de la démocratie, ont réclamé et réclament à cor et à cri des changements en profondeur.

Je crois également que nos professionnels souhaiteraient la bienvenue à un tel système. D'abord parce qu'ils en seraient parmi les initiateurs.

Ensuite, pour la première fois, ils auraient la chance de mettre leurs lumières au service d'une Haïti que viserait au modernisme. Et c'est un point sur lequel j'insiste.

Un peu partout où nos professionnels ont l'opportunité de travailler, ils ont été bien regardés par leurs homologues étrangers. Néanmoins plus d'un s'est vu demander le pourquoi de l'impasse dans laquelle s'est donné notre pays, alors qu'il y existe une intelligentsia fort avancée.

Le système intégrationniste permettra à nos professionnels de résoudre un tel puzzle. Ces derniers auront l'opportunité d'attribuer la décadence du pays à une gestion boiteuse de la res publica. Comme les priorités nationales jusque-là n'on pas été complexes et à vocation populaire, les avis de nos compétences n'ont pas eu leur raison d'être. Ces priorités sont souvent réduites à des dépenses visant à satisfaire des motifs de prestige (réception de dignitaires étrangers, contributions aux activités ethniques, constructions de monuments, achats de produits de luxe, célébration d'une multitude d'anniversaires nationaux, achats d'armes et de munitions...) Personne ne sait la valeur des fonds tirés du trésor public par Faustin Soulouque en 1849 et par Jean-Claude Duvalier en 1971, l'un pour son sacre comme empereur, l'autre, pour son mariage. Le rappel de gaspillage fait par deux chefs d'Etat nationaux vivant à plus d'un siècle d'intervalle indique la systématisation chronique de la désinvolture et de l'insouciance de nos dirigeants à l'égard du bien-être national.

A côté de ces dépenses inutiles, les gouvernants purement et simplement détournent les fonds monétaires du pays à leur enrichissement personnel et les thésaurisent dans les coffres de banques étrangères.

En un mot, l'administration publique n'a jamais souhaité en son sein l'usage de la compétence et du désintéressement. A cause de cette orientation boiteuse, tout l'édifice social menace de s'écrouler.

L'Armée Nationale (à condition qu'elle soit rétablie selon des normes structurelles adéquates) sera un obstacle possible à l'établissement du système intégrationniste en Haïti. En effet, la crainte anticipée de l'auteur exprimée dans la première édition de cet essai, s'est matérialisée en 1991. L'Armée Nationale a offert une résistance farouche à tout changement positif. Ayant toujours appartenu à la réaction, ayant défendu la perpétuation des pratiques traditionnelles et inhumaines, elle éprouvera une certaine méfiance à l'endroit d'un tel système. Ses éléments les plus sagaces, cependant, sentiront la nécessité d'accueillir des changements bénéfiques dans le pays et s'évertueront à en miroiter les avantages aux yeux de leurs collègues plus réfractaires. Et l'Armée Nationale ne sera plus permise de s'ériger en un Etat dans un Etat; elle se soumettra aux vœux de la nation.

D'ailleurs, toutes choses restant égales, en me mettant dans la peau du militaire haïtien, je ne comprends pas qu'il soit capable d'éprouver de la fierté d'exhiber son uniforme de kaki au sein d'une nation pauvre, avachie, démoralisée ; à moins d'appartenir à un type humain inouï et impassible.

Un système intégrationniste répondrait-il au vœu populaire ?

C'est une occasion ou jamais de dire un mot au sujet de la force organisée en général.

Beaucoup de gens à travers la planète ont l'impression que l'armée, la police et les agences responsables des mesures d'exécution ont tendance à faire un usage excessif de la force et de la répression. C'est la raison pour laquelle il est idéal et moins dangereux d'avoir un gouvernement civil dont les dirigeants s'érigent plus facilement comme garants de la liberté au sein de la population civile. Eventuellement, ils se rappelleront leur statut de citoyens qui, un jour, seront obligés de laisser le pouvoir, soit au moyen d'élections, soit à la suite d'un renversement, et seront exposés une fois de plus aux abus des agences de la force organisée.

En revanche, il y a un grave danger quand le gouvernement civil encourage les abus de pouvoir par la force organisée ; à ce point, les libertés civiles se fragilisent et courent le risque d'annihilation. Une telle complicité arrive souvent dans une société démocratique comme les Etats-Unis.

Par exemple, après la tragédie d'*ONZE SEPTEMBRE* (l'une des pires dans l'histoire humaine), le gouvernement américain a promulgué une loi appelée *Patriotic Act* [Loi Patriotique] qui a été régulièrement adoptée par les deux Chambres Législatives : Le Congrès et le Sénat. Une telle loi, bien que temporaire, a déclenché beaucoup d'abus de la part des agences de répression. Des citoyens et des touristes sont arrêtés, condamnés aux amendes, menacés par des autorités pour avoir fait une *remarque ambiguë*, esquissé un *geste de protestation* contre une fouille intempestive, exhibé un canif, un couteau.

Je crois que le pire a été évité, en cette occurrence, grâce à la présence de gens et d'institutions remplissant le rôle de surveillance et d'observation de la liberté civile, et à la faculté relative de reprise de la démocratie.

Si la liberté civile est en danger dans ce pays muni des trois pouvoirs exécutif, législatif et judiciaire ayant une action limitative les uns sur les autres, que dire de notre pays, le sanctuaire de la répression et de la dictature ?

Comment créer Un système intégrationniste ?

Avant de répondre à cette question, laisse-moi consulter l'histoire récente et souligner des prises de position dont la concrétisation n'a pas garanti la mise en application d'un système politique intégrationniste.

Je commence avec la problématique du régime éphémère de Monsieur Leslie Manigat.

Ce régime a représenté l'image inverse du système intégrationniste dont je parle.

Si la situation s'était clairement déroulée en Haïti, au moment de *l'élection* de M. Manigat, cette partie de l'ouvrage n'aurait pas sa raison d'être. Toutefois agir comme si de rien n'était dénoterait un manque de sincérité de ma part.

Un système intégrationniste répondrait-il au vœu populaire ?

Le contrat social mentionné dans les pages précédentes aurait-il pu être réalisé par le régime de janvier 88?

Comme toujours, l'approche des problèmes politiques en Haïti tourne autour de la personne du chef d'Etat; aussi les tentatives d'appréciation du gouvernement de Manigat n'ont-elles pas échappé à cette tendance.

Les amis du président déchu ont soutenu en privé qu'il a représenté l'ultime espoir pour Haïti. A l'époque, j'ai souhaité du fond de mon cœur la concrétisation de leur prophétie: le peuple haïtien a trop souffert pour que j'aie boudé celui qui le tirerait du pétrin.

D'autres ont mis l'accent sur les valeurs intellectuelles de M. Manigat. Je serais le dernier à contester la pertinence de celles-ci chez un leader qui doit être capable de saisir la réalité nationale dans sa complexité. A côté d'elles, cependant, il faut le désintéressement, la compassion, la fermeté contre les opportunistes (même s'ils sont des amis), la tolérance envers ceux qui n'ont commis qu'une seule faute, celle de vouloir participer à la régénération nationale.

D'autres se sont empressés de mettre l'accent sur la *bonne foi caractérielle* de Monsieur Manigat. Cette hypothèse pose une question relevée d'une catégorie de faits situés en dehors des limites de l'essai. Je reconnais, cependant, que la bonne foi d'un homme ne le rend pas infaillible. Elle a sans doute un effet bénéfique sur les actions politiques d'un leader dans la sphère de ses possibilités; elle constituerait un facteur décisif si elle s'adjoignait à une bonne volonté collective (même à l'état dormant). En d'autres termes, l'Etat idéal serait celui où les bonnes volontés se fusionneraient pour procurer le bonheur, la prospérité et la justice. Or assez souvent, en Haïti, la bonne volonté individuelle se perd dans l'océan de la mauvaise foi.

Sous ce rapport, même si la bonne volonté individuelle existait nous aurions du mal à l'identifier. L'homme d'Etat haïtien, agissant dans un contexte social traditionnel, n'aurait pas de chance d'y apporter un changement durable et profond.

Deux petits rappels élucideront sans doute cette assertion.

(1).- Il est couramment admis que Président Dumarsais Estimé, comme Président Manigat, a été de bonne foi. Cette supposition, à cause de sa nature émotionnelle, se justifie difficilement

D'autres soutiennent que Président Estimé a été uniquement favorisé par les circonstances.

Que disent les faits ?

Haïti a pris part à la deuxième guerre mondiale seulement par le renouvellement de son intention de rester « fidèle » à la « démocratie libérale »; les déclarations de guerre simultanées de Président Elie Lescot à l'Empire Nippon et à l'Allemagne ont uniquement revêtu une signification symbolique, vu que la « Perle des Antilles » n'a pas eu un bout de canon pour se défendre ou pour attaquer.

Les hostilités finies, Haïti a conservé la forme d'un adversaire dont un cheveu de la tête n'a été touché, sauf que son économie s'est anémiée davantage et que sa misère s'est considérablement empirée. Dans la suite, son commerce extérieur a connu un essor éphémère: le café, le cacao, le sisal de ce pays non affecté par la guerre se sont exportés. On y a assisté à une circulation des devises fortes.

Cette conjoncture heureuse s'est produite vers 1946, au moment de l'élection à la présidence de feu Dumarsais Estimé.

Toutefois, les nations qui commerçaient avec Haïti ont relancé leur économie en un temps record et n'ont plus besoin des produits locaux, grâce à leur politique agricole intensive et surtout à la fabrication des matières synthétiques. Le commerce du pays a aussitôt sombré dans le marasme.

D'autres ont soutenu une opinion encore moins nuancée, selon laquelle le Président Estimé a eu l'opportunité de *sortir en beauté* de la jungle politique, grâce au coup d'Etat de Monsieur Paul E. Magloire. Ils en sont arrivés jusqu'à soutenir que Président Estimé a disparu juste à temps pour entrer vivant dans l'histoire: sa mort prématurée, en exil, a fait de lui un rédempteur, un messie, un sauveur du peuple haïtien ; d'autant plus que les rumeurs ont appris qu'il a été empoisonné par un criminel à la solde de Paul E. Magloire.

Ces opinions et bien d'autres n'ont ni établi ni nié la bonne foi de l' « Homme des Vergettes ». Néanmoins on admet en général qu'il n'avait pas détourné des fonds du trésor national : une rarissime exception en Haïti.

De nouvelles recherches historiques tendent à ramener le mérite d'Estimé à de plus humbles proportions ; elles sont incapables toutefois de dissiper de l'esprit des haïtiens qui ont vécu sous le régime de cet homme le souvenir de la conjoncture heureuse mentionnée plus haut. Je conclus alors que ce chef d'Etat n'a pas cherché à remplir la fonction présidentielle dans le dessein de s'enrichir personnellement. Il pourrait, entouré de bons collaborateurs, transformer l'élan initial reçu de cette conjoncture en progrès durable. Malheureusement, les magloiristes, animés de mauvaise foi l'ont éclipsé.

(2).- Un autre exemple vivant de bonne foi individuelle est donné récemment par Père Aristide.

Sa générosité proverbiale, son abnégation, son amour pour les pauvres et démunis ont acquis la notoriété internationale. Toutes choses restant égales, il a figuré parmi les rares personnalités haïtiennes qui ont vu la nécessité d'introduire dans le pays la *philosophie du service social.* Il a créé, entre autres, *la fami se la vi*, une institution sociale visant à donner une formation professionnelle aux enfants défavorisés du sort. Avec une telle disposition d'esprit et d'âme, Père Aristide a été qualifié, aux yeux de plus d'un, pour aider le pays à sortir de son ornière. Cependant, la bourgeoisie haïtienne, dépourvue de toute intention humanitaire, a freiné cette impulsion.

Trêve de digression.

Je reviens aux propos louangeurs émis par les amis de Président Manigat. Ces propos—à bien considérer—ont décrit des qualités individuelles probables de ce dernier, mais ont difficilement concerné le devenir d'Haïti. En d'autres termes, M. Manigat, nanti des meilleures aptitudes du monde, n'arriverait jamais à résoudre seul nos problèmes.

Alors, aurait-il pu réaliser le régime intégrationniste dont j'ai parlé dans les pages précédentes?

Selon beaucoup d'observateurs politiques haïtiens, la réalisation d'un tel régime par M. Manigat aurait tenu au miracle. Et je les comprends bien.

Le régime de Manigat devrait mouvoir bien des montagnes pour convaincre le peuple. Les précédents qui ont rendu possible l'« établissement ou la nomination » de ce leader au pouvoir ont été moralement louches et blâmables. La majorité des haïtiens ont pensé que M. Manigat a participé à la violation de la Constitution de 1987 et à l'organisation des « élections dirigées » du 17 janvier 1988. Alors son régime devrait non seulement résoudre des problèmes à brèves et à longues échéances: logement, santé publique, énergie, agriculture, industrie, circulation, mais encore apaiser les cœurs en châtiant les assassins de Novembre 87, en replaçant l'Armée dans sa vraie fonction, celle de défendre le territoire national et non celle d'ambitionner le pouvoir, en récupérant les fonds détournés du trésor public par des gouvernants postérieurs...Sans ces réalisations, le gouvernement de M. Manigat n'inspirerait pas assez confiance aux autres pour les inviter à un dialogue préparant la mise en place du régime intégrationniste.

Cette conclusion demeure valable pour tout gouvernement haïtien établi dans des conditions similaires à celles qui ont donné naissance au régime de janvier 88.

En d'autres termes, M. Manigat, ayant accepté le pouvoir des militaires, devenait leur employé, susceptible d'être relevé de ses fonctions à la *moindre insubordination.* En fait, selon certains observateurs, il était devenu indésirable dès qu'il avait eu *l'audace* de parler de réforme.

Si M. Manigat (en dépit de son charisme) n'a pas pu réaliser un gouvernement intégrationniste, vu la dépendance de son régime de l'armée, il est inconcevable de croire que la création d'un tel gouvernement puisse avoir été assurée par le régime hybride de M. Jean-Jacques Honorat, de M. Joseph Nénette, de M. Cédras et de certains membres du Parlement. Un tel régime a barboté dans une mer de sang, dans la coercition, la corruption et le crime de lèse-patrie. Personne au monde, à part leurs acolytes, ne les croirait honnêtes et dignes de confiance.

Quant au *régime anormal* de M. René Théodore et de Père Aristide proposé par des organismes internationaux, il n'aurait abouti à rien de positif, voire à l'instauration graduelle d'un gouvernement intégrationniste. Cet empêchement, de l'avis de plus d'un, serait venu de la personne peu confiante de M. René Théodore.

D'abord, il a sympathisé avec les criminels politiques de septembre 1991, qui par ses déclarations mitigées ou pas en faveur du coup sanglant, qui par sa justification de l'embargo causé par le coup, qui par ses assertions délibérément ambiguës sur le rôle de l'armée devenue « un acteur » à « approcher avec une grande délicatesse », sur le retour du Président légitime et le rôle insignifiant de ce dernier au cas où il réintégrerait sa fonction. Il a finalement opté pour travailler avec l'auteur du coup d'Etat sanglant, dont « la confirmation comme général en chef des Forces Armées d'Haïti est un acte sénatorial, un acte parlementaire. » Pourtant ce leader s'est tu sur les actes criminels commis contre le peuple haïtien par les séides de ce « général », dont il devient plus tard une victime; il s'est tu sur l'inconstitutionnalité du coup d'Etat; il s'est tu sur la possibilité de poursuivre en justice tous les auteurs des actes de génocides perpétrés en Haïti à partir de septembre 1991. Son attitude a engendré la méfiance à son endroit.

En ce qui concerne un régime politique sous l'égide de M. Marc Bazin, il ne saurait conduire à aucune réconciliation nationale. Pour une raison ou une autre, M. Marc Bazin a manqué de charisme. En outre, ses prétentions au soutien assuré du capitalisme américain, loin de l'avoir présenté sous un jour sympathique, l'ont plutôt dépeint comme une cinquième colonne, quelqu'un qui pactiserait avec les ennemis du peuple. En outre, ses accointances avec des personnalités du régime duvaliériste l'ont rendu fort suspect aux yeux du peuple.

Quant à M. Louis Déjoie Jr., beaucoup pensent qu'il n'a pas offert l'étoffe d'un leader à cause de ses tergiversations et de ses volte-face constantes. De plus, certaines déclarations de son parti au moment du coup d'Etat sanglant de M. Cédras et compagnie ont montré qu'il a une éthique en veilleuse:

> Quatre faits saillants, dit le PAIN, sont à retenir parmi lesquels « les militaires n'ont accaparé ni le pouvoir exécutif ni le pouvoir législatif et n'ont point mis de côté la Constitution du pays comme cela se fait d'ordinaire dans les coups d'État traditionnels. » L'actuel « Gouvernement » est parfaitement constitutionnel et le Parlement « fonctionne » librement et assume ses responsabilités (82).

Une telle observation a dégagé un relent de mauvaise foi, car selon la Constitution de 1987, dans son article 266, les Forces Armées d'Haïti n'ont pas pour attributions de renverser le Chef de l'Exécutif dont il relève d'ailleurs. Et il n'y a eu aucune garantie que les deux autres pouvoirs Législatif et Judiciaire ne seraient pas contournés au cas où il aurait essayé de mettre le bâton dans les roues de Cédras et compagnie.

Que penser du Régime d'Aristide?

Je suis toujours dans le contexte historique.

A l'instar de M. Leslie Manigat, Père Aristide a été considéré par la majorité des haïtiens et des amis d'Haïti comme le messie qui tirerait le pays du creux des vagues. Je reconnais avoir eu une certaine faiblesse pour lui (par contagion), que je me suis, par tempérament, abstenu d'exprimer ouvertement : comme Diogène, je ne fais confiance à personne jusqu'à preuve du contraire. J'ai pourtant admis que l'amour d'une majorité aussi écrasante pourrait difficilement être mal placé. Et, fort d'une telle popularité, ce leader aurait fait des merveilles, s'il l'avait voulu.

Cette vogue pour lui s'est justifiée pour plusieurs raisons.

Il a eu la réputation d'être généreux, rempli d'abnégation et d'amour pour les pauvres et les démunis. En somme, ses adversaires ont constamment évoqué le danger de ce *genre d'amour* qui sonnerait le glas possible de leurs intérêts personnels et de leurs privilèges traditionnels.

Encore une fois, il a figuré parmi ceux qui ont introduit la *philosophie du service social* au pays, un instrument efficace dans bien de nations développées, en créant la *fami se la vi.*

Peu de temps après son accession au pouvoir, Président Aristide a donné un aperçu des aspects positifs de sa philosophie politique. Il a mentionné la nécessité d'introduire l'éthique au sein de l'administration en recourant à la *transparence.* Il a invité les masses à participer directement au gouvernement national, à telles enseignes qu'il a été accusé de conduire le pays vers une *démocratie directe.* Il s'est engagé à promouvoir la stabilisation de l'économie nationale et à réorganiser l'administration dont il purgerait une sinécure chronique. Il a exprimé son intention de percevoir des impôts de tout le monde (y compris les riches qui ont bénéficié si longtemps de l'exonération d'impôt).

Muni de ces qualifications, Président Aristide, de l'avis de beaucoup d'haïtiens et d'observateurs, pourrait mieux que tous autres aider le pays à se tirer d'embarras et à prendre des mesures capables de conduire la politique nationale vers un système intégrationniste.

Cependant, peu de temps après, des critiques de son régime ont fusé de partout.

Tout le monde répète que le Président Aristide et ses collaborateurs ont commis des fautes graves. Certains évoquent cet argument pour justifier le coup d'Etat sanglant de Septembre 91 ; d'autres, pour faire preuve d'une *objectivité scientifique* ; beaucoup, pour jeter enfin une certaine réserve ou une tentative d'explication des événements sanglants qui s'ensuivaient.

Les premiers ont présenté des arguments qui se voulaient convaincants. Ils ont accusé Président Aristide et ses associés d'avoir violé la Constitution de 87, de nourrir l'animosité entre l'Exécutif et les autres pouvoirs, d'émettre des chèques aux individus pour des raisons injustifiées, d'encourager l'effervescence populaire jusqu'à un point dangereux pour la sécurité nationale.

Les seconds ont argué que Président Aristide et ses collaborateurs, étant des êtres humains, ont nécessairement commis des fautes. Ils ont même entériné l'argument des premiers, tout en reconnaissant que les fautes reprochées au régime d'Aristide sont tombées dans la catégorie de ce qu'on appelle *des maux nécessaires* causés par tout gouvernement humain.

Les derniers ont été des passionnés de Lavalas et ont reconnut que des fautes ont été commises, mais elles n'ont pas justifié le coup d'Etat.

Cette dernière assertion répond mieux à mon faible pour la logique et le bon sens. Si un gouvernement a été établi par des voies démocratiques pour une période déterminée, son renversement par la force devient suspect pour des raisons bien valables.

Naturellement, certaines critiques soulevées contre Président Aristide et ses associés ne restent sur aucune base solide.

Par exemple, le *Newsday* de New York, dans son édition du 15 mars 1993, a déclaré que le FBI a envoyé des agents en Haïti pour enquêter sur des allégations selon lesquelles l'assassinat de Dr. Roger Lafontant a été ordonné par Président Aristide. Dans le même ordre d'idée, un député américain, Fauntroy, selon un article du Daily News en mai 1992, a accusé Président Aristide d'avoir ordonné l'assassinat de Révérend Sylvio Claude, de Dr. Lafontant et de tant d'autres, et d'avoir essayé de contrecarrer la démocratie naissante.

D'abord, l'intervention présumée des agents de la FBI n'obéit à aucune logique. Pourquoi ce bureau d'investigation américain serait-il intéressé à la mort d'un Dr. Lafontant, un homme à la morale vacillante ? Ce bureau d'investigation serait-il l'escouade morale de l'humanité ?

En outre, je trouve peu naturel que ces critiques d'Aristide n'aient aucun doute à l'égard des auteurs d'assassinats susmentionnés, surtout en ce qui concerne la mort des leaders tels que Révérend Sylvio Claude et Dr. Roger Lafontant. Y a-t-il des faits irréfragables corroborant cette accusation ?

Les médias nationaux et internationaux ont reporté la mort de ces leaders à un temps ultérieur au coup d'Etat dont Président Aristide a été victime, à l'arrestation de celui-ci et à son départ pour l'exil. Comment un homme sans pouvoir, à la merci de comploteurs qui ont décidé de tuer des milliers de civils, de saisir et de garder le palais, ordonnerait-il l'exécution de ses adversaires ?

J'admets que bien des fautes attribuées au Président Aristide et à ses collaborateurs sont sorties de l'imagination de leurs adversaires. Témoin le discours de M. Nérette prononcé le dimanche 12 avril 1992. Le président de facto a accusé le régime d'Aristide d'actes de répression, d'assassinat, de coercition; mais personne ne sait où et quand ces actes ont été commis, ni ceux-là qui en ont été victimes. M. Nérette aurait dû donner des précisions.

J'imagine que dans des sociétés dites démocratiques comme les Etats-Unis d'Amérique, la France, la Belgique, l'Espagne, le Canada, leurs gouvernements respectifs, pour des raisons opérationnelles, se livrent à des dépenses de divers genres sans pour cela sombrer dans l'inconstitutionnalité. Et ces gouvernements s'acquittent des dettes nationales et des frais de fonctionnement parce que leurs législateurs respectifs ne cherchent pas toujours à prendre leurs Présidents et leurs Ministres au piège. Cette latitude d'action n'exclut nullement un règlement de comptes par l'Exécutif, soit à la fin de l'année budgétaire, soit à une fréquence plus répétée.

De plus, le chef du gouvernement incarne l'autorité supérieure chargée de la bonne marche des rouages administratifs. Il ne s'acquitterait point de ses fonctions si ses moindres gestes s'exposaient au scalpel de la Constitution.

D'ailleurs, une critique parlementaire tatillonne de l'Exécutif paraît redondante, aussi longtemps que, dans un système démocratique, les actes du Président et de ses collaborateurs risquent d'être analysés et d'être critiqués par les médias et l'opinion publique. Ceux-ci sont des baromètres clefs de l'action gouvernementale. Or, autant que je me rappelle, une telle levée de boucliers contre Aristide et ses collaborateurs n'a jamais eu lieu (à part le journal Observateur qui a soulevé des critiques à l'endroit du régime renversé).

Que je dise en passant, après avoir lu et relu la Constitution de 87, je reconnais que Président Aristide et ses collaborateurs ont été, en partie, accusés d'avoir violé cette Constitution, à cause de la nature de celle-ci. Elle comprend des dispositions fort maladroites et est susceptible de créer de la confusion au sein de la nation.

Cette constitution, à bien des égards, se dresse comme un mur destiné à endiguer les abus du Pouvoir Exécutif. Cette idée vengeresse, une soi-disant réponse au pouvoir absolu des duvaliéristes et compagnie, ne manque pas et ne manquera pas à la longue de nuire au pays.

Elle accorde trop de pouvoir au corps législatif qui, à cause de sa nature délibérante, n'a pas assez de souplesse pour assurer l'opération quotidienne du gouvernement.

Le pouvoir législatif, dans tout pays digne de ce nom, est composé d'un groupe d'individus aux tendances politico-doctrinales les plus diverses. Idéal comme gardien des lois fondamentales de la nation, comme l'un des initiateurs et promoteurs de ces lois, il évolue malaisément dans l'exécution des actes particuliers, des routines journalières du gouvernement; car à ce niveau, il perdrait un temps énorme à délibérer, tandis que les opérations péricliteraient, temporiseraient. Pour les opérations normales de l'administration, le pouvoir exécutif s'en acquitte mieux. Il a une certaine unité de direction et une intuition globale de la réalité sociale et des besoins nationaux urgents. Et même si l'exécutif accuse une certaine orientation politique, il est toujours mieux placé pour l'accomplissement des tâches journalières et du fonctionnement régulier de l'administration. Et dans le cas du régime d'Aristide, l'inconvénient possible de l'orientation politique aurait été en fin de compte salutaire à la nation haïtienne, à cause de la nature franchement populiste de ce régime. Cette tendance se serait nécessairement irradiée à travers les différentes couches sociales. Elle serait incapable de se consolider sans l'apport des compétences qui de loin en loin appartiendraient aux tendances les plus variées.

Aussi la Constitution de 1987 ne devrait-elle pas accorder au pouvoir législatif l'initiative de certaines nominations de fonctionnaires, du contrôle des dépenses, du droit de regard constant sur tous les actes du gouvernement (même les plus anodins). Il ratifierait certaines nominations aux postes judiciaires, contentieux, mais il ne les recommanderait jamais au pouvoir exécutif. Et il ratifierait des nominations aux postes soumis par l'exécutif, que les candidats aient été ou pas membres d'un parti politique ennemi. Son critère se baserait seulement sur les bonnes vies et mœurs des candidats et non sur leur appartenance politique.

Une telle recommandation s'avère cruciale.

L'exécutif, pour assurer la rapidité des opérations administratives (surtout dans un pays comme le nôtre où tout est à recommencer), ne nommerait pas aux postes clefs des adversaires qui passeraient la majeure partie de leur temps à chicaner et à chercher querelle au pouvoir exécutif, au lieu de faire œuvre qui vaille.

Conséquemment, la nomination d'un adversaire de l'exécutif par les institutions internationales pour le poste de Premier Ministre a constitué en partant un acte dépourvu de portée.

D'abord il a dégagé un relent d'immoralité.

Si des actes de génocide ont été commis contre le peuple et que le candidat au poste de Premier Ministre ait été choisi parmi ceux qui directement ou indirectement ont entériné ces actes inhumains, l'OEA, l'ONU ou les Etats-Unis n'ont fait montre d'aucun respect pour l'éthique ou pour des vies humaines, en suggérant une telle solution. Le crime, qu'il soit commis par des hommes de la rue ou par des politiciens, ne devrait point être ignoré par des organismes internationaux ou étatiques. Un compromis n'est guère de mise avec des gens à la moralité dormante.

En outre, imposer un adversaire irréductible d'Aristide au poste de Premier Ministre, aurait créé une situation aussi chaotique que celle que j'ai mentionnée au sujet de la nature délibérante du pouvoir législatif.

Un tel gouvernement aurait abouti sur une administration hybride, remplie de dissensions latentes qui éclateraient de temps à autre.

Somme toute, le processus politique, commencé avec les élections de décembre 1990, aurait abouti, chemin faisant, à une stabilité administrative et réalisé une conscience nationale, condition sine qua non du progrès social. Et cela aurait été possible à cause de l'effort de Président Aristide de maintenir, en ce temps-là, une politique de transparence, celle de mettre le peuple directement au courant des dépenses et des recettes ; à cause de son insistance sur la modération et l'esprit de pauvreté ; à cause de son intention réitérée de faire la route ensemble avec les masses du pays. Si l'élite haïtienne avait répondu à cette invitation d'apostolat, alors le pays connaîtrait pour la première fois une situation digne de sa glorieuse histoire. Malheureusement, comme je l'ai souligné à maintes reprises, la force du mal ne chôme jamais en Haïti et la mauvaise foi y fleurit à l'envi.

Et l'inexpérience Politique de père Aristide ?

Des adversaires d'Aristide l'on également accusé d'inexpérience politique.

Ces critiques se sont joints à beaucoup de penseurs politiques à travers le monde, qui réclament à cor et à cri le maniement des affaires publiques par des politiciens de carrière, les seuls aptes à placer les pays, sous leur direction, dans la catégorie des communautés viables.

Une telle discussion (peut-être d'une façon mitigée) s'entend parfois aux Etats-Unis, en France, au Canada et dans bien d'autres pays.

Selon les tenants d'une telle opinion, l'improvisation en politique expose une nation à d'innombrables dangers. Les novices commettront des fautes graves, n'ayant pas assez de talent pour traiter avec des homologues étrangers plus calés, blanchis sur le harnais de la profession, et pour faire fonctionner les institutions avec un degré de précision routinière.

Les politiciens de carrière sont connus de la population qu'ils représentent. Ils ont été députés, sénateurs, maires, juges, pour la centième fois. Une sorte de grande famille s'est créée entre dirigeants et dirigés ; et les linges sales se résolvent et se lavent plus aisément. Les dirigés confient aux dirigeants le soin de concrétiser leurs desiderata.

Une telle prémisse ne manque pas de fascination. Cependant, elle pèche d'abord contre la nature dynamique de la société où toutes les compétences doivent être utilisées. Comment les nouvelles valeurs se mettraient-elles au service de la nation sans en participer à l'administration privée et publique ?

Ensuite une entité dynamique comme la société sombrerait dans un immobilisme dangereux et décourageant, comme celui d'Haïti, sans une dose de spontanéité, une soif de nouveauté et de dépassement, sans recourir aux nouvelles compétences. Assez souvent les politiciens de carrière se sclérosent dans leurs routines et débouchent sur un conservatisme rigide, sur un statu quo, assurant la permanence de leurs positions et de leurs privilèges, au sein de la communauté.

D'ailleurs, considérant l'historicité de la question, et l'état des affaires actuel, j'admets que l'expérience politique ne garantit pas le progrès social.

A travers le monde, des politiciens de carrière ont assumé le pouvoir pendant des décennies; un pays comme Haïti parfois connaît des régimes politiques de trente-cinq années. Et un pays comme les Etats-Unis d'Amérique, malgré sa Constitution limitant l'élection d'un Président à seulement deux termes, des fonctions électives assurent à leurs bénéficiaires une *situation à vie.* On y connaît des parlementaires, des gouverneurs, des maires, des membres de conseils exécutifs qui jouissent d'une longue carrière. Pourtant, malgré la présence des politiciens expérimentés à la tête des institutions du monde, la situation universelle laisse à désirer. Partout des millions d'hommes, de femmes, d'enfants, accusent de l'amertume, du désespoir, un manque de confiance dans ce que nous nous plaisons à désigner sous le nom de civilisation. Un peu partout à travers le monde, des problèmes chroniques attendent leurs justes solutions.

Les politiciens de carrière, n'ayant aucun droit de se réclamer un cachet de compétence et d'honorabilité, peuvent toujours être remplacés par des novices, au timon des affaires. Père Aristide a été aussi bien préparé intellectuellement pour assumer le rôle de leadership en Haïti que des politiciens notoires qui n'y ont apporté que misère et déboires.

Un système intégrationniste répondrait-il au vœu populaire ?

S'il n'a pas réussi, alors il faudra attribuer son échec aux facteurs dépendants ou pas de sa volonté d'agir

Et le supplice du collier ?

L'une des réactions insolites des masses haïtiennes à l'agression de leurs ennemis est le supplice du collier. Il consiste à passer un vieux pneu de véhicule au cou de l'ennemi, de telle sorte que ses mains soient immobilisées, et à l'enflammer. La mort en découle lentement mais horriblement.

L'idée de s'exposer aux courroux de la foule au point de subir le *supplice du collier* suffit en elle-même de donner la chair de poule à la victime

Les masses haïtiennes n'ont pas été les seules, cependant, à recourir à cette exécution sommaire; les noirs de l'Afrique du Sud s'en servaient surtout contre les traîtres à leurs mouvements de libération.

Des dirigeants de l'armée haïtienne et leurs acolytes ont mis l'accent sur une telle méthode d'exécution et en ont attribué la paternité aux lavalassiens pour justifier le renversement du régime d'Aristide.

Ce type d'exécution été également invoqué par des auditeurs des stations de radio nationales et internationales, comme étant une faute grave commise par le gouvernement d'Aristide.

Les adversaires de ce genre de supplice arguent qu'il manque de finesse, d'humanité. *L'autodafé* de quelqu'un dont les mains sont immobilisées donne l'idée d'une souffrance inénarrable. Les opposants se placent dans la peau de la victime et ressentent intuitivement le souffle et les morsures de la flamme dévorante.

Quelle que soit la nature d'un supplice, il laisse toujours un relent de barbarisme à l'imagination et rappelle la loi antique: « Un œil pour un œil, une dent pour une dent. » Et cette correspondance entre l'offense et les représailles ne s'accomplit pas sans une dose prononcée de sadisme : il s'agit de donner une réponse émotionnelle à une action émotionnelle; de causer chez l'ennemi une souffrance égale ou plus atroce à celle qu'il a infligée ; de tirer de la frayeur révélée par les yeux de la victime une vive jouissance, celle de la victoire (souvent bien méritée)...

Adopté comme tactique et moyen d'action, le supplice du collier est susceptible de critique comme tous les autres tels que la chaise électrique, l'injection mortelle, la dilapidation, la pendaison, le peloton d'exécution...

Jésus Christ recommande l'offrande de l'autre visage à l'ennemi après que le premier a été giflé. Sa recommandation a suscité bien des réserves. Certains disent qu'elle ne décrit pas une réaction humaine normale. Prise littéralement, une telle suggestion veut que nous nous dessaisissions de notre fierté, de notre dignité pour plaire à nos agresseurs. Visualisée dans les limites extrêmes de sa signification, c'est-à-dire d'offrir sa vie pour accommoder son ennemi, elle décrit une attitude peu naturelle ne correspondant ni à l'instinct de conservation, ni au concept du droit naturel établissant l'égalité de tous les hommes devant la vie ou la mort.

Un système intégrationniste répondrait-il au vœu populaire ?

Des critiques similaires se soulèvent contre la non-violence suggérée par Gandhi, Martin Luther King, Desmond Tutu—pour ne citer que ceux-ci.

Pour les adversaires de la non-violence, ses promoteurs commettent une erreur en la considérant comme une fin à atteindre et non comme un moyen d'action au même titre que tous les autres. Et en tant que moyen d'action, elle a des limitations et se révèle inefficace dans certaines situations. Alors, elle doit être abandonnée ou combinée avec d'autres types d'action violents.

En effet, il est incompréhensible d'insister à user de la non-violence à l'endroit de quelqu'un qui n'accepte aucun dialogue, aucun compromis, et qui met l'existence des autres en danger! Une nation, qui resterait inactive, imperturbable, placide, en face du bellicisme irréductible d'une autre, s'exposerait purement et simplement à l'annihilation.

Si des moyens d'action pacifiques soulèvent des critiques, que dire de *Père Lebrun* ?

Cependant, attribuer la paternité de ce supplice au Président Aristide (encore qu'il ne l'ait pas condamné officiellement) ne rend justice ni à celui-ci ni aux masses haïtiennes qui l'ont appliqué.

La colère des masses se comprend bien.

L'armée haïtienne, les tontons macoutes, les policiers politiques et les milices de tout acabit, sont détenteurs d'armes meurtrières relativement fortes et sophistiquées: revolvers semi-automatiques, mitrailleuses, chars de guerre...Ils en font un usage constant pour créer une psychose de peur chez les masses. Ils y ont réussi pendant plus trente cinq ans. Pourtant, la force d'âme aidant, ces masses se sont une fois rebellées. N'ayant pas accès aux armes modernes pour se protéger, elles ont eu recours aux formes de défense improvisées: *poudre magique*, lapidation, *père Lebrun*...

Si elles doivent continuer à lutter pour leur libération, elles auront certainement recours à d'autres moyens improvisés dictés par les nécessités de la lutte.

Avant de blâmer le père Lebrun, d'en invoquer le caractère barbare, il faut mettre au bar de l'accusation l'armée et leurs séides qui ont semé et sèment la terreur à travers Haïti.

Et parlant d'actions barbares, certaines tortures appliquées par les duvaliéristes et leurs semblables à leurs victimes relèvent du sadisme pur et simple: arrachement des dents, des ongles; la flagellation jusqu'à la mort par déshydratation; le versement d'acide dans le vagin des femmes; la fusillade des familles, sans épargner les bébés et les visiteurs.

Les gouvernants usent de bien d'autres formes de tortures que la décence m'empêche d'énumérer dans cet essai.

Père Lebrun n'est pas plus irrationnel que les raisons de sa mise en place. Si nous traitons les masses plus humainement, nous verrons disparaître chez elles toute attitude de frustration et de réflexe de défense. Et avec le retour et la dissémination de la bonne volonté se dissiperont les armes improvisées de toute nature.

Un système intégrationniste répondrait-il au vœu populaire ?

Le coup de grâce

Enfin, comme les autres leaders susmentionnés, Président Aristide n'aurait pas pu faciliter l'avènement d'un système intégrationniste pour les deux raisons suivantes, qui ont l'effet d'un coup de grâce porté aux aptitudes de leadership de cet homme d'Etat :

Premièrement, il a pris un décret sanctionnant le Vaudou comme religion.

Deuxièmement, il s'est impliqué dans des activités illégales.

Ce décret appartient à un fait dur comme la pierre que je ne saurais nier.

Si j'étais le chef d'Etat d'Haïti, je ne prendrais jamais une telle mesure légale pour les raisons que j'ai données dans les chapitres 8 et 9 du présent ouvrage.

Je rappelle que le Vaudou nourrit des ambitions qui vont au-delà des cérémonies religieuses qui peuvent souvent prêter à confusion. Autant que je me rappelle, un mariage vaudou établit non pas nécessairement l'union de deux êtres humains, mais celle d'une personne à un esprit quelconque, suivant les caprices des prêtres ou des adeptes.

Pourtant le Vaudou entend surtout se substituer à la connaissance positive : la médecine, la chimie, la physique, la biologie, l'astronomie. Cependant, à l'encontre de ces disciplines, il ne se soumet point à une épistémologie qui décrit la structure du savoir positif. L'épistémologie commence avec la sanction des compétences par des institutions scolaires et universitaires reconnues par toutes les nations civilisées de la terre. En outre, elle suit une voie bien établie en ce qui concerne les sciences expérimentales et à un moindre degré au niveau des sciences humaines : l'émission d'une hypothèse, la vérification de cette hypothèse et sa mise en application.

Selon moi, Président Aristide ne s'est pas révélé un leader progressiste en sanctionnant le Vaudou ; car, celui-ci est l'un des médias par lesquels l'homicide se dissémine en Haïti. Une élite dirigeante qui entend faire œuvre qui vaille devrait au contraire créer une section de recherches au sein de l'institution juridique visant surtout à dépister les empoisonnements des gens sous le couvert du Vaudou et à traduire les tueurs en justice.

De plus, l'ignorance, par le truchement du Vaudou, reste à demeure dans le pays. Des croyances superstitieuses haïtiennes plongent évidemment dans l'irrationalité à l'état pur.

Le Vaudou crée aussi une atmosphère propice à la haine abstraite des haïtiens les uns envers les autres. Il cesse d'être un facteur de cohésion comme il l'a été sans doute au temps de la colonie, à telles enseignes que la sanction légale de ce culte n'a pas pu maintenir Aristide au pouvoir.

Il ne faut point oublier que le monde évolue sans cesse ; Nous devons adopter des stratégies d'action plus dynamiques et objectives pour faire face à cette évolution.

Un système intégrationniste répondrait-il au vœu populaire ?

Un leader, lucide et aimé de son peuple, gagnerait mieux à réorienter la mentalité de ce dernier au lieu de l'encourager dans la voie de la médiocrité.

En ce qui concerne l'implication de Président Aristide dans des activités illégales, je me garderai de prendre pour agent comptant les accusations venues de partout (jusqu'à preuve du contraire). Cependant un exposé (83) comme celui de Jean-Michel Caroit ne manque pas de me troubler.

J'espère découvrir que la dernière série d'accusations expriment plutôt l'une des stratégies des opposants d'Aristide. Autrement, mon pessimisme à la Diogène reprendrait son empire sur mon esprit.

(17)

QUE PENSER D'UNE INTERVENTION MILITAIRE?

Je ne me sens jamais confortable avec une option militaire dans la solution des problèmes sociaux. Puisque je n'ai jamais été à l'académie militaire et ne me suis jamais exposé à une expérience soldatesque, il est fort possible que je ne professe aucun faible pour la force organisée, responsable d'ailleurs de biens des maux en Haïti. Et selon moi, le recours à une intervention militaire implique des dangers possibles capables de déboucher sur des tragédies humaines incontrôlables. Malgré tout, nous appartenons à une classe d'êtres qui refusent l'usage de la raison, de la sagesse et des facultés mises gratuitement à leur disposition par Dieu ou la Mère Nature, et qui recourent souvent à l'action martiale comme la panacée de tous leurs déboires.

La non-violence professée, au début, par Père Aristide et d'autres leaders haïtiens a créé un paradoxe dont les putschistes ont savouré les *fruits délicieux.* Ces hommes et femmes sans foi ni loi se sont complu dans l'anarchie et la confusion.

La crainte d'une intervention militaire par des haïtiens remonte à la première occupation américaine du pays, dont les résultats désastreux ont été esquissés dans les chapitres précédents de ce livre.

De plus, l'image d'une armée étrangère foulant le sol national saigne toujours le cœur de ses enfants.

Cependant, la non-violence s'est révélée jusqu'ici inopérante à l'action des anarchistes et des usurpateurs du pouvoir.

Donc, de 1991 à nos jours, il y a eu deux interventions militaires dont l'exécution de la première a été confiée aux Etats-Unis d'Amérique, et la seconde au Brésil.

Quels que soient mes sentiments à l'égard de ces interventions militaires, je ne conçois aucun remède immédiat à la cessation du chaos national.

L'intervention après le coup d'Etat de 1991, a paru logique ; car les fauteurs de troubles n'ont donné aucun signe d'accepter le retour à l'ordre.

Ils ont démontré leur volonté inébranlable de consolider leur coup d'Etat. Ils ont commis des actes de génocides inouïs. Ils se sont moqués de l'humanité. Ils ont accepté et rejeté des accords à loisir. Ils ont proclamé la constitutionnalité de leurs actes inhumains, assurant, en partie la bénédiction des pouvoirs législatif et judiciaire. Ils n'ont jamais donné l'impression d'être conscients de leur malice. Au contraire. Ils ont argué que le gouvernement démocratique de décembre 90 a nagé en pleine inconstitutionnalité et dans la confusion... En face d'une telle attitude empreinte de mauvaise foi, d'effronterie, de je-m'en-fichisme, le langage de la non-violence s'est confondu avec le bruit du vent dans les bois :

> Les militaires, entre-temps, ont permis des groupes de paramilitaires de droite de semer la terreur dans les quartiers fidèles à Aristide. Dans les taudis de la Cité Soleil de la Capitale, des cadavres, parfois au visage pelé, et auxquels il manquait les membres, sont abandonnés quotidiennement dans les rues. Au cours des deux derniers mois, des observateurs ainsi que la mission civile de l'ONU/OAS ont rapporté 106 assassinats, 35 disparus et des douzaines de viols de femmes de moins de 20 ans. La grande portion de la violence est attribuable à FRAPH, ou le Front pour l'Avancement et le Progrès d'Haïti, le successeur moderne des Tontons Macoutes redoutables. Le niveau de la répression et de la violence s'élève quotidiennement, et la police tout juste reste là sans intervenir et tolère la situation, » a déclaré Colin Ganderson, le directeur de la mission (84).

Il n'y a aucun signe selon lequel l'unité nationale est imminente. En 2004, au moment où l'armée d'intervention a foulé le sol national une seconde fois, l'un des *leaders rebelles* a fait savoir : « puisque les Américains sont dans nos murs, nous pouvons déposer les armes ». Si ce leader représente un groupe important et que son attitude exprime l'opinion de plus d'un, alors il faut conclure que beaucoup d'haïtiens sont prêts à composer avec des étrangers, à s'engager même dans le dialogue avec ceux-ci ; mais ils n'accepteront jamais, quelles qu'en soient les circonstances, un compromis avec leurs concitoyens et concitoyennes d'une chapelle opposante. Comment un pays peut-il évoluer dans le concert des nations viables quand ses enfants entretiennent des haines irréconciliables.

L'armée haïtienne, particulièrement, a toujours commis impunément la violence sur la population et la violation de nos institutions. Cette tradition sanglante et antipatriotique continuera implacablement, à toutes les étapes de notre histoire, à moins qu'un jour une force égale ou supérieure cause un choc à cette armée, en lui faisant avaler la pilule de sa propre façon d'agir.

Dans cette atmosphère de haine nationale, l'intervention de 2004 s'est également justifiée, en prévenant la déstabilisation de la nation ; puisque, Président Aristide, ayant pratiquement licencié l'armée, n'a eu aucun moyen de contenir la révolte causée par sa propre désinvolture et par l'ambition politique d'autres secteurs dont des caractères sinistres de plus d'un sont notoires.

.

A travers l'histoire universelle, des crimes aussi odieux commis contre une nation n'ont jamais pu être auto correcteurs. Il faut une intervention quelconque pour les endiguer ; car les bénéficiaires ont toujours été des gens sans foi ni loi.

En outre, je me rappelle que le monde est rempli d'opportunités et d'alternatives, et que des gens de bonne volonté soupirent après un monde orienté vers la moralité.

Encore une fois, l'intervention d'une armée multinationale constitue un des moyens d'endiguer le mal dont souffre une nation.

Entre autres, un de mes concitoyens a observé que l'intervention d'une armée multinationale en Haïti serait une violation de notre Constitution et, si j'en accepte l'idée, j'afficherai une posture antipatriotique ; car, après tout, les *Forces Armées Haïtiennes* appartiennent au pays.

Premièrement, si une armée multinationale est une violation de notre Constitution, alors la création d'une telle armée et sa raison d'être seraient absurdes et insignifiantes.

Deuxièmement, avec des protecteurs comme *l'Armée Haïtienne* la nation n'a pas besoin d'autres ennemis.

Troisièmement, la Constitution, que tout le monde aime beaucoup, a été violée, profanée, salie et piétinée par la prétendue *Armée Haïtienne* et d'autres leaders pour la galerie. De même quand des enfants du pays sont assassinés, violés, chassés et persécutés, ils le sont par *l'Armée Nationale* et ses séides appelés Tontons Macoutes, Zenglendo, Fraph, Lavalas—et j'en passe. Il est plus consolant de bénéficier de la protection d'une armée étrangère que d'être victime de sa propre armée renégate et antipatriote.

Que penser d'une intervention militaire ?

Sans doute, ces interventions étrangères n'ont-elles pas apporté le soulagement tant attendu par le peuple haïtien. Il faut en blâmer l'échec à la démoralisation mondiale à laquelle j'ai fait allusion en maintes occasions, qui affecte même une organisation internationale comme l'ONU.

Comment le pays peut-il organiser une force punitive ?

Les haïtiens de bonne volonté en Haïti ou disséminés à travers le monde n'ont pas les voies et moyens de fonder une telle armée de libération; ils sont pour la plupart dépourvus de toute expérience militaire; et, les choses restant égales, ils sont incapables de créer une armée unifiée d'importance.

Si tous ces obstacles pouvaient être surmontés, une force militaire composée de ressortissants haïtiens serait l'idéal. Une fois pour toutes, l'armée antipatriotique de notre pays trouverait à qui parler.

Cependant, si cette force militaire nationale appartient au domaine du rêve, les haïtiens de bonne volonté ne devraient point se laver les mains de la souffrance de nos frères et sœurs en Haïti.

Tout compte fait, l'intervention d'une armée multinationale tomberait dans l'ordre normal des choses. Haïti est membre de l'OEA, de CARICOM, de l'ONU. Ces organisations représentent une tendance à créer une famille internationale et une atmosphère morale saine dans laquelle cette famille évoluera. Et de telles idées de coopération n'ont pas surgi pas comme un cheveu sur la soupe. Elles ont été dictées par la barbarie des guerres internationales, par la prédominance de l'injustice, de la misère, du désespoir dans le monde. Alors des nations sœurs ont cru sage de fusionner leurs efforts en vue de rendre possible l'avènement de jours meilleurs à travers le monde.

Alors si cet effort d'harmonisation est menacé, si l'idéal recherché s'en va à vau-l'eau sous l'action des gens sans foi ni loi, l'intervention d'une armée multinationale, loin d'être vue comme une ingérence dans les affaires internes du pays, aiderait celui-ci à endiguer les crimes de lèse-patrie et à rétablir l'ordre démocratique.

Je crois, à mon humble avis, que la participation aux organisations internationales implique des conditions dont l'une consiste à protéger les nations membres.

De plus, dans un contexte comme celui d'Haïti, l'inaction des gens de bonne volonté rend ces derniers complices involontaires des anarchistes et coupe bras et jambes aux organisations internationales qui, d'ailleurs, ne sont pas si anxieuses de rester fidèles à la philosophie de leur création.

Par exemple, le comportement de l'ONU n'était pas limpide assez dans son approche de la situation suivant le coup d'Etat de 1991.

Les observateurs des droits de l'homme taxent l'ONU d'hypocrisie pour avoir posté des bateaux, sans faire respecter la traversée de la frontière. L'ONU sait que la frontière est une vraie passoire, et malgré tout elle permet à la République Dominicaine de violer l'embargo et de consolider le pouvoir militaire, a dit un observateur des droits de l'homme (85)

Donc, les organisations internationales se sont contentées de proposer des solutions hybrides ou des palliatifs n'aboutissant à aucun changement de la situation. Malgré tout, le rejet de toute action contre les apatrides se confondrait avec une manifestation de mauvaise foi

.

Sans aucun doute, aucun leader haïtien ne veut être blâmé pour avoir souhaité la bienvenue à l'intervention militaire ; pourtant, ils n'ont fait montre d'aucune intention de s'unir et d'essayer un gouvernement intégrationniste qui seul remplacerait valablement une armée d'intervention. Chacun veut sortir en beauté ; mais il doit manger et la chèvre et le chou.

Comme je l'ai souligné plusieurs fois, les problèmes d'Haïti ne tombent pas dans le domaine de l'impossible. La seule façon de retirer les armes meurtrières de la circulation consiste à déployer un effort dans cette direction. De même pour rappeler les brigands haïtiens à la raison, il faut s'engager dans des initiatives sérieuses. Enfin, pour empêcher le pays de devenir la place transitaire du trafic de la drogue, il faut décourager la contrebande. Ces actions dynamiques ne se conçoivent pas sans l'assistance efficace des organisations internationales et des vrais amis d'Haïti. Une telle assistance présuppose la sincérité des intentions et la détermination.

Mon seul sentiment de tristesse au sujet de ce plan d'action politico-sociale vient de la négligence, de la désinvolture et de l'apathie de l'ONU trop facilement satisfaite des solutions superficielles.

Par exemple, les Etats-Unis (menant presque toutes les interventions de l'ONU en Haïti) sont trop émotionnellement et personnellement engagés dans les affaires internes du pays pour y proposer des solutions durables. En outre, cette grande puissance participe à tant de crises à travers le monde, qu'elle lui devient impossible d'accorder une attention soutenue à la nation sœur des Caraïbes. Il faut donc un réel effort multinational non seulement pour restaurer la loi et l'ordre en Haïti, mais encore pour aider cette nation sœur en détresse à satisfaire les besoins communs de ses sujets : aliments, eau potable, habitation, énergie, éducation. Quelle est la justification d'une intervention si elle n'assure pas la satisfaction de ces besoins ? L'ONU, en laissant ces fardeaux de responsabilité à la merci d'une seule nation, n'en vise pas à une solution adéquate et durable.

Même si le Département d'Etat est animé des meilleures intentions du monde, il représente un pays dont le pouvoir exécutif n'a pas le mot final. Il y a des groupes d'intérêt assez puissants qui ne voient pas d'un bon œil que des fonds soient alloués aux pays en détresse. Seule une vraie organisation internationale saisirait positivement la problématique haïtienne.

Nous vivons donc en plein paradoxe. Les communautés humaines confrontent des problèmes innombrables et ne reçoivent aucune assistance adéquate des organisations internationales ; mais nous ne pouvons plus visualiser le monde comme des fragments séparés. Les nations, qui ont montré de la réticence d'accepter les initiatives de l'ONU dans le domaine de la justice, de l'économie, de la paix, ont figuré parmi les fautrices de troubles du monde. Graduellement le monde soupire après l'intercommunication des peuples qui pourtant ne s'entraident pas. Quelle que soit l'activité de ces derniers, elle affecte la planète : des décisions économiques, des actions sociales, des manifestations culturelles ; mais la planète ne répond pas efficacement à cette interaction. Les guerres en Europe, au Moyen Orient, en Amérique, en Afrique, touchent les peuples dans tous les coins de la terre, qui en souffrent désespérément.

Une nation développée a besoin de l'apport des autres nations pour continuer à gravir l'échelle du progrès politique, économique et social.

Ce genre d'atmosphère internationale serait propice à la conception d'une planète considérée comme une place désirable où vivre.

Par exemple, les nations tropicales gagneraient beaucoup à vendre leurs produits agricoles aux communautés industrialisées ; celles-ci profiteraient de leur avance technologique pour liquider leurs produits manufacturés et leurs équipements sophistiqués aux premières.

Malheureusement, cette coopération internationale existe souvent dans l'imagination des gens.

De toute manière, une nation qui continue de plonger dans la pauvreté devient un lourd fardeau à porter par le monde. Les nations développées ou en voie de développement, à vocation universelle, ne saurait rester là à ne rien faire jusqu'à la complète annihilation de cette nation en détresse.

La dureté de cœur et d'intention, si elle est érigée en loi ou en principe, affligera toute la planète. Un jour ou l'autre, les nations riches souffriront de leur propre insensibilité.

(18)

Le symposium National

Ce chapitre aura l'allure d'un *vœu pieux* ; car, dans l'empressement des haïtiens d'organiser des *élections démocratiques* et d'avoir un *gouvernement légitime* à tous prix, l'idée d'une convention nationale dans l'intention de préparer une transition harmonieuse entre la dictature et la démocratie, et l'établissement durable d'un système intégrationniste, n'a jamais été prise en considération par les leaders haïtiens. Cependant, puisque le processus démocratique commencé en 1990 a connu des moments d'interruption en 1991, en 2004, et que la réalité haïtienne périclite toujours (malgré les récentes élections), l'idée de la convention nationale, comme un point de départ vers plus de lumière, reste valable. Elle aurait pu s'appliquer bien avec un président charismatique tel que Aristide, mais ce dernier n'y a sans doute pas pensé.

La proposition est la suivante : les leaders, les professionnels, les hommes d'affaires, (qu'ils soient *duvaliéristes, magloiristes, maniganistes, théodoristes, lavalassistes, déjoieistes, baziniste, prévalistes)*, où qu'ils se trouvent, intéressés à s'engager dans le sentier du modernisme haïtien, amants de la nation, désireux de vivre chez eux dans le respect et la dignité, devraient se réunir afin d'en venir ensemble à une formule gouvernementale viable, appropriée, visant à tirer la nation de la médiocrité.

En un mot, une convention nationale se recommande.

Au cours de cette convention se poseraient les différents problèmes du pays dans leurs moindres détails; des solutions seraient offertes, certaines d'entre elles seraient immédiatement ratifiées. Le plus grand handicap à nos démarches politiques dérive de ce que souvent nous ne savons pas où commencer, que faire. Un leader pourrait être choisi (Père Aristide, en effet, a été élu par une majorité écrasante et pourrait valablement remplir ce rôle.) Il n'est pas nécessaire qu'il soit pourvu de plus de diplômes que les autres, qu'il ait un bagou étonnant, mais il doit exhiber des aptitudes en harmonie avec la fonction d'un guide politique dans un pays en détresse: une sincérité incontestée de ses intentions de voir les différents groupes aller la main dans la main, un sens aigu des affaires, une vision globale de la problématique et une intuition des options collectives à éventuellement concrétiser.

Le pays gagnerait beaucoup à inviter des amis de l'Amérique Latine, des Etats-Unis, du Canada, de la France, de l'Angleterre, de l'Espagne, de l'Afrique—et j'en passe. Ces amis, venant des nations sœurs, offriraient des conseils salutaires.

Je pense à la renaissance d'une Haïti au bout du rouleau. Et, comme on dit, «C'est dans le malheur qu'on reconnaît les vrais amis. »

En somme, les épreuves de notre pays font saigner le cœur à beaucoup de *vrais amis*. Par exemple, l'OAS via IACHR a déclaré :

> Ses inquiétudes sur la violence croissante de la République d'Haïti dans ces derniers jours, qui est responsable de la mort des gens quotidiennement et a paralysé les activités normale des haïtiens, en particulier ceux qui vivent dans la capitale, à Port-au-Prince (86).

Un peu plus loin, IACHR a promis de « suivre de près les événements en Haïti et d'offrir une assistance, dans les limites de ses prérogatives, visant à surmonter les épreuves auxquelles sont confrontés Haïti et son peuple (87) ».

Le symposium national, pour des raisons soulevées à travers cet essai, servirait de boussole au pays. Et pour apaiser des haines chroniques, des divergences de vues apparemment irréconciliables, des visions globales antagonistes, une table ronde s'impose. En outre, les gouvernants haïtiens présents et à venir, pour faire œuvre qui vaille, s'adresseront aux individus compétents de partout. Ils s'informeront non seulement du climat social en général, mais de l'atmosphère régionale, des besoins de la population de Port-au-Prince comme ceux du Cap-Haïtien, des Cayes, de Jacmel, de St. Marc, des Gonaïves, du Trou du Nord, de Terrier-Rouge de Fort-Liberté, de Ouanaminthe, de Petit Goâve, de Grand Goâve, de Fonds-des-Nègres et des autres villes importantes aussi bien que des régions peu connues telles que Saillant, Grand Bassin, les Perches, Valière—pour ne citer que celles-ci.

Au cours de cette convention, les différents problèmes d'Haïti seront soumis à une analyse critique.

La tâche à boucler, comme je l'ai dit, est fort accablante. Sans une prise de conscience de cette avalanche de problèmes, le pays restera toujours désorienté (malgré nos discours pompeux). En un mot, sans un plan commun, nous n'atteindrons jamais à l'objectivité.

Il faut une rencontre des compétences haïtiennes (suivant leurs champs d'expertise) qui formeront des groupes d'études consacrés aux champs d'activités suivants : la santé publique, l'agriculture, l'énergie, l'éducation, la pisciculture, l'habitation, le transport public, les finances, les traditions sociales, la communication, la science, la religion, la philosophie, la littérature, l'éthique, le droit, les relations internationales, les ressources nationales, la sécurité, la structure, la superstructure et l'infrastructure.

Un de mes amis, ayant lu cette section de l'essai, a argué qu'un projet de cette envergure tombe dans le domaine de l'irréel. Il use d'une métaphore assez vivante : Si on a une voiture et qu'on la conduise au mécanicien, on ne peut s'attendre que ce mécanicien examine toute la voiture, des pneus à la carrosserie, des boulons aux câbles.

J'ai reconnu la justesse de son argument en ce qui concerne une voiture fabriquée, en état de marche, qui mérite un petit ajustement par-ci et par-là.

Cependant, l'argument ne tient pas debout s'il s'agit de la conception et de la fabrication d'une voiture. La métaphore, appliquée à la situation d'Haïti, vise à une reconstruction totale. Toutes les parties doivent être prises en considération.

Les solutions proposées et ratifiées par les groupes d'études seront insérées dans un livre de référence qu'un gouvernement légitime pourra consulter de temps en temps, tandis qu'il s'engage à améliorer les conditions d'existence de la nation.

Que cela soit dit en passant, nos politiciens veulent tous devenir chefs de gouvernement, qu'ils réunissent les aptitudes mentionnées ci-dessus ou pas. Une telle ambition dérive d'une conception outrée de la fonction présidentielle : celle-ci conférerait une autorité absolue sur les hommes et les choses; elle mettrait les ressources du pays à la disposition exclusive du Président (ou du Premier Ministre); elle leur donnerait du prestige, un exhaussement du moi. En réalité, cette conception de la fonction présidentielle est triviale et primitive. Elle pose en principe la nature de la dictature grossière et dévoyée. Dans la perspective de l'Etat viable et dans le contexte de la pensée politique moderne, la fonction de chef de gouvernement dépeint une activité de coordination en vue d'arriver à des solutions satisfaisantes des problèmes nationaux.

Sur le plan opérationnel, le Président et son Premier Ministre facilitent le fonctionnement harmonieux et efficace des différentes artères de l'administration, en se réservant un droit de regard sur l'application des mesures prises pour promouvoir le bien-être du peuple, en accordant une oreille attentive et bienveillante aux complaintes de leurs sujets.

Ces différentes activités et bien d'autres de nature similaire établissent la justification de leur office.

Sur le plan psychologique, le Chef d'Etat et son Premier Ministre doivent faire montre d'un équilibre mental, d'un humanisme sans cesse éprouvé et de la pénétration d'esprit. Naturellement, ils se sentent parfois écartelés entre leurs affectivités et leurs devoirs; la primauté de celles-là en Haïti, cependant, engendre ce type d'administration arbitraire dont nous subissons les influences malheureuses, dès la genèse de la nation jusqu'à nos jours.

L'équilibre mental du Chef d'Etat permettra à ce dernier d'user sciemment des limites de l'action gouvernementale sur les membres de la société, d'influencer le déroulement des affaires sans museler la liberté civile et politique.

Son humanisme lui permettra de professer un amour réel pour son peuple, de s'évertuer à lui rendre la vie graduellement acceptable et plaisante, de transcender son amour-propre et ses penchants égoïstes pour reconnaître la légitimité des récriminations populaires, guides de son action sociale. D'ailleurs, issu du peuple, il le comprendra aisément, s'il le veut, compatira à ses souffrances ou s'appliquera à les adoucir.

Sa pénétration d'esprit lui permettra de conduire son peuple dans des voies nouvelles et de canaliser des suggestions pertinentes venues de sources diverses.

Tous ces attributs psychologiques aideront le Chef d'Etat à choisir judicieusement ses collaborateurs, munis des qualités intrinsèques à un haut degré. En matière politique plus qu'en toutes autres, le proverbe: « Dis-moi qui tu hantes, je te dirai qui tu es » a une signification intégrale. Par exemple, peu de nos gouvernants passeraient le test psychologique ayant les attributs susmentionnés comme une échelle de valeur: ces dirigeants accusent plutôt des bizarreries propres aux playboys, aux séducteurs, aux intoxiqués, aux sadiques...

En un mot, le Chef d'Etat, dans une société viable, répond à l'image d'un fonctionnaire publique et doit se soumettre aux lois régissant les hommes et les choses dans les limites territoriales. La valeur toute-puissante accordée à son office vient—je le répète—d'une conception rétrograde de l'administration moderne.

Revenons à la convention. Elle pourra avoir lieu n'importe où: en Haïti si cela est possible ou à l'étranger. Le décor ne changera point la nature des problèmes à résoudre chez nous. L'avenir de notre pays (au moins en partie) ne se décide-t-il pas maintenant en dehors d'Haïti, depuis le coup d'Etat sanglant de septembre 91?

La réalité unique de la nation nous empêche sans doute de commencer une ère révolutionnaire par la pression d'un régime populaire, comme il s'est passé dans bien des pays soumis auparavant aux obstacles apparemment insurmontables! Peut-être la notion d'entente politique trouvera-t-elle son application complète pour la première fois, en Haïti! Qui sait?

Cette notion pourra se concrétiser par des voies normales d'élection (comme il en pourrait avoir été le cas pour le gouvernement de décembre 90), ou par des voies plus drastiques, si un régime illégal (comme celui de M. Nérette, de M. Honorat, de M. Cédras et de certains parlementaires) vise à la pérennité. La seconde proposition de l'alternative décrit une tendance courante chez la majorité de nos dirigeants.

Somme toute, en dépit des actes honteux auxquels les politiciens se sont livrés, je ne m'empêche pas de pratiquer de l'espoir. Je souhaite qu'un tel optimisme finalement se matérialise. C'est une occasion ou jamais d'organiser la convention et de « tester » des « intentions de bonne volonté » criées sur les toits.

Haïti a passé deux siècles dans un état de crise et de confusion. Elle ne perdra rien à consacrer quelques jours à la recherche de sa voie. Elle le fera en souvenir de nos ancêtres et pour le bien-être de ses enfants.

Conclusion Générale

Où sommes-nous ?

Je me souviens, il y a sans doute dix ans, le modérateur d'un programme de la Radio Tropicale (en autres M. Cadet), m'a interviewé au cours d'une émission. Les questions tournaient autour de mes livres et plus particulièrement autour de « Le Drame Haïtien ». Autant que je me rappelle, M. Cadet a souhaité que *le drame haïtien* cesse un jour. J'ai avancé qu'il diminuerait sans doute en intensité si nous nous décidions à résoudre nos problèmes par nous-mêmes. Il m'a aussi demandé si je pouvais établir un calendrier de cette rénovation. J'ai souligné la difficulté de placer un terme aux problèmes sociologiques.

Pourtant je me suis depuis mis à espérer que le drame s'estomperait le plus vite que possible. En tant qu'haïtien, amant de mon pays, j'aurais préféré que mes prédictions aient été erronées et que la crise nationale se soit dissipée toute seule.

En effet, sans trop savoir pourquoi, il y a eu récemment des élections présidentielles et Monsieur René Prévale assure une fois de plus les rênes du pouvoir.

De même le taux de criminalité en Haïti s'est soudain réduit comme si quelqu'un en a fermé la vanne. Pour combien de temps ? Personne ne sait puisque la réalité sociale ne donne pas l'impression d'obéir à aucune logique identifiable.

Au fond de moi-même, cependant, j'ai également professé un certain pessimisme en regard d'une amélioration imminente des conditions existentielles du pays. Et ce pessimisme a découlé de plusieurs raisons.

D'abord, comme je l'ai mentionné, la crise d'Haïti reflète la réalité morale du monde. Le je-m'en-fichisme des « maîtres planétaires » et des « faiseurs d'événements », enlève chez moi l'espoir d'accueillir bientôt une atmosphère saine de la réalité internationale. Plus que jamais, l'ONU manque d'autonomie et d'autorité pour instaurer le règne d'une ère de bonne volonté et de paix durable. Plus que jamais, les grandes puissances mènent cette organisation mondiale dans une inquiétante direction. Pour justifier leur bellicisme, elles n'ont pas peur de recourir aux sophismes.

Un exemple : l'évidence des faits a établi l'inexistence des armes de destruction massives en Iraq ; malgré tout, des leaders américains ont argué que le monde serait mieux sans Saddam. C'est là une conclusion trop subjective et dangereuse pour la laisser à la discrétion d'une seule nation Si la communauté internationale n'y a pas un droit de regard, alors le champ est grand ouvert aux erreurs monumentales ou catastrophiques.

Dans le même ordre d'idée, un des délégués de l'Angleterre a essayé de justifier l'usage de la force contre Iraq en arguant qu'il n'y avait d'autres solutions possibles à la crise. Il a ajouté que si nous vivions dans un autre monde, nous arriverions sans doute à une autre conclusion.

Premièrement, autant que je me rappelle, c'est le seul monde que nous connaissions (très partiellement), mais dont nous soyons conscients. Jusqu'ici, le meilleur de nos télescopiques systèmes et les voyages incessants des véhicules spatiaux nous ont donné une approximation vraisemblable du monde en dehors de notre galaxie. Cependant, même si notre planète a été le seul monde exposé à notre champ de conscience, la crise d'Iraq n'a pas impliqué uniquement l'usage de la force. Une telle croyance sonne comme un oracle qui est inacceptable dans un monde chargé d'options. Comme pour me donner raison, des solutions pacifiques ont été proposées par bien des leaders et des gens respectables à travers la planète. En outre, des millions de gens se sont manifestés en faveur des moyens diplomatiques pour circonvenir la crise.

Ensuite l'usage de la force ou non, dans la solution des crises, ne dépend pas de la *nature du monde*, mais surtout de la volonté d'agir d'une façon ou d'une autre. Si nous avons des tendances belliqueuses, nous aurons toujours recours à la force et à la violence. Si nous sommes imbus de sentiment d'amour pour l'humanité et de respect pour la vie humaine—quel que soit l'endroit où elle se manifeste—, nous encouragerons le dialogue et la persuasion.

Dans le même ordre d'idée, le manque d'autonomie et d'autorité de l'ONU n'aide pas à la solution de la crise haïtienne. Il est évident, compte tenu de cette prémisse, que le sort d'Haïti, en 1991, serait meilleur si, pour neutraliser les forces militaires sous la conduite de Raoul Cédras, il y avait une intervention légitime de la force internationale. Cependant, il y avait virtuellement une intervention de force unilatérale. A ce point, toutes les équations étaient embrouillées à cause même de la nature de cette armée d'intervention.

La force américaine a appliqué en Haïti sa nonchalance dans ses décisions, la réticence des groupes de pression qui n'ont pas été intéressés assez aux mesures sociales chez eux et aux actions humanitaires à l'étranger.

Les conséquences de cette politique dépourvue d'intérêt social sont évidentes au niveau national. Il n'y a pas eu et n'y a pas une amélioration morale et économiques dans le pays au cours de l'occupation et aujourd'hui. La nation reste pauvre, malsaine et dangereuse. Et comment évaluer l'assistance de quelqu'un qui laisse un ami dans la misère noire, sans nourritures et autres nécessités de base.

Deuxièmement, je suis fort inquiet et profondément troublé de voir que le racisme fleurit au vingt-et-unième siècle et motive les solutions boiteuses apportées à la crise d'Haïti, à la tragédie de l'Etat du Gulf, ainsi qu'aux crises chroniques au Moyen Orient, en Afrique et ailleurs.

Je suis inquiet car, comme je l'ai dit dans « *Harmonie et Contraste, l'Apport Féminin, livre I* », je suis renversé de voir des esprits intelligents et cultivés passer toute leur vie à évaluer les autres à travers le prisme déformant du préjugé. Le côté vraiment décourageant de cette découverte vient de ce que des hommes et de femmes présumées éduquées donnent tête baissée dans le piège du préjugé tandis que, à cause de leur éducation, ils devraient être pris pour des citoyens du monde et des messagers de la bonne volonté ; car le préjugé est une expression de l'ignorance dans le sens complet du mot et une maladie de l'esprit.

Comme la connaissance positive et l'objectivité deviennent courantes, et que l'humanité pousse les limites des enquêtes scientifiques chaque jour davantage, il a été reconnu que même les animaux inférieurs ont une intelligence avancée. Alors une personne éduquée, qui pratique délibérément le racisme, doit mettre de côté son contact avec cette riche et saine atmosphère de la connaissance positive et se servir plutôt de l'ignorance comme moyen acceptable d'approcher la réalité (surtout la réalité sociale comme la problématique haïtienne). En agissant ainsi, la personne, pleine de préjugés, s'aliène d'une plus grande dimension à laquelle son éducation formelle lui permet d'accéder et refuse de participer dans l'avènement et la dissémination de la renaissance mondiale.

En effet, un esprit objectif découvrira tôt ou tard que le potentiel de changement dans la nature humaine est un facteur toujours présent et ineffable. En somme, la nature humaine incline tellement au changement que la présence d'un environnement pernicieux, comme celui dans lequel vivent les haïtiens, n'est pas une garantie de pourriture ou de primitivité. D'ailleurs, si des esprits objectifs accordent assez d'attention aux autres, ils verront que la transcendance humaine s'étend partout. Ils dénicheront certainement des éléments positifs chez les haïtiens les plus pauvres, vivant dans des taudis. Ces derniers s'engagent souvent dans des conversations profondes au sujet de la liberté, de la démocratie, des moyens positifs possibles de se tirer d'embarras.

Ce que je crains le plus serait d'apprendre que le préjugé, cette maladie de l'esprit et cet obstacle à la réalisation de nos rêves de fraternité universelle, affecte les communautés internationales. Car, à ce point, il n'y aurait aucun espoir pour Haïti en particulier et pour le monde en général.

N'est-ce pas une occasion ou jamais de répéter avec Simone de Beauvoir, que des positions intermédiaires ne sont pas permises en la circonstance. Ou bien quelqu'un se dresse contre les préjugés et les combat quel soit le milieu où ils se manifestent, ou bien il les tolère, même dans son silence et son neutralisme.

Troisièmement, la raison de mon pessimisme tire sa source de la crise culminant aux renversements des gouvernements d'Haïti et se poursuivant jusqu'à nos jours (malgré les dernières élections).

Haïti n'a jamais cessé, depuis 1804, l'année de son indépendance de la France, de vivre dans un état de crise. Maintenant je reconnais que nos leaders, sans exception aucune, n'ont jamais eu une vision de l'avenir, une préparation pour remplir un rôle de leadership, un plan d'action collectif. Si François Duvalier et Jean-Bertrand Aristide n'ont rien apporté de positif à la réalité désespérante du pays, il faut reconnaître la difficulté ou presque l'impossibilité de faire œuvre qui vaille en Haïti ; car ces leaders avaient, au départ, l'amour des masses.

Après le renversement du régime duvaliériste, des éléments positifs de la structure sociale du pays ont été présents : une démocratie naissante, une prise de conscience des cause de la faillite duvaliériste, le souvenir vivant de l'enfer d'un régime qui a trop duré, la volonté des masses de participer au gouvernement du pays par le truchement de leurs leaders politiques au niveau exécutif, législatif et judiciaire. Cependant, nos leaders n'ont pas transformé ces éléments positifs en actions constructives. Ils ont versé dans la démagogie à l'instar de nos politiciens traditionnels, au fil des générations.

La conséquence immédiate de cette incapacité idéologique se traduit dans la perte d'une chance de voir le pays accéder à un mouvement d'ensemble vers l'amélioration des conditions existentielles. Bien au contraire, tous les espoirs s'estompent.

.

L'incapacité idéologique cause aussi le triomphe des forces réactionnaires haïtiennes, une fois de plus. Non seulement le pays a reculé au cours des années sombres des coups d'Etat, mais encore, selon les rumeurs, certains leaders comme Aristide, bien que non révolutionnaires, ont même perdu leur enthousiasme et leur innocence.

Selon ces rumeurs, Aristide, en particulier, a renoncé à sa philosophie de pauvreté ; il s'est enrichi comme tous les politiciens traditionnels et a cessé d'être le champion des masses haïtiennes. Un tel revirement drastique ne m'étonnerait pas, grâce aux leçons marxistes (il faut rendre à César ce qui est à César), qui, entre autres, ont suggéré que le niveau économique de quelqu'un (même après un récent transfert de situation économique) détermine la classe sociale à laquelle il appartient.

Si les rumeurs reposent sur la vérité et les faits, je conclurai à l'existence de deux Aristide : il y en a un qui a prôné la philosophie de la pauvreté, qui a cru que le salaire donné à un chef d'Etat a été un peu trop élevé, qui, au moment de sa première inauguration présidentielle, a jeté la cocarde officielle sur la poitrine d'une paysanne, qui a demandé à corps et à cri l'instauration d'une politique de transparence. Il y en a un autre qu'on a dit millionnaire, qui a été à la recherche effrénée du pouvoir, qui s'est impliqué dans des actions inavouables. Il y a entre les deux caractères un univers, une immensité.

Les questions à poser et qui méritent des réponses sont les suivantes : ce changement radical possible pour le pire chez un leader comme Aristide est-il causé par la réalité sociale haïtienne ou a-t-il été un plan conçu de longue haleine ?

Les réponses, dans les deux cas, apporteraient un monde de désespoir à notre pays. Si la réalité sociale a transformé un homme du statut de presque un saint (à l'en croit les masses et les partisans) à celui d'un nonchalant, d'un débonnaire, d'un je-m'en-fichiste, alors cette réalité mériterait d'être complètement refondue, renversée par une révolution en profondeur dans les mœurs avant de voir l'avènement de jours meilleurs dans ce coin de terre. Car les meilleures intentions s'écraseraient toujours contre une atmosphère sociale indésirable.

Dans le second cas, il y aurait également raison de ne pas me réjouir du sort du pays ; car, je ne sais pas quand surgiront de nos rangs des esprits intègres et égaux à eux-mêmes.

Puisque je suis dans le domaine des rumeurs, pourquoi ne les rapporterais-je pas toutes ?

Il est également admis que Président Aristide, au lieu de subir les métamorphoses négatives mentionnées dans les paragraphes précédents, s'est plutôt radicalisé et a affiché une attitude dangereusement révolutionnaire. Et pour tuer le poussin dans l'œuf, les « maîtres du monde » se sont décidés de se débarrasser de lui. On rapporte qu'il a soulevé la question au sujet de la légitimité du payement de la dette de l'Indépendance par Haïti à la France. Il a également exprimé se vœux de voir le salaire minimum s'élever en Haïti.

En ce qui concerne le salaire minimum, je crois fermement que Président Aristide a raison. Les travailleurs haïtiens ont connu une longue histoire de victimes d'exploitation. J'ai vu, au cours de mon adolescence, un travailleur d'un certain âge être l'objet d'une agression brutale de la part de la police, défenseur des intérêts du capitalisme inhumain du pays, au cours d'une manifestation en faveur d'une augmentation du salaire minimum, à Port-au-Prince, aux environs de la Banque Nationale. Je parle d'une revendication qui aurait déjà dû être satisfaite.

En ce qui concerne le paiement de la dette de l'Indépendance par Haïti à la France, dans un contexte de logique et de justice sociale, l'opinion de Président Aristide est éminemment valable. Si la France a réduit des africains, arrachés à leurs terres natales, en esclavage et les a soumis à un traitement inhumain, ces africains devenus haïtiens sont des victimes qui ne doivent aucune compensation à la France. Si celle-ci veut s'élever à la hauteur des idées révolutionnaires de 1789, elle ne se ferait point prier de rembourser le montant de l'indemnité que ses gouvernements rétrogrades du passé ont reçue d'Haïti. Au moins elle n'aurait pas contribué au renversement du pouvoir d'un fils d'Haïti assoiffé de justice.

Comme je l'ai dit, ce raisonnement a son pesant d'or dans un contexte de logique et de justice. Cependant, ce monde a toujours évolué dans une atmosphère d'injustice, ce qui a provoqué ce cri de détresse d'Emmanuel Kant, « Il doit exister un autre monde ».

Quatrièmement, la raison de mon pessimisme provient du banditisme haïtien qui, au lieu de se dissiper avec l'atmosphère du prétendu retour à l'ordre, s'intensifie. Des criminels continuent de semer la terreur au sein de la population. Et le côté décourageant de cette nouvelle flambée de crimes dérive de leur impunité et de la dévalorisation de la vie humaine dans ce petit coin de terre.

Un professionnel, comme je l'ai dit, s'est fâché avec moi quand j'ai exprimé mes inquiétudes sur cet état de choses déprimant. Il m'a accusé de manquer de patriotisme, de nuire à l'économie du pays en donnant la frousse aux touristes, d'accorder trop d'importance aux assassinats des citoyens quand, à travers le monde, des tueries se font sans relâche.

Donc l'ensemble du climat social m'enlève tout optimisme sur le devenir d'Haïti.

Encore une fois, j'aimerais que mes inquiétudes ne soient pas fondées ; car il serait un grand coup de voir mon pays bien-aimé continuer sa malheureuse histoire à travers le nouveau siècle.

Naturellement, les politiciens haïtiens, comme la majorité de leurs homologues à travers le monde, ont une idée en tête : l'accession au palais national. Ils sont des hommes et des femmes d'action ; ils n'ont pas le temps de soupeser les problèmes. Mais le palais gouvernemental est un immeuble susceptible d'être remplacé, détruit, rénové. En somme, la haine chronique, abstraite et irrésolue du pays a une fois causé l'explosion et la destruction totale du palais présidentiel le 19 décembre 1919 par des terroristes. Par conséquent, nos leaders gagneraient mieux à s'intéresser à la conception d'une idéologie réalisable et salutaire, engendrant des changements profonds de la mentalité haïtienne, et à l'avènement d'une paix durable. Dans le cas contraire, ils seront toujours engagés dans le jeu *ôte-toi que je m'y mette*. Ils exposeront constamment au danger le bien-être national et le leur, et ils causeront le chaos et d'autres interventions militaires (et sans doute d'autres explosions de palais nationaux)

Les pages précédentes reflètent des opinions personnelles dont j'assume l'entière responsabilité (encore qu'elles s'inspirent de sources diverses: conversations, lectures, observations...). Néanmoins, quelles que soient les composantes de l'élite militante haïtienne de demain, celle-ci, selon ses options, conduira la nation soit à plus détresse, soit aux ascensions illimitées. Si elle brûle, à l'instar de nos dirigeants traditionnels, de saisir le pouvoir pour des raisons d'enrichissement personnel, alors, mon essai et tous les écrits, passés et futurs sur le pays de « Dessalines et de Pétion » resteront des bruits de vagues contre les digues inviolables des us et coutumes; si son impatience exprime de l'anxiété de finir une fois pour toutes avec le statut de « pays sous-développé » qui nous décrit, de précipiter chez nous la venue de l'homme moderne, lucide, optimiste, alors, il n'existe pas une ambition que cette élite et les masses engagées dans son sillage ne puissent caresser.

C'est une occasion ou jamais de m'adresser aux riches d'Haïti.

Bon nombre de ces derniers ont participé au coup d'Etat sanglant de Septembre 91. Certains l'ont financé. D'autres se sont joints aux manifestants qui ont entériné l'état déplorable du pays, qui ont rappelé leur antipathie pour les masses et leur intention de créer un gouvernement pour les riches et par les riches. Ils ont affiché leur indifférence à l'endroit du pays et de ses habitants. Ils apprendront un jour (peut-être trop tard) que nous sommes tous dans le même panier.

Pour le moment, leur attitude pèche non seulement par son inhumanité, mais par son manque d'objectivité et de sagesse.

Cette attitude pèche par son inhumanité en ce sens que les riches ne se sentent pas solidaires de la majorité de la population, comme s'ils n'ont pas les mêmes intérêts. Mais, à bien considérer, ils s'illusionnent.

Riches et pauvres ont beaucoup de choses en commun. Ils sont tous des hommes et des femmes soupirant à la satisfaction des besoins communs à tous: besoins de nourriture, de logement, de loisirs, de penser, d'imaginer, d'idéaliser. Alors, les riches devraient réaliser que les pauvres d'Haïti, animés par ces besoins communs à tous les hommes, ont des yeux pour voir, des oreilles pour entendre, des narines pour humer, des mains pour appréhender, une bouche pour crier famine, un esprit pour interpréter les hommes et les choses, un cœur pour désirer, aimer et haïr...La France en a fait la découverte un peu trop tard, en 1789, et elle en souffre encore les soubresauts.

Cependant la posture des riches d'Haïti pèche par un manque d'objectivité et de sagesse. Les conséquences des frustrations, de la crainte du lendemain, du désespoir ne resteront pas toujours dans les quartiers pouilleux ou populeux, là où elles transforment aisément les hommes en bêtes traquées. Le terrorisme gagne de plus en plus les centres urbains et atteindra aux quartiers riches des hauteurs. Si aucune action, aucun remède n'est apporté à l'état déplorable des masses, il viendra un jour où l'homme riche haïtien dormira avec une mitraillette sous son oreiller. Une telle situation aussi dangereuse que frustrante a déjà commencé, selon des observateurs de la vie sociale haïtienne.

Une éventualité à laquelle toute personne réfléchie aimerait éviter.

Les riches haïtiens peuvent participer au travail de reconstruction sociale, pourvu qu'ils réalisent qu'un effort de comprendre les autres et de se solidariser avec eux fera une grande différence. Un tel sentiment de solidarité requiert chez eux une réévaluation de leurs attitudes vis-à-vis de la réalité, un retour sur eux-mêmes afin d'avoir une intuition des besoins communs à tous et de reconnaître que leurs fortunes proviennent nécessairement des autres (il n'y a pas de générations spontanées).

C'est le moins qu'ils puissent faire en retour.

Leur participation à la reconstruction nationale créerait une saine atmosphère politico-économique pour eux-mêmes et pour les autres. Ce serait, comme a dit un diplomate : « La charité pour les autres et la sagesse pour soi ».

Je professe beaucoup de doutes dans la vie, cependant je crois fermement dans la satisfaction immédiate des besoins communs aux hommes et aux femmes de la terre. Nous ne devrions avoir aucune hésitation quand il s'agit de la faim, de la maladie et du sans-logis. Leur satisfaction n'admet aucun long discours, aucune philosophie et idéologie. Le remède contre la faim est la nourriture ; contre la maladie, le soin médical ; contre le sans-logis, l'habitation. Je n'ai jamais oublié le cri de détresse d'un homme, dans un pays d'abondance : « Monsieur, tout ce dont j'ai besoin est un lit où dormir ».

Tandis que l'humanité fait des progrès dans tous les champs du savoir positif, il y a un homme sans un lit pour dormir. Combien d'hommes, de femmes et d'enfants sans lits existent-ils en Haïti et à travers le monde.

La crise haïtienne, ayant duré trop longtemps, a empêché la satisfaction des besoins de nourriture qui ne perdureront pas sans créer un désastre écologique. L'une des premières démarches à entreprendre serait de satisfaire la faim des masses. Des centres de distributions d'aliments devraient se disséminer à travers le pays. Au moins le prix de consommation des biens alimentaires devrait être approchable par ceux qui peuvent les obtenir. Le reste de la population devrait avoir accès aux nourritures d'une façon ou d'un autre.

La crise nationale cause l'enveniment des problèmes de santé. Des haïtiens meurent de maladies bénignes et guérissables. Des millions n'ont jamais eu accès aux soins médicaux. Les médicaments sont aussi précieux et rares que des pépites d'or. Des cliniques devraient se construire à travers le pays. Des médecins, des infirmières, des laborantins, qui se sentent la vocation d'aider les gens nécessiteux se joindraient au noble groupe des travailleurs de la santé. Des jeunes d'une certaine éducation recevraient une formation intensive en phlébotomie, dans le but de contenir des maladies contagieuses.

La crise nationale cause la faillite de la politique d'énergie et l'intensification de la déforestation. Alors une politique progressive de reforestation et d'énergie devrait être l'une des priorités de tout gouvernement conscient de ses responsabilités.

Ces initiatives immédiates présupposent la création d'un système de sécurité qui permettrait aux dispensateurs des soins médicaux et leurs bénéficiaires de se rencontrer sans la crainte d'être victimes d'une génération de criminels sans cœur créés par des années d'anarchie.

Comment des leaders haïtiens authentiques changeraient-ils le pays pour le mieux ?

La réponse à cette question s'inspire des nations viables. Certes, elles diffèrent les unes des autres sur le plan des situations géographiques, des origines ethniques et des postures idéologiques ; cependant, elles résultent d'actions humaines spécifiques ; elles couronnent le travail d'hommes et de femmes de visions et de rêves.

Ces rêves ne se concrétisent pas immédiatement ou d'un coup, mais ils servent de boussoles, de points de mire. Comme j'y pense, l'image de Toussaint Louverture, de Fidel Castro, de Nelson Mandela, de Thomas Jefferson, d'Abram Lincoln, de Martin Luther King Junior, les faiseurs de la révolution française, de Mao Tsé-toung, de Roosevelt, de John F. Kennedy, de Malcolm X—pour ne citer que ceux-ci.

Ces types exceptionnels de gens ont communiqué leur vision de l'avenir à leurs frères et sœurs et ont créé une atmosphère propice au développement social. Il n'est pas nécessaire que ces visionnaires soient élus à une fonction. La possession du pouvoir n'a jamais été leur but ultime. Rousseau, Voltaire, Montesquieu n'ont pas été des chefs d'Etat, mais ils ont certainement contribué à la grandeur de la France.

Toussaint Louverture a été conscient de son rôle prométhéen et l'a rempli jusqu'à la mort ; à telles enseignes que, même capturé par les colons, il a eu confiance en l'avenir du processus de libération entamé par lui et ses assistants. Le résultat : nous avons notre indépendance. Ce que nous en faisons est une autre histoire.

Nelson Mandela a passé la majeure partie de son existence en prison pour sa croyance dans le droit et la liberté de ses frères et sœurs, et maintenant, le pays s'efforce de concrétiser son rêve

Martin Luther King Junior and Malcolm X sont morts avant qu'ils aient bénéficié personnellement du mouvement social vers la consolidation des droits civils et politiques des noirs en particulier et du pays en général. Cependant ils ont contribué à une atmosphère sociale plus clémente pour les américains.

Nous, les haïtiens, avons l'honneur et la fortune d'avoir des hommes et de femmes de vision (voir le chapitre 10), mais nous avons choisi de ne pas les écouter. Et c'est le commencement de notre déclin.

Laisse-moi conclure de la façon suivante : nous ferons de notre mieux pour concevoir une bonne Constitution ou pour amender la courante autant que faire se peut. Et, une fois satisfaits, nous l'accepterons et lui donnerons le temps de fonctionner et de se consolider.

Naturellement, il y en a toujours ceux qui ne votent pas au cours des élections, comme ils se désespèrent de cette situation chaotique. Cependant, une fois qu'un gouvernement a été établi, nous devrons lui conférer une certaine latitude d'action jusqu'à la fin de son mandat prévue par la Constitution.

Ma proposition décrit ce qui se passe dans tous les pays ayant les trois pouvoirs : exécutif, législatif et judiciaire.

Il faut la présence d'un gouvernement. Donc quand nous exprimons notre colère à l'endroit d'un président constitutionnellement élu, et que nous le renversons (comme nous l'avons fait récemment en maintes occasions), nous causons plus de mal que de bien à la nation qui reste, en l'occurrence, prisonnière d'un processus éternel de rétablir sa viabilité au lieu de la consolider.

En d'autres termes, pour nous, haïtiens, riches et pauvres, il n'est point nécessaire que nous réduisions notre pays à l'ombre de lui-même ou que son nom se confonde à jamais avec l'image d'un « endroit » à laisser coûte que coûte; Haïti peut être édénique à ses habitants. Mais, avant tout, nous devons réaliser que l'avenir d'une communauté viable dépend de ses actions collectives, de la conjonction de ses compétences et de la résolution de concrétiser ses priorités délibérément choisies. Le sauvetage individuel est toujours possible. Cependant, il est souvent fragile, incertain, éphémère...les entreprises collectives, au contraire, persévèrent, se consolident et étendent leurs bénéfices d'une génération à l'autre. Nous avons des voies et moyens suffisants pour nous lancer dans la voie du progrès; nous devons simplement en être conscients et agir en conséquence. En tant que communauté, nous incarnons une force créatrice capable de nous orienter vers un avenir de grandeur.

Rien ne nous empêche de nous analyser, de nous forger et de nous dépasser: nous sommes le siège d'immenses potentialités, le *pont Nietzschéen* entre le passé et l'avenir. Essayons d'humaniser nos démarches, de respecter les droits individuels, d'accorder à la notion de « bien commun » sa vraie signification, de gérer ce dernier avec « science et conscience » et d'en partager équitablement les profits, de réduire au minimum l'épaisseur de l'ignorance, de la misère et du désespoir. Nos épreuves à travers l'histoire nous invitent à sacrifier nos préjugés et nos croyances non-fondées, responsables de notre désorientation, à respecter la volonté de la majorité et à accepter la vérité comme notre boussole.

Ce dernier élément de la proposition s'avère cruciale. Les prétendants au pouvoir ont presque tous tété le lait de la pensée critique et sont bien imbus de son efficacité et de ses profondes conséquences. Là où règne la vérité, la réalité s'épanouit : les institutions s'améliorent, les bons projets se concrétisent et l'optimisme se dissémine dans toutes les couches sociales.

Ces perspectives d'avenir expriment des motifs d'enthousiasme pour nous tous.

Elles sont parmi les meilleures propositions que je recommande. Sans elles, nous plongerons dans un réseau de subterfuges, de combines, de confusions dans lesquels nous nous empêtrions jusqu'à la gorge.

Naturellement, nous avons une dette de reconnaissance à l'ONU et à l'Armée d'Occupation ; car elles ont empêché la déstabilisation de notre pays. Cependant nous ne nous contenterions pas du statut d'haïtiens irresponsables et nous ne souhaiterions rien d'autre que de rénover notre pays par nous-mêmes. Aucune agglomération humaine n'a le droit de recourir à d'autres pour affronter sa crise de gestion.

J'ose croire que la confusion haïtienne est plus maîtrisable et surmontable que bien d'autres qui envahissent le monde. Pourquoi les « maîtres du monde » et les leaders haïtiens n'essaient-ils pas de résoudre une situation éminemment soluble ? Une réalisation positive incontestable aurait redonné confiance et optimisme à l'humanité désemparée.

Alors, non seulement nous éprouverons du plaisir de vivre dans cet « endroit », mais encore de la joie de relever le défi imposé par les adversités. Je ne cesserai jamais de rappeler à mes concitoyens le fait que tous les éléments du progrès existent chez nous; il suffit de les recombiner et de les canaliser dans la bonne voie. Un tel rappel gagnerait à nous servir de point mire, d'autant plus que le vingt-et-unième siècle est arrivé. Il doit être pour nous, comme le pont Nietzschéen, un trait d'union entre un passé boiteux et un avenir positif. Et comme l'a dit si bien Docteur Herbert Apatheker: « Quel est le but de la vie si elle ne peut pas être rendue heureuse (88) ? »

J'ajoute: quel a été le but des luttes à mort menées par nos ancêtres en vue de nous forger la liberté si nous vivons pour toujours dans la crasse, la médiocrité et la charité?

Antoine A. Raphaël

Notes et références

(1).- David, Placide, *L'Héritage Colonial—Sur Les Rives du Passé.*

(2).- David, Placide, Ibidem.

(3).- La nation de séquence politique est amplement traitée par C. Northcote Parkinson, dans son livre intitulé : *L'Evolution de la Pensée Politique*, 1966, Editions Gallimard.

(4).- Paul, Edmond, *Les Causes de nos Malheurs*, Kingston, Jamaica, GEO, Henderson & Co, Imprimeurs, Relieurs, Editeurs, Inc, 1882.

(5).- L'un des témoignages reçus d'haïtiens de bonne volonté, qui aimeraient voir l'avènement des jours meilleurs en Haïti.

(6).- Dorsainvil, J.C. Dr. : *Histoire d'Haïti*, Cours Supérieur, avec la collaboration des Frères de l'Instruction Chrétienne.

(7).- Dorsainvil, J.C. Dr., id.

(8).- Dorsainvil, J.C. Dr., id.

(9).- Dorsainvil, J.C. Dr., id.

(10).- Dorsainvil, J.C. Dr., op.cit. page 33.

(11).- Moral, Paul, *Le Paysan Haïtien, Etude sur la Vie Rurale en Haïti.* L'admonestation de l'Empereur a été rapportée par l'historien, Thomas Madiou.

(12).- Voir la revue intitulée, « Voix Du Peuple », No. 45.

(13).- Voir l'étude parue dans « Le Radical », mars 1966, signée par les initiales M.A.Jn.B.

(14).- Voir « Le Radical », id.

(15).- B, Claudin, *La Bourgeoisie Haïtienne et le Développement National*, article publié dans les colonnes d'Haïti Courier, Vol.1, No.3, Janvier 1992, page 11.

(16). - Robert, Alexander, *A Primer of Economic Development*, The Macmillan Company, NY1962.

(17).- Voir la revue "Frères Du Monde", No.43-44.

(18). - Irvin, Wallace, *America In The World.*

(19).- De Grazia, Alfred & Stevenson, Thomas H., *World Politics, A Study in International Relations,* Barnes & Noble, No. 76, second edition.

(20).- Voir "Le Radical", op. cit. page 44.

(21).- Voir l'article de Léné, publié par « Haïti En Marche », éd. Janvier 15-21 1992.

(22). - OAS Press Release, Reference : E-12 25/05.

(23).- Dans le Livre VI sur *La République*, Socrate, dans le dessein d'établir la différence entre les philosophes ou hommes sages et les autres, répond à la question de Glaucon :

« Quel serait un jugement sains sur la matière ?

—Ceux qui paraissent compétents pour sauvegarder la constitution et les désidératas de la société, devraient être nos leaders. »

(24). - Toland, John, *Adolf Hitler*, Anchor Books, a Division of Random House, Inc, New York, ed. 1976.

(25).- "J'ai le pouvoir pour de bon. Ceux qui ne sont pas d'accord seront pulvérisés. »

(26).- Une imitation de la déclaration de Mustapha Kemal qui se formule comme suit : « Je suis le Drapeau Turc, un et indivisible. Vouloir me détruire, c'est vouloir détruire la Turquie elle-même.

(27).- Bobo, Rosalvo, an extrait de ses écrits publiés dans les colonnes de « Construction », un journal haïtien, dans son édition du 21 mai 1967.

(28).- Le drapeau adopté par les duvaliéristes, parce que, selon eux, il serait plus « historique », plus « authentique » que le drapeau bleu et rouge accepté par les régimes gouvernementaux précédents.

(29).- De mai 1844 à février 1847, des politiciens, pour tromper les masses, placèrent au pouvoir des noirs illettrés, comme paravents et têtes de turc.

(30).- Parkinson, Northcote C., op. cit. Page 92

(31).- Bellegarde, Dantès, *Pour Une Haïti Heureuse.*

(32).- Belot, Gustave, cité par A. Cuvillier, dans son livre intitulé : *Introduction à la Sociologie.*

(33). - Voir *New York Newsday*, du 14 avril 1994.

(34). - Devillers, Carole, *Haiti's Voodoo Pilgrimages of Spirits and Saints,* in *National Geography*, Mars 1985

(35).- Prêtre ou sorcier, dans le rituel vaudou.

(36).- Les dieux afro-haïtiens.

(37).- Price-Mars, Jean Dr., De la Préhistoire d'Afrique à l'Histoire d'Haïti.

(38).- Rivert, Eugène, Les Antilles.

(39).- Rivert, Eugène, id.

(40).- Rivert, Eugène, id.

(41).- Rivert, Eugène, id.

(42). - Métraux, Alfred, Voodoo In Haiti, SCHOCKENBOOKS, New York.

(43).- Voir The New York Times du 2 février 1988, page A25.

(44).- Endroits servant d'autels vaudous.

(45).- Dorsainvil, J.C. Dr., op.cit.page 33.

(46).-Price-Mars, Jean, op. cit. page 114

(47).- Métraux, Alfred, Voodoo In Haiti, op. cit. Page 119.

(48).- Lire le discours d'investiture de Président Salomon.

(49).- Paul, Edmond, *Les Causes de nos Malheurs*

(50).- Paul, Edmond, id.

(51).- Firmin, Anténor, *l'Effort dans le Mal.*

(52). - Firmin, Anténor, id.

(53). - Firmin, Anténor, id.

(54). - Firmin, Anténor, id.

(55).- Firmin, Anténor, id.

(56). - Firmin, Anténor, id.

(57).- Janvier, Louis-Joseph, *Le Vieux Piquet*

(58).- Janvier, Louis-Joseph, id.

(59).- Bellegarde, Dantès, Pour Une Haïti Heureuse. .

(60).- Bellegarde, Dantès, id.

(61).- Recueil de discours prononcés par le « Candidat » François Duvalier au cours de la « Campagne Electorale » de 1957.

(62).- Denis, Lorimer et Duvalier, François, *Eléments d'une Doctrine.*

(63).- Duvalier, François, id.

(64).- Watkins, Frederick, L'Ere des Idéologies.

(65).- Voir Construction, un journal haïtien, dans son édition du 4 juin 1967.

(66).- Nous nous rappelons un fait dont la signification méthodologique gagnerait à être généralisée: dans notre communauté, jusqu'aux environs des années 60—et peut-être jusqu'aujourd'hui—, les femmes ont été accouchées par des parturientes souvent illettrées. Celles-ci ont acquis à la longue une certaine dextérité: elles prévoyaient certaines complications dans le port du fœtus et pronostiquaient le moment de la délivrance avec une marge d'erreur plus ou moins grande. Cependant, elles ont beaucoup à apprendre, et souvent il leur a manqué des notions simples d'hygiène et de médecine préventive. C'est ainsi que dans les années 60, sous la supervision d'un organisme médical international dont certains membres faisaient un séjour dans le Nord, ces parturientes ont eu un séminaire de deux semaines, au cours duquel elles ont appris beaucoup de procédés modernes relatifs à leur profession. A la clôture, elles ont reçu une trousse renfermant un outillage suffisant pour qu'elles portent les premiers secours aux femmes enceintes vivant loin de l'hôpital du Cap-Haïtien. Et quand on sait que la seule ambulance de cet hôpital répond difficilement aux besoins des citadins, il est évident que les paysannes mères n'ont pu se passer de leurs parturientes.

C'est un type d'action communautaire dont nous devrions multiplier les exemples et étendre la valeur méthodologique. Il consacre le rendez-vous de l'intellectuel et de l'illettré, le transvasement de connaissance de l'un à l'autre, leur rapprochement, leur communion et la chance de remonter ensemble le long trajet du progrès spirituel et matériel.

(67).- Watkins, Frederick, Les Doctrines Politiques de 1789 à nos Jours.

(68).- Bellegarde, Dantès, *Pour Une Haïti Heureuse.*

(69).- Fanon, Frantz, *Les Damnés de la Terre.*

(70).- Schramm, Wilbur, *L'Information et le Développement National. Copyright © UNESCO 1964*

(71.- Les Buanis et les Ifes sont des familles fictives prises en exemples par l'auteur Wilbur Schramm, id.

(72). - Schramm, Wilbur, id.

(73). - Schramm, Wilbur, id.

(74).- Schramm, Wilbur, id.

(75).- Alexander, Robert, *Comment Développer un Pays.*

(76).- Revue *Frère Du Monde*, op. cit. page.

(77).- Chaîne 7, New York, 11 décembre 1987

(78).- L'aspect positif de l'essai, annoncé au début, s'est déjà affirmé au chapitre précédent.

(79).- Voir *The New York Times*, dans son édition du 2 février 1988, page A25.

(80).- Que ne ferais-je, en réaction à cet incident parmi mille que j'ai connus dans ma jeunesse, si j'étais rancunier de nature?

J'étais debout devant le guichet d'un clerc, à l'Administration Générale des Contributions, depuis tantôt deux heures et demie de temps. Il ne m'accordait même pas un regard. J'avais essayé en maintes fois de l'aborder, mais ses yeux mauvais me coupaient tout élan. Il recevait pourtant d'autres contribuables. Vers midi moins le quart, son supérieur qui avait pris mon cas en pitié (car il était heureusement assis non loin de là et observait mes péripéties) se déplaça pour s'approcher du clerc et lui demander si je n'étais pas aussi un contribuable. Il répondit d'un ton grincheux que souvent ces « petits tontons ne viennent ici que pour nuire aux gens ».

Alors, l'employé supérieur se retourna vers mois et s'enquit de l'objet de ma visite. Et après que je lui avais fait savoir que j'avais besoin d'un récépissé pour l'obtention ou la valorisation de mon diplôme universitaire, Il devint vraiment furieux contre le clerc et lui apprit qu'il avait peut-être affaire à un future ministre ou chef d'Etat.

Le clerc m'avait servi parce que son chef lui avait passé un ordre. Sans cela, il allait me dire de repasser dans l'après-midi ou le jour suivant, s'il ne se contentait purement et simplement de claquer la portière de son guichet à mon *museau de furet*. Car, autant que je me rappelle, il ne m'avait point donné l'impression de croire que les « petits tontons » d'aujourd'hui seraient les « grands chambellans » de demain. Ayant vécu dans le présent, il ne respecterait que ceux qui détenaient effectivement le pouvoir.

(81). - Watkins, Frederick M. op. cit. page.

(82).- Voir Haïti Progrès, dans son édition du 13 au 19 novembre 1991.

(83).- Caroit, Jean-Michel, Comment Jean-Bertrand Aristide présidait au trafic de drogue en Haiti, jeudi 1er avril 2004, par Haiti Info,

(84).- Voir Time Magazine, dans son édition du 11 avril 1994, page 55.

(85). - Time Magazine, id, page 217

(86). - IACHR press release – Reference : IACHR 22-05.

(87).- IACHR, id.

(88).- Apatheker, Herbert, Dr., au cours d'une interview donnée le 22 novembre 1987 à Mr. Gil Nobel, le modérateur du programme télévisé intitulé *: Like It Is*

Index

A

B

C

Q

R

S

Made in United States
Orlando, FL
11 November 2026

90609390R00184